Practica Y Estilo De Celebrar Cortes En El Reino De Aragon, Principado De Cataluña Y Reino De Valencia: Y Una Noticia De Las De Castilla Y Navarra

Anonymous

Capmani

PRÁCTICA Y ESTILO

DE

celebrar córtes

en el reino de Aragon, principado de Cataluña

y reino de Valencia.

Y UNA NOTICIA

de las de Castilla y Navarra.

RECOPILADO TODO Y ORDENADO

POR

Don Antonio de Capmani.

VA AÑADIDO EL REGLAMENTO PARA EL CONSEJO REPRESENTA-
TIVO DE GINEBRA, Y LOS REGLAMENTOS QUE SE OBSERVAN
EN LA CAMARA DE LOS COMUNES DE INGLATERRA.

———————

MADRID:

Imprenta de don José del Collado.

1821.

4º J. rel.
552 .

Capmani

PRÁCTICA Y ESTILO

DE

celebrar córtes

en el reino de Aragon, principado de Cataluña

y reino de Valencia.

Y UNA NOTICIA

de las de Castilla y Navarra.

RECOPILADO TODO Y ORDENADO

POR

Don Antonio de Capmani.

VA AÑADIDO EL REGLAMENTO PARA EL CONSEJO REPRESENTA-
TIVO DE GINEBRA, Y LOS REGLAMENTOS QUE SE OBSERVAN
EN LA CAMARA DE LOS COMUNES DE INGLATERRA.

———————

MADRID:
Imprenta de don José del Collado.
1821.

AVISO DEL EDITOR.

Una casualidad puso en mis manos este manuscrito de don Antonio Capmany, á cuya diligencia y conocimientos encomendó este trabajo la Junta Central, en Sevilla, en setiembre de 1809; tiempo en que tratándose de formar una Constitucion política, era muy propio del saber, enterarse de lo que antes se habia practicado en España. Sin embargo de que la publicacion de tales obras póstumas no llevan la aprobacion de sus autores, quienes acaso no hubieran permitido darlas á luz, ó las aumentarian ó corregirian, con todo ha parecido que no se hacia ofensa á la memoria de nuestro autor publicando un trabajo, que si bien tiene el carácter de unos apuntamientos, manifiesta la erudicion y el zelo por el bien de la patria.

El respeto debido al buen nombre del autor me ha obligado á cotejar la mayor parte de los extractos que hace, con los originales de que los ha tomado, y en efecto no ha sido inútil este trabajo, pues se han corregido muchas erratas y omisiones del manuscrito. Al mismo tiempo he observado que nuestro autor á veces compendia los autores que cita, y con este motivo resultan en los trozos que copia en latin algunas frases, que pueden notarse de faltas de gramática; mas como los originales son de suyo de un latin bárbaro, no he creido que merecía esto ninguna alteracion, bastando que se entienda el sentido del texto.

Por lo demas he creido útil la publicacion de unas noticias, que son escasas entre nosotros, y contribuyen á dar conocimiento de nuestras antiguas instituciones, de las cuales se derivan leyes, usos y costumbres que á veces se ignora de donde vienen, y á veces es de suma importancia conocer su orígen. El autor tenia escrita una introduccion, que parece no estar concluida, en la cual se contienen varias reflexiones que yo omito para que el lector las oiga de boca del mismo Capmany. Dice así:

Introduccion.

"No presento el estado político de las Córtes de Aragon por modelo perfecto de una Constitucion, tal como acaso necesitan dos pueblos para alcanzar y afianzar la úl-

tima felicidad y libertad del hombre en so-
ciedad; ni tampoco cual conviene á la nacion española en las actuales circunstancias
para abrazar y consolidar todos los ramos
de su legislacion política, civil y fiscal, atendida la extension y reunion de provincias que
componen hoy la monarquía, no dejando
al Rey y á los súbditos mas facultades que
las que por razon y por derecho social les
deben pertenecer.

Lo presento para mostrar al mundo poco
instruido de nuestra antigua legislacion hasta qué grado de libertad llegaron las provincias de aquella corona en siglos que hoy
se les quiere llamar góticos, por no decir
bárbaros, y cual en aquellos tiempos no habia gozado ninguna nacion en un gobierno
monárquico. Que habia abusos y tambien yer-
ros en su legislacion y administracion pública, no lo podemos negar; pero tampoco
negaremos que los vasallos vivieron contentos, y los Reyes satisfechos de sus servicios y de su obediencia, que tenia de mas
segura todo lo que tenia de mas voluntaria.
La fuerza era grande y el estado pequeño;
y la corona y la fama de la nacion fueron
creciendo cuanto se extendia por mar y por
tierra el imperio de sus armas. Díganlo las
conquistas de Mallorca, Valencia, Cerdeña,
Sicilia, Nápoles y Malta; díganlo los Re-

yes de Fez, Tunez y Trípoli, que compraban su alianza ó neutralidad. Dígalo el poder marítimo de los antiguos Genoveses, que temieron y experimentaron la fuerza de sus armadas. Dígalo la extension de su comercio en los siglos XIII, XIV y XV, en competencia de los Venecianos, Pisanos y Genoveses en todas las escalas del Mediterráneo, y en los emporios de Flandes. Los reyes de Aragon eran respetados dentro y fuera de España. El erario era patrimonial y escaso; pero la nacion era rica por lo que les daba, y el modo como se lo daba. Ella se imponia los tributos, y se los administraba; siempre para su bien, y nunca para su daño. Daba dinero, y daba hombres; jamás los reyes carecieron de recursos para resistir ú ofender á los enemigos. La historia lo testifica al orbe entero. En fin, era el país que tenia una Constitucion, la cual, por los nudos con que estaba ligada, era por sí misma indisoluble: y asi perseveró invulnerable hasta que las armas de Felipe II en Aragon, y las de Felipe IV en Cataluña, intentaron darle algunos asaltos; y últimamente, las de Felipe V la derribaron con mayor poder, por aquel derecho de conquista que se atribuyó con la guerra de sucesion.

La necesidad de demarcar las clases, dividiendo en estados la representacion nacional, produjo la discreta division de las condiciones; y así, cada uno allí era lo que debia ser, el noble noble, el plebeyo plebeyo, y el ciudadano era el hombre honrado. Allí habia estamentos, y todos tenian su parte en el gobierno público, de cuyo concierto resultaba la unidad.

De la fuerza armada no habia que temer, porque los reyes no conservaban ejércitos permanentes; ni cuando los tuvieron, los mantenian en España, sino en la Lombardía ó Flándes. En España mantenian solo algunos presidios fronterizos ó marítimos.

Tampoco habia que temer de las Reinas, pues no tenian parte en el gobierno; y los favoritos ú amantes nada podian fuera del palacio."

AUTORES REGNÍCOLAS

CITADOS

EN LA NOTICIA DE CORTES

DE

Aragon, Castilla y Navarra.

~~~~~~~~~~~~~~~~~~~~~~~~~~~~~~~~~~

DE ARAGON.

Gerónimo Blancas, cronista de Aragon, escribió en 1585 el *Modo de proceder en Córtes en el reino de Aragon.*

Gerónimo Mártel, tambien cronista del mismo reino, escribió en 1585, *Forma de celebrar Córtes en Aragon*, cuya obra no se publicó hasta 1641.

De Cataluña.

Don Luis de Péguera, jurisconsulto barcelonés, y del consejo real, escribió y publicó en 1631 un tomo en cuarto con el título *Práctica y estilo de celebrar Córtes en Cataluña*, en idioma catalan, por cuya causa no ha sido tan conocida su obra como debiera. Habia asistido como habilitador en las de Monzon de 1585, y en las de Barcelona de 1599.

El doctor Fontanella, jurisconsulto catalan, en su obra *de Pactis nuptialibus* publicada

1

en 1686.] trató de la constitucion de Córtes en algunas de sus cuestiones.

Antonio Oliva, otro jurisconsulto catalan, en su obra *de Jure fisci*, publicada en 1600, trata tambien de esta materia.

Gabriel Berard, otro jurisconsulto, en su obra *Speculum visitationis*, publicada en 1600, trata del mismo asunto.

Acacio Ripoll, otro jurisconsulto, en su obra *de Regaliis*, impresa en 1690, trata del mismo asunto.

Ya muchos años antes habian escrito de esta materia otros autores del pais, como son los siguientes, cuyas obras corren en lengua latina:

El 1.° es Narciso de San Dionis en el proemio de su obra manuscrita intitulada *Compendium Constitutionum Cathaloniæ generalium compilatum á Narciso de Sancto Dionysio, canonico Barchinonensi et legum professore.* En la biblioteca Columbina de la santa Iglésia de Sevilla existe un ejemplar de caracter de mediados del siglo XV con iniciales iluminadas: es un volumen en folio, cubiertas de tabla, papel de carta: Est. AA tab. 142 N.° 37.

El 2.° es Jacobo Calicio, jurisconsulto y caballero, que asistió como reparador de agravios nombrado por el Brazo militar en las Córtes que celebró Alfonso V en 1432; y en otras anteriores habia concurrido como consejero del Rey. Escribió una obra con el título de *Extravagatorium Curiarum*, que fue impresa en Barcelona en 1518.

El 3.° es Tomás Mieres, jurisconsulto de Gerona, que asistió como asesor en varias Córtes, y escribió en 1448 una obra con el título de *Apparatus aureus super constitutionibus et capitulis Curiarum*, el cual despues fue impreso en folio en Barcelona en 1533.

De Valencia.

El 1.º es Pedro Belluga, jurisconsulto, que compuso su *Speculum principum* en 1440, y fue publicada la primera vez en París en 1530. El autor concurrió en las Córtes de Valencia de 1438.

El 2.º es Don Lorenzo Matheu y Sans, del consejo real, quien compuso una obra en folio intitulada *De regimine regni Valentiæ* en 1670, y en el siguiente año otra en cuarto con el título de *Modo y estilo de proceder en Córtes en el reino de Valencia.*

De Castilla.

De la Corona de Castilla no hay obra ninguna, ni autor que haya escrito ni publicado hasta ahora obra ni tratado que nos instruya sobre el orígen, constitucion, ni forma legal ó consuetudinaria de la celebracion de sus Córtes antiguas ni modernas; sobre cuyo objeto se padece una absoluta ignorancia.

Lista de las ciudades y villas de la Corona de Aragon que tenian voto en Córtes antes del reinado de Felipe V.

REINO DE ARAGON.

Ciudades = Zaragoza, Tarazona, Huesca, Barbastro, Jaca, Calatayud, Daroca, Fraga. *Villas* = Borja, Montalban, Magallon, Alcañiz, Alagon, Monzon, Exea, Sarrion, Cariñena, Uncastillo, Almudeban, Tamarite de Litera, Ariza, Ainza, Benabarre.

Reino de Valencia.

Ciudades = Valencia, Xátiva, Segorve, Orihuela, Alicante. *Villas* = Morella, Castellon de la Plana, Villareal, Onteniente, Alcoy, Onda, Carcaxente, Callosa de Segura, Xixona, Xérica, Benaguila, Liria, Cullera, Burriana, Peñíscola, Alpuente, Bocayrente, Biar, Ademuz, Castellfabi, Villajoyosa, Corbera, Capdet, Villanova de Castellon, Layesa, Ollería, Beniganim y Algemesi (se echa menos Murviedro).

Principado de Cataluña.

Ciudades = Barcelona, Lérida, Gerona, Tortosa, Vique, Cervera, Manresa, Balaguer, (hoy debieran tener voto Solsona y Tarragona, que son ya de realengo). *Villas.* = Villafranca del Panadés, Puigcerdá, Tarrega, Igualada, Berga, Granollers, Mataró (hoy ciudad), Camprodon, Besalú, Prast de Rey, Villa-Nova de Cubells, Pals, Torroella de Montgri, Arbucias, Caldas de Montbuy, Sarreal, Figueras, Talarn, Cruillas, Cabra, Sampedor (faltan las ricas y populosas villas de Reus y Olot, solo porque eran de abadengo, y tambien las de Moya y Tarrasa, por considerarse antiguamente como calles de Barcelona).

Nota 1.ª

En las tres provincias las ciudades gozaban de derecho la asistencia á Córtes: las villas por privilegio especial algunas, y estas solo entre las de realengo, porque las de señorío y de abadengo no podian ser admitidas por causa de que sus señores componian por sí el Brazo eclesiástico y el militar, ú orden de los Barones.

Nota 2.ª

Cuando el Rosellon era parte de Cataluña se contaban con asiento en Córtes las villas de Perpiñan, Colibre, Villafranca de Conflent, Salses, Tuhir, Boló y Argeles, porque alli no hay ciudades.

Reino de Navarra.

Ciudades = Pamplona, Estella, Tudela, Olite,

Sangüesa , Tafalla , Corella , Cascante , Viana.
Villas = Villafranca , Lumbier , Ariz , Losarcos , Larrasoaña , Lesaca , Vera , Echalar , San Estevan de Lerin , Goyzueta , Huarte, Hurasquis, Lacunza , Villava , Monreal, Atajona , Puente-la-Reina , Arguedas , Valtierra , Miranda , Echarri-aranaz , Caseda , Aibar , Milagro.

CORTES

DEL

REINO DE ARAGON.

COLLES

PRÁCTICA,

FORMA Y ESTILO

DE

CELEBRAR CORTES

EN

EL REINO DE ARAGON.

———————

Al Rey toca solamente llamar sus vasallos á Córtes: y cuando no tiene sucesor ha de convocarlas el Regente de la gobernacion y el Justicia de Aragon, ambos conformes, por cuanto representa el primero la persona del Rey, y el segundo la del reino; como se hizo en el año 1412 cuando se tuvieron en la villa de Caspe, en el interregno por muerte del Rey don Martin sin sucesion, en las que salió elegido el Infante de Castilla don Fernando.

Quién puede celebrar Córtes.

A solo el Rey pertenece celebrar las Córtes; pero puede tambien hacerlo persona habilitada por el mismo Rey y las Córtes, como se ha visto

2

muchas veces. Pero esta habilitacion no se puede hacer estando el Rey de por sí, y los Brazos en otra parte, sino todos juntos en el lugar donde se ha de tener el solio, cómo si se hiciesen actos de Córtes. Y está puesto en costumbre que la tal persona habilitada sea hijo ú yerno ú alumnos de la familia real. Esto debe entenderse tan solamente en lo respectivo á celebrar la proposicion y solio porque para continuarlas se ha visto muchas veces persona particular habilitada para que en ausencia del Rey pudiese hacerlo.

Sin embargo, cuando el Rey don Felipe II convocó en 1592 las Córtes para Tarazona, llegado el dia de la proposicion recibieron los Brazos una comision en que nombraba el Rey á don Andrés de Cabrera, arzobispo de Zaragoza, para que pudiese en su real nombre hacer la proposicion de las Córtes, y tener el solio de los capítulos que resolviesen. Y aunque hubo á los principios muchas personas en los Brazos que repugnáron por ser cosa contra fuero; pero considerando el estado que tenian entonces las cosas del reino, les pareció necesario admitir al arzobispo: y al resolverse en los Brazos el fuero que dice que la mayoría de cada uno hiciese Brazo, tuvo solio de él separadamente. Y esto causó mayor sentimiento por ser el solio cosa de mas importancia que la proposicion; pues en aquel se solemniza lo que en las Córtes se ha resuelto, no teniendo sin este requisito efecto ninguno cuanto antes se hubiese concluido. Murió el arzobispo en Tarazona estando los Brazos tratando de los demas puntos; y luego envió el Rey otra comision al don Juan Campi,

uno de los regentes de su supremo consejo de
Aragon, para que celebrase solio del fuero de
los cuatro Brazos, que arriba queda referido:
y asi celebró solio como el arzobispo por haber
temido que admitirle. Mas cuando el Rey vino á
dichas Córtes, y celebró solio de todos los cabos que se habian resuelto, no trató de revali-
dar en particular lo que el arzobispo y el regente habian hecho.

En dónde se han de tener las Córtes.

La ciudad, villa ó lugar adonde se han de
convocar las Córtes ha de ser pueblo dentro de
Aragon, cuya jurisdiccion pertenezca al Rey, y
que no baje de cuatrocientos vecinos.

Sin embargo en los primeros tiempos, antes
del fuero hecho en las Córtes de Zaragoza de
1283, hay ejemplares de haberse tenido Córtes
á los aragoneses fuera del reino; como las que
se tuvieron en la ciudad de Lérida en 1214, en
las que fue jurado el Infante don Jayme; las de
1218 celebradas en la misma ciudad; las de
Arcira de 1272, y las últimas en la referida
ciudad de Lérida de 1275.

Despues en las de Zaragoza, que tuvo el
Rey don Pedro en 1283, se estatuyó aquel fuero
que dice: "que el Rey tenga Córtes á los Aragoneses una vez en cada año en Zaragoza," y despues en las que don Jayme II tuvo en Alagon en
1307 se hizo aquel fuero de que "el Rey haya de
celebrar Córtes cada dos años á los Aragoneses
en aquella ciudad, villa ó lugar del reino que
bien le pareciese."

Este fuero se ha observado siempre, excepto en cuanto á la celebracion en cada dos años, pues hace mucho tiempo que no está en uso por las grandes ocupaciones de los Reyes, y los frecuentes dispendios que ocasionaba.

A quién se ha de llamar á Córtes.

Como en Aragon hay cuatro calidades de gente, eclesiásticos, nobles, caballeros y regidores de los ayuntamientos, que se llaman *Brazos;* estos son los que han de ser llamados á Córtes, en esta forma: por el Brazo eclesiástico el arzobispo de Zaragoza, el obispo de Huesca, de Tarazona, de Jaca, de Albarracin, de Barbastro, de Teruel, del Castellan de Amposta; comendador de Alcañiz y de Montalvan, de la órden de san Juan; de los Abades, de san Juan, de la Peña, san Victorian de Veruela, de Rueda, de Santa Fé de Piedra de la O; y de los priores de nuestra señora del Pilar, de la Seo de Zaragoza, del Sepulcro de Roda, de santa Cristina; y de los cabildos de las catedrales de Zaragoza, de nuestra señora del Pilar, de Huesca, de Tarazona, de Jaca, de Albarracin, de Barbastro, de Teruel; y de las insignes colegiatas de Calatayud, de Daroca, de Borja, y de Alcañiz.

Por el Brazo de la nobleza se llama ordinariamente á los señores de las ocho casas titulares, y barones del reino, con los demas nobles que el Rey se sirve llamar; pues en esto no hay número cierto, ni tampoco en los caballeros hidalgos que acostumbran ser llamados, porque así el beneplácito del Rey, repartiéndolos en las ciudades y villas: de modo que ningun noble caballero é hidalgo puede alegar posesion por haber sido llamado; ni por no serlo despues puede argüir de nulidad en el proceder de las Córtes.

Por el Brazo de las universidades han de ser llamadas las ciudades siguientes: Zaragoza, Huesca, Tarazona, Jaca, Albarracin, Barbastro, Calatayud, Teruel, Daroca, Borja, Alcañiz, Montalvan, Fraga, Cariñena, Tamarite, Ainsa, y las comunidades de Calatayud, Daroca y Teruel. Ademas pueden ser llamados los demas pueblos que el Rey quiera convocar.

Cómo llama el Rey á Córtes.

Llama á Córtes con provisiones firmadas de su Real mano, y refrendadas por el protonotario; aunque solo la firma del Rey se acostumbraba antiguamente, y otras veces en lugar del protonotario la del vice-canciller.

Estas provisiones vienen en latin despachadas en la forma acostumbrada, y son tantas cuantos son los cuerpos ó personas que se llaman; y como á cada uno se envia la suya, por esto se llaman vulgarmente *cártas de llamamiento.* En Cataluña se llaman *letras de convocacion,* y tambien en Aragon *cartas convocatorias.* El Bayle general de Aragon las reparte y da á los que han de asistir en Córtes.

Estas cartas contienen en sí una citacion que el Rey hace para dia señalado á la ciudad, villa ó lugar en donde ha de celebrar las Córtes.

Quien puede intervenir en Córtes sin ser llamado.

Muchos son los que pueden intervenir en Córtes sin ser llamados: de los cuerpos y personas eclesiásticas, y de las ciudades, comunidades y villas, todos los que por costumbre tienen adquirido derecho; lo cual basta probar con solo haber sido llamados una vez, y admitidos en su respectivo Brazo: y de los nobles, caballeros é hidalgos, aquellos que puedan probar su calidad; y sin otro requisito han de ser admitidos, con tal que no hayan perdido aquella por defectos particulares. Tambien pueden concurrir en el Brazo de caballeros los ciudadanos honrados de Zaragoza, en virtud del privilegio real que tiene la ciudad.

Si los extrangeros pueden intervenir en Córtes.

Los extrangeros del reino pueden intervenir en los tres Brazos: en el de la iglesia entra el que fuere arzobispo, y comendador mayor de alguna de las órdenes militares: en el de los nobles, caballeros é hidalgos, los que tienen vasallos en el reino, ó algun territorio con jurisdiccion civil y criminal.

Los caballeros de órdenes militares en qué Brazo deben intervenir.

Los caballeros del hábito de san Juan, sin embargo de haber pretendido en el Brazo eclesiástico, fundándose en que eran capitulares, entran como los de Calatrava, Santiago, Alcántara y Montesa, en el de los nobles, si lo son; y los demas en el de caballeros é hidalgos, sin que en esto haya habido dificultad ninguna.

Qué oficiales reales son los que no pueden intervenir en Córtes.

Los que no pueden intervenir son el vice-canciller, el regente de la cancillería, el regente de la gobernacion, y su asesor y alguaciles; el Bayle general y su lugar-teniente, el maestre racional, el procurador fiscal, tesorero, y su lugar-teniente. Todos estos, aunque por sus propias personas tengan calidad cualquiera para entrar en Córtes, por tener los sobredichos oficios no pueden ser admitidos, ni aun como procuradores de otros. Asi se dispuso en las Córtes de Monzon de 1436.

Los ordenados in sacris no pueden intervenir.

Los nobles, caballeros é hidalgos que fuesen ordenados in sacris, ó religiosos profesos, no pueden intervenir en Córtes. Pero hay ejemplar de haber sido admitidos en las Córtes de Monzon de 1585 un canónigo y un rector, con solo probar que aunque tenian aquellos beneficios y llevaban las rentas y rezaban las horas, no tenian orden sacro; los cuales entraron, despues de varias opiniones que los excluian por gozar de la inmunidad eclesiástica.

Los insaculados en los oficios municipales de.cier-
tas universidades no pueden intervenir
en Córtes.

Es costumbre muy antigua que los insaculados en los oficios del gobierno de ciertas universidades que intervienen en Córtes, aunque
sean hidalgos, no entren en este Brazo sin que re-
nuncien dichos oficios ; sin saberse la razon por
qué no comprehende esta prohibicion á las demas
del reino, pues solo se guarda en Zaragoza,
Huesca, Barbastro y Daroca.

Quién puede enviar procuradores en Córtes.

Todos los eclesiásticos, nobles, ciudades,
comunidades y villas que tienen voto en Córtes,
pueden enviar sus procuradores. Y si los nobles
fueren menores de edad, sus tutores y curadores tienen facultad de asistir por ellos, ó hacer
como tales procuracion á quien en su nombre
intervenga, aunque dichos nobles no tengan
bienes sitos en el reino.

Pero los caballeros é hidalgos en ningun caso pueden enviar procurador, pues si quieren
asistir á Córtes ha de ser por sus propias personas.

Calidad de los procuradores de eclesiásticos.

1. Por acto de Córtes, hecho en las que celebró
en Alcañiz don Alonso V en 1436, se dispone y
ordena "que los prelados de las iglesias catedrales no puedan nombrar procuradores sino á su

vicario general, ó persona de su cabildo; y así-
mismo los demas prelados los han de nombrar
de su capítulo ó de su orden y profesion. Tambien los cabildos de las iglesias catedrales y colegiatas han de nombrar personas de sus cuerpos; excepto el comendador de Montalvan que
puede nombrar cualquier persona eclesiástica.
Pero los unos y los otros han de ser regnícolas
de Aragon y domiciliados y beneficiados en el
reino.

Calidad de los procuradores de nobles.

Los nobles pueden enviar por procuradores
cualquier persona noble ó hidalgo, ú hombre de
condicion, el que ellos mas quisieren, con tal
que no sea clérigo ordenado *in sacris*, ó fraile.
Dichos procuradores han de ser naturales del
reino, aunque no lo sean sus principales, como
fue declarado por acto de Córtes, en las que
celebró don Pedro IV en Zaragoza en 1382.
Los procuradores de las mugeres nobles que
tienen vasallos en el reino pueden intervenir en
Córtes, siendo ellos naturales, aunque sus principales no lo sean; porque en Aragon se convocan las mugeres en falta de sus maridos ó hijos,
si llevan ellas la casa ó herencia.

Calidad de los procuradores de universidades.

Los síndicos y procuradores de las ciudades,
villas y lugares que tienen voto en Córtes, han
de ser vecinos y habitadores de dichas universidades, é insaculados en los oficios del gobierno

de ellas; y han de traer los poderes conforme al fuero que hizo en Aragon don Jayme II en 1307. Tambien pueden los consejos de dichas universidades encomendar su procuracion á otro síndico ó procurador de otra universidad de las que intervienen en aquellas Córtes.

Quién puede asistir en Córtes en su nombre propio, y como procurador de otro.

Prohibido está por acto de Córtes, hecho en las de Alcañiz en 1436, que los eclesiásticos que asisten en su nombre propio en el Brazo de la iglesia no pueden ser procuradores de otros eclesiásticos, ni de cabildo ninguno, escepto del comendador de Montalban. Pero los nobles, aunque asistan por sí, pueden tener procuracion de otro noble é intervenir por él, como en las votaciones no tenga mas que un voto solo; y al tiempo de las asistencias cuando quisieren asistir á hacer algun disentimiento como procurador, lo ha de advertir al notario para que lo asiente así, pues de otra manera la asistencia ó el disentimiento seria hecho en su nombre propio.

Si puede uno tener dos ó mas poderes.

En el Brazo eclesiástico está prohibido por acto de Córtes, hecho en las de Alcañiz de 1436, que ninguno pueda ser procurador de dos prelados ni de dos cabildos. Pero en el Brazo de los nobles y en el de las universidades puede uno tener dos y mas procuraciones, y con tal que al

tiempo de las asistencias diga y declare por qué
principal de los suyos hace aquella asistencia , y
lo mismo cuando ponga algun disentimiento; porque de otra manera estaría en mano del notario
asentarlo en nombre del principal que le pareciese : y al tiempo de votar los negocios no puede tener mas de un solo voto , esto es , el de
aquel por quien en aquel dia hace la asistencia,
aunque podria disentir con los demas poderes
siempre y cuando le pareciese. Los síndicos de
las universidades no pueden asistir con poderes
en el Brazo de los nobles.

Si puede uno asistir en su nombre propio en un Brazo, y como procurador en otro.

Se ha dispuesto en las Córtes de Monzon de
1563 y en las de 1585, si los que intervienen en
el Brazo de caballeros é hidalgos pueden entrar
en el de nobles con poder de alguno de estos: y
se decidió el negocio en favor , pues en las primeras fueron admitidos mas de diez hidalgos en
entrambos Brazos , y en las segundas entraron
mas de treinta hidalgos entre los nobles. Pero dichos caballeros é hidalgos que intervinieron en
su Brazo no pueden ser procuradores ni síndicos de ninguna universidad; porque, como queda dicho mas arriba, habrian de renunciar su fuero para ser insaculados en los oficios del gobierno municipal.

Del protonotario y notario de las Córtes.

El protonotario del Rey y el notario de las Córtes han de actuar el proceso de ellas *simul testificantes* y no *communicantes*, haciendo cada uno un proceso original en las cosas tocantes á Aragon; pero cuando las Córtes son generales, pues concurren los demas reinos de la corona de Aragon, el protonotario hace procesos separados de los negocios de los demas reinos, donde no hay otro notario sino él. Los procesos de los *Greuges* (*agravios*) solo el notario de las Córtes los actúa, y testifica todas las demas cosas que el Justicia de Aragon provee, no siendo de las que se insertan en el dicho proceso de Córtes.

Prorogacion del dia señalado para las Córtes.

Si por ocupaciones ú otros impedimentos no puede el Rey acudir el dia señalado para la celebracion de las Córtes al lugar para donde las convocó, se prorogan para otro dia en el mismo dia asignado por el comisario ó comisarios que el Rey ha nombrado para hacer la prorogacion. En esta comision real viene inserto un pregon, por el cual se notifica como el Rey proroga las Córtes para tal dia, y hácese el pregon: y despues se presenta el corredor ante el notario de las Córtes, haciéndole relacion de haberlo ejecutado, y deja en proceso la comision real.

Aquel mismo dia el Justicia de Aragon pasa á las gradas del catafalco que está preparado para el acto de la proposicion y sólio con el notario de las Córtes; y sin hacer mencion de la comision real ni del pregon dice: "yo como juez de las presentes Córtes las prorogo para tal dia," y es el mismo de la comision real, y ya no se vuelve á hacer de la prorogacion pregon alguno. Y lo mismo que se ha hecho de la prorogacion de un dia para otro se hace cuando el Rey las proroga de un lugar para otro.

Cuando las Córtes son generales que comprenden todos los reinos de la corona de Aragon, llegado el dia señalado, el comisario ó comisarios reales para hacer la prorogacion, van juntos con el protonotario á las gradas del referido catafalco, y presente el Justicia de Aragon y el notario de las Córtes, hacen fé de su comision, y se inserta en el proceso; y en virtud de ella manda hacer un pregon en nombre del Rey por el lugar, notificando que para tal hora esten en el sítio donde se ha de publicar la prorogacion para oirla. Hecho esto, el corredor se presenta ante el protonotario del Rey y notario de las Córtes, y les hace relacion de haberlo ejecutado, lo cual se asienta en el proceso. Llegada la hora, vuelve el comisario con el protonotario á las gradas del catafalco, y presente el Justicia de Aragon y el notario de las Córtes, y los convocados que allí se hallan y han acudido, dice: "El Rey proroga las Córtes para tal dia," de lo cual se levanta acto. Despues se manda pregonar la prorogacion hecha; y el corredor vuelve á hacer relacion al dicho protonotario y notario de haber ejecutado el pregon, la cual se continúa en el procéso.

Por cuántos dias se pueden hacer las prorogaciones

La prorogacion de las Córtes en una ó muchas veces no puede pasar el término de cuarenta dias desde el dia señalado primero en adelante; y pasado este término, si no se hubiesen abierto las Córtes, se dan éstas por licenciadas, segun está dispuesto por acto de las Córtes de Teruel de 1427, en que se dice que las prorogaciones se pueden hacer en una ó mas veces como el Rey ordenáre; y si pasado dicho tiempo quisiere celebrar Córtes, es necesario que vuelva á convocarlas con nuevas provisiones.

Asistencia del primer dia.

Cuando el Rey ha llegado al dia señalado, ó á la ciudad, villa ó lugar, para donde mandó llamar las Córtes, las personas que han acudido pasan á palacio para acompañarle al lugar á donde ha de hacer la proposicion. Llegados, pues, todos al catafalco, que para este acto está preparado y adornado decorosamente, el Rey se sienta luego en su silla bajo de dosel, y teniendo un estoque desnudo en la mano derecha, se lo pone entre las piernas, y toma en su lugar el cetro real; aunque esto último no se usa ya desde algun tiempo. Entónces el justicia de Aragon, el vice-canciller, los del consejo supremo de la corona y otros ministros reales, y los vocales de las Córtes, pasan luego á sus asientos en la forma siguiente:

El Rey bajo de dosel en el testero; á la mano derecha el protonotario en pie, á la izquierda el notario de las Córtes, tambien en pie. En las gradas del catafalco se sientan los regentes del consejo general de la corona, el vice-canciller, el Justicia de Aragon, el tesorero general, y los regentes del consejo del reino, los doctores de la real audiencia, el regente de la cancillería, el asesor y demas oficiales reales. La distincion de sentarse los oficiales reales ya dejó de usarse en las Córtes de 1585, y mucho menos en las de 1592; se colocaron á una y otra parte del catafalco en donde estan el protonotario de las Córtes. Bajo de las gradas en bancos en uno y otro lado estan sentados los cuatro Brazos: en los de la derecha los prelados, los cabildos y demas de este Brazo; en los de la izquierda los nobles, los caballeros é hidalgos que forman dos Brazos, y cerrando el estrado de cara al trono los diputados de las universidades por el orden que tienen ya establecido.

Cuatro ugieres que el Rey tiene en su compañia y á sus órdenes con sus mazas de armas, cuidan de arreglar los asientos, y de hacer guardar órden en el ceremonial; y los porteros y sota-porteros estan bajo de sus órdenes.

Proposicion que hace el Rey.

Estando el Rey y los demas sentados, como se ha dicho ya, el protonotario descubierto y puesto en pie sobre la mas alta grada lee la proposicion, la cual siempre contiene las causas que han movido al Rey á la convocacion de Córtes,

y otras cosas particulares que le parece pedir á
sus vasallos, según la oportunidad del tiempo, y
conforme lo piden las necesidades que al Rey y
al reino se ofrecen.

Respuesta á la proposicion.

Acabada la proposicion se levanta el arzobispo de Zaragoza, y puesto en pie junto á las gradas del catafalco, da la respuesta en nombre de
todos los Brazos de palabra, y mas largamente
por escrito; aunque antiguamente solía responder un vocal de cada Brazo.

Cuando son Córtes generales de toda la coró-
na, se levantan los primeros tres prelados que allí
se hallan de cada provincia, colocándose en medio el de Aragon, á la derecha el de Cataluña,
y á la izquierda el de Valencia.

Cómo se acusa la contumacia á los ausentes.

Luego de haber dado la respuesta á la proposicion, sentado el Rey y los convocados, el fiscal
acusa la contumacia á los ausentes; y el Justicia
de Aragon concede la primera gracia por cuatro
dias: y acabados aquellos, vuelve el Rey al mismo lugar y asiento, y dáse la segunda gracia por
otros cuatro: y asimismo vuelve la tercera vez y
dáse la última gracia por otros cuatro, guardando
en esto el acto de las Córtes de Teruel de 1427.
Acabados los dias de las gracias, y estando
sentado el Rey como queda dicho arriba, luego
se levanta el procurador fiscal, y dice: "que como los Aragoneses hayan sido llamados á Córtes,

y aguardado tres veces de gracia por doce dias, suplica al Rey y pide al Justicia de Aragon, juez en aquellas Córtes, pronuncie y declare que los ausentes y que no han comparecido sean reputados contumaces; y que en ausencia de ellos se debe pasar adelante y declarar, que los actos que en aquellas Córtes se hicieren comprendan á todos los del reino: y el Justicia de Aragon, que está ya en pie, declara la contumácia como por el fiscal ha sido pedida. Pero se reserva á voluntad del Rey y de las Córtes la admision de los que de nuevo vinieren á ellas, y se señala á los presentes seis dias para mostrar sus poderes, y luego dice: que de mandamiento del Rey proroga, si quiere continuar las presentes Córtes, para el dia siguiente, sino fuere feriado, y si lo fuere para el otro inmediato.

En las Córtes generales se acusa la contumácia. Luego de leida la proposicion del Rey, y dada la respuesta, dice el proto notario: "el Rey acusa la contumácia á los llamados á estas Córtes, y concédeles de gracia cuatro dias, y dentro de ellos manda muestren los poderes; y tambien proroga, si quiere continuar las presentes Córtes, para el dia siguiente." Y despues de haber dicho esto, nunca mas se trata de contumácia, ni se reputa á nadie por contumaz, antes bien el que venga á las Córtes á cualquier tiempo que fuese, teniendo calidad para intervenir en ellas, es admitido.

A quién se puede acusar la contumácia.

No se pueden reputar por contumaces sino so-

lamente aquellos que han sido llamados por el Rey
á Córtes; porque los demas, teniendo las calidades necesarias para intervenir en Córtes, en cualquier tiempo que vengan han de ser admitidos.

De la salvaguardia de los que vienen á las Córtes.

Los llamados á las Córtes y los que intervienen en ellas, son habidos por guiados: se entiende en el viage de ida y vuelta, y durante el tiempo de sus sesiones: segun lo declara el acto de
las Córtes de Valderrobles de 1429 confirmándolo
como fuero y costumbre antigua.

Asistencia del segundo dia.

El dia siguiente de la proposicion ordinariamente se queda el Rey en palacio; y el Justicia de
Aragon y todos los demas que han venido á celebrar las Córtes van al lugar señalado, cada
uno á sus estamentos separados, conforme á la calidad de sus personas, en los asientos que por ceremonial y derecho les corresponde.

Asistencia del Justicia de Aragon.

El Justicia va con sus maceros delante al lugar donde se hizo la proposicion; y al llegar á
las gradas dejan las mazas, y sobre el catafalco,
mas abajo del asiento donde estuvo el Rey, se le
pone un banquillo, en el cual se sienta. Delante
tiene un bufete con un juratorio, y á su izquierda una mesa con un banco, donde está sen-

tado el notario de las Córtes. En este sitio tiene
el justicia todos los dias audiencia á la hora que
señala, y allí oye á los que vienen á dar greuges
(á deducir agravios), ó á encantar en ellos, y hace
las demas provisiones necesarias que pertenecen á
su oficio: y allí asiste todos los dias, mientras
duran las Córtes.

Nombramiento de notario de los Brazos.

Sentados en sus correspondientes puestos y orden de precedencias los estamentos, cada Brazo
nombra su notario para testificar las asistencias y
deliberaciones que allí se hacen, y lo demas que
en el Brazo se hiciere: lo cual se practica desde
las Córtes de Monzon de 1583, porque antes el
notario de las Córtes ponia estos notarios como
sustitutos suyos.

En fin, hecho el nombramiento con auto que
testifica el notario de las Córtes, juran los cuatro de los Brazos en poder de este.

Los registros que dichos notarios hacen, concluidas las Córtes, quedan en poder de cada uno
y se lo lleva; y deberian quedar en poder del
notario de las Córtes como el proceso principal.

Nombramiento de habilitadores y su oficio.

Despues del nombramiento de notarios sigue
el de habilitadores, que suelen ser dos en cada Brazo, escepto en el de caballeros é hidalgos, que son
cuatro, á causa de que en este Brazo tienen mas
que hacer.

El oficio de estos habilitadores es reconocer

los recados que cada uno trae , y examinar si son conformes las calidades que se requieren para intervenir en aquel Brazo. Los habilitadores de los Brazos de la iglésia, de la nobleza y de las universidades tienen menos que examinar, pues solo han de ver si los poderes vienen conformes á fuero y á la costumbre que se guarda en ellos, porque las personas que en estos Brazos intervienen son notorias. Pero en el de caballeros é hijosdalgo son menester examinadores muy previstos y prácticos en conocer la gente del reino; porque como en dicho Brazo son admitidos no solo los que son notorios y que vienen con ejecutorias, sino aun con probanza de testigos, puede en esto caber mas ó menos y porque si bien es verdad que estos habilitadores no pueden habilitar á nadie, ni darle mas calidad de la que él se tiene, siendo solamente reconocedores de los documentos calificativos, todavía es muy justo que esto se mire con cuidado. Y aunque no causa perjuicio al Rey ni á las universidades el admitir á alguno sin ser caballero ó hidalgo, ni estos adquieren derecho que importe, al fin siempre van adquiriendo alguna manera de posesion que podria ser perjudicial.

Y asi lo primero que los dichos examinadores han de hacer es habilitar á todos los que estan en el Brazo, sin tener cuenta con que hayan asistido en otras Córtes; pues pudo haber entonces descuido en los habilitadores, y ellos estan obligados á hacer bien su oficio: y por ser su oficio de tanta conciencia deberán prestar juramento; lo que no se encuentra en los registros.

Y como los nobles en Aragon son mayores

de edad á los 14 años, pueden ya entonces intervenir en Córtes y votar en ellas, y tambien nombrar procurador; pero los caballeros é hidalgos no pueden tener voto en su Brazo hasta los 21 años cumplidos, aunque los menores que no bajen de los 14 años pueden asistir solamente, conforme el fuero que se hizo en las Córtes de Tarazona de 1592.

Nombramiento de promovedores, y de su oficio.

Habilitados ya los Brazos, y excluidos aquellos en cuya habilitacion haya duda, hasta ulterior examen, se nombran luego los promovedores. En el Brazo eclesiástico no se nombra promovedor, porque lo es siempre el arzobispo de Zaragoza, y en su ausencia el obispo que se sigue y que toma la presidencia. En el de los nobles se nombra un promovedor, y en el de caballeros é hidalgos dos; y tampoco se nombra en el de las universidades; porque lo es siempre el jurado de Zaragoza, y en su ausencia el síndico que haya allí de la ciudad.

El oficio de los promovedores es proponer todas las cosas y negocios que en el Brazo se ofrecen, y levantar la resolucion de ellas mandando al notario los continúe en el registro de su Brazo.

Este cargo en el Brazo de los nobles y en el de caballeros é hidalgos dura solo una semana, y al fin de ella los que salen nombran sus sucesores; y no impide haberlo sido una vez para poderlo ser todas las veces que lo eligieren.

Adviértase que si alguno de los que intervienen en su Brazo le parece conveniente que se trate de algun negocio que los promovedores no quisieren proponer, puede cada particular por sí proponerlo y hacer que se trate de él, sin que nadie se lo pueda impedir.

Puestos los promovedores en su lugar, proponen que se señale toque de campana para entrar en sesion; que se habiliten todas las fiestas, como dias feriados, menos los de la pascua, domingos, fiestas de la Vírgen y de los apóstoles: que en todos los demas se señalen dos horas por la mañana y dos por la tarde, y si se ofrecieren negocios de importancia se habilite todo el tiempo que fuere necesario; y que se señalen el número de personas que han de formar Brazo: y si bien el número no es constante, lo mas comun es que ademas de los promovedores, de los eclesiásticos diez componen Brazo, de los nobles doce, de los caballeros é hidalgos veinte y cuatro, y de las universidades ocho; pues aun que algunas tienen dos ó mas síndicos no se cuentan mas que como un voto.

Todo esto lo pueden variar las veces que quisieren, siendo dentro de los dias habilitados, y habiendo el número que está determinado.

De las continuaciones y señalamientos de dias y sesiones.

Estando ya formadas las Córtes como queda dicho, y llegada la tarde del segundo dia, el Justicia de Aragon viene á las gradas del solio con asistencia del protonotario y notario de las

Córtes, y tomando éste testimonio del acto, dice
como por mandamiento del Rey y voluntad de
las Córtes las continúa y proroga para el dia
siguiente. Y en esta forma de un dia para otro
se van repitiendo y continuando estos señala-
mientos todo el tiempo que duran las Córtes;
y aunque se pueden hacer por diez ó veinte
dias, y por cuanto pareciere, lo otro es mas
usado y practicado. Y aun al concluirse las
Córtes se van tambien concediendo por horas
como en los Brazos.

De esta misma manera se hacen las prorogaciones de las Córtes asi generales como pro-
vinciales de una ciudad á otra, despues de estar ya formadas, señalando lugar y dia para
donde se prorogan : verdad es que para esto
se requiere ademas de la voluntad del Rey las
de los cuatro Brazos.

De la asistencia del tercer dia y siguientes hasta la celebracion del solio.

Llegado el tercer dia, para el cual han sido
en el segundo continuadas las Córtes, los que
intervinieren en ellas acuden á sus estamentos
y comienzan á tratar los negocios de la forma
y manera que se dirá en los capítulos siguientes : y la misma guardan todos los dias de
ayuntamiento hasta que llega el de la celebracion del solio.

De los tratadores de las Córtes que nombra el Rey.

Costumbre ha sido de muchos años á esta parte el nombrar los Reyes algunas personas con quienes los Brazos traten los negocios que en las Córtes se ofrecieren, á fin de que ellos vean y confabúlen primero si lo que se trata es conveniente al Rey y al reino; y pareciéndoles que sí, lo presenten á S. M. y traten á solas, con la resolucion que mas á su servicio convenga. Y no siendo justo llegar al Rey sino con cosas ya muy miradas y que á los tratadores parezcan justas, se evita á S. M. las molestias que con muchos mensages de negocios aun no digeridos se le podrian causar.

Estos tratadores se juntan en donde ha de estar el Rey cuando viene al salon de las Córtes, que ordinariamente es en la sacristía, si se celebran aquellas en la iglesia: y desde alli tratan en su nombre lo que se ofrece, y oyen á todos los que quisieren hablar asi en cosas de justicia como de gracia: y lo que es necesario tratar con el Rey, hacerlo ellos á solas en palacio.

Cómo se tratan los negocios en los Brazos.

Continuándose ya las Córtes, comienzan á tratar los Brazos los negocios convenientes al buen gobierno, paz y quietud del reino, y al establecimiento de leyes necesarias para remediar los males que por falta de ellas han sucedido y para reparar los abusos que las hechas han causado.

Para que esto se haga mejor traen los diputados y las universidades algunos puntos particulares advertidos, y asimismo de cada uno lo que le parece conveniente. Y tambien de parte del Rey se presentan los necesarios, y que deben quedar estatuidos por ley para que la justicia sea bien administrada como conviene al servicio de Dios, suyo, y al buen gobierno del reino.

Estos puntos se van conferenciando y ventilando, y las mas veces se remiten á personas que las vean y adapten, nombrando cuatro ó seis cada Brazo; y la mitad de los que nombre el de las universidades han de ser síndicos de Zaragoza.

Se juntan todos en una parte, y visto lo mas conveniente, vuelven despues cada uno á su Brazo, y representan lo que les parece se suplique al Rey, y alli se resuelve lo que se ha de hacer con mas consideracion de la que se podria tener concurriendo todos.

Y aunque en algun tiempo se solia dar este poder para que los asi nombrados lo resolviesen á solas, años hace que no lo han querido conceder sino con la calidad de relatores de lo acordado, por algunos inconvenientes que habian ocurrido.

Cómo se votan los negocios en los Brazos.

Diferentemente se votan los negocios en un Brazo que en otro. En el de la iglesia propone y vota primero el promovedor, que es el arzobispo ú obispo que está de presidente; luego van procediendo los demas vocales por su orden conforme estan sentados.

En el Brazo de los nobles se ha practicado una muy extraña manera de votar; porque en acabando de proponer el promovedor, sin decir su parecer nombra al que ha de hablar primero; y en acabando aquel, nombra á otro el que le parece, no guardando mas orden que el de su voluntad, de tal manera que todos los que van votando los ha de nombrar primero; y así muchas veces nombra al que está mas descuidado; ni tampoco traería cuenta, que votasen antes los que asisten en su nombre propio que los que asisten como procuradores. El último que vota es el mismo promovedor.

Diferente procedimiento tienen en el Brazo de caballeros é hidalgos, donde acabando de proponer el promovedor vota, y luego su compañero: y despues nombran al que ha de hablar primero; y en acabando éste, se levanta luego á votar el que está á su mano derecha, y despues el de la izquierda, y en este orden siguen los demas.

En el Brazo de las universidades propone y vota primero el promovedor, que es el jurado de Zaragoza ó el sindico que está en presidencia; y luego siguen votando los demas por el órden que estan sentados.

De los mensages al Rey.

En el discurso de las Cortes se acostumbra enviar mensages al Rey segun los negocios lo pi-

den y se ofrecen. Para esto conferencian primero
los Brazos entre sí ; y viendo que es menester hacer mensage al Rey , en estando ya de acuerdo
para ello, nombran dos personas en cada uno, las
cuales salen luego á las puertas de los estamentos,
que estan casi juntos, y con los maceros delante,
van al palacio, donde está el Rey en el órden que
está ya prescrito.

Llegados pues al palacio, antes de entrar en
la cámara del Rey , quedándose fuera los maceros pasan adelante haciendo cada uno el debido
acatamiento á la Real persona , y luego tomando
cada uno su lugar , forman dos hileras. Puestos
en esta forma, el prelado que allí viene, toma
la voz y hace la plática por todos, y puede cada uno añadir algo, si le pareciere. El Rey entonces les dá la respuesta , y todos vuélvense
en el orden con que vinieron á sus respectivos
estamentos , á los cuales refieren lo que ha respondido el Rey al mensage.

De los mensages de un Brazo á otro.

Hablando de los mensages que se hacen entre los Brazos, se ha de saber que solo van dos
personas de cada uno, aquellas que le parece
nombrar. Algunas veces el mensage es solo de
un Brazo á otro, y algunas de uno á dos, y
otras de los dos á uno, y siempre van prece-
didas de sus correspondientes maceros desde la
puerta del Brazo que sale, hasta haber entrado en
la sala del que recibe ; del cual salen luego que
llegan á recibirles algunos indivíduos de él, y

hasta el mismo parage salen acompañándoles cuando se retiran.

La forma y orden con que se han de sentar é interpolar dichos mensageros en el Brazo que recibe, está ya dispuesto y fijado para quitar disputas y etiquetas, desde las Córtes de Zaragoza de 1585 y de Tarazona de 1592.

Pero es de advertir que los mensageros del Brazo de las universidades nunca vienen al de la iglesia juntos como los del otro, sino siempre solos; y además, la mensagería se compone del síndico de Zaragoza y otro de las demas universidades, áquel que quieran nombrar.

Cuando hacen el mensage los eclesiásticos solos ó con las universidades, el prelado es quien toma la palabra por todos; y si van las universidades solas el síndico de Zaragoza. Cuando hacen el mensage los nobles solos ó con los caballeros é hidalgos, toma la palabra uno de los nobles, aquel que hecha la cortesía á su compañero, se sienta á la mano derecha del presidente del Brazo. Y en acabando su plática, cualquiera de los que tomaron la voz ha de decir á los demas compañeros si quieren advertir algunas cosas sobre lo que ha tratado, y cada cual de estos tiene facultad entonces de decir lo que se le ofreciere sino se conformase. El que responde á los mensageros por el Brazo de la iglesia, es el arzobispo de Zaragoza, ó el prelado que presida en su lugar: en el de los nobles y en el de los caballeros é hidalgos, áquel que el promovedor nombre para que responda: y en el de las universidades el jurado de Zaragoza, ó el síndico que está en su lugar. Y cuando el mensage es respuesta de otro, ó de que no hay que responder, el promovedor agradece lo hecho en nombre del Brazo, y con ésto se despide.

Otros muchos recados se envian de un Brazo á otro sin esta solemnidad, cuando los negocios se van apretando por abreviar tiempo, particularmente si son réplicas de puntos ya tratados primero por mensagería. Para esto nombran en el Brazo que se ofrece uno que salga fuera, y mande llamar otro del otro Brazo con quien ha de tratar, y le da el recado; y aguardando la respuesta, vuelve con ella á su Brazo.

Por este camino se toma hartas veces resolucion de cosas importantes, y despues juntando dos ó mas cabos hacen el mensage solemne para que quede todo concluido.

Qué cosa son greuges (agravios) y quién los puede presentar.

Los greuges, que quieren decir agravios, siempre se piden en Córtes, y solo los pueden pedir los que son llamados é intervienen en ellas á un cualquiera particular del reino, como se ve en los registros de las Córtes de Monzon de 1563 y de 1585.

Tambien pueden pedir greuges las universidades una contra otra, y un Brazo contra otro, y asimismo el fiscal en nombre del Rey puede pedir greuges contra la Justicia de Aragon y sus lugar-tenientes y oficiales, de que hay ejemplares, y es muy puesto en razon; pero no hay ejemplar de que los haya pedido contra otras personas.

Sobre qué cosas y contra quién se pueden pedir greuges.

Se pueden dar greuges por lo que el Rey hubiere mandado ejecutar contra lo que por ley está estatuido. Tambien se pueden dar contra los oficiales reales y universidades, y contra cualquier Brazo de los que asisten en Córtes, y por las cosas y agravios que se pretendieren contra ellos haber hecho en fuerza de su jurisdiccion, ó con violencia y rigor, sin guardar las leyes del reino.

Y aunque es verdad que en los registros consta haberse dado otros muchos greuges por cosas particulares, está declarado no ser deducibles en Córtes.

Asimismo se pueden dar greuges contra el Justicia de Aragon, sus tenientes y oficiales, pues aunque se pueden dar contra ellos denunciaciones ante los inquisidores que cada año les toma la residencia, juzgando á los jueces, el propio lugar de pedir los agravios que ellos hacen, éra antiguamente en Córtes: y no obsta el poderlo hacer en una parte ahora para que no se haga en la otra.

Tambien se puede dar greuge contra un particular que hiciere cosa, de la cual resulte ó pueda resultar lesion de fuero ú de alguna ley del reino.

Hasta qué tiempo y ante quién se pueden dar los greuges.

Los greuges se pueden dar desde el dia en que se hace la proposicion hasta el dia de la celebracion del solio. Pero el hacerlo en este último dia, sería mucha descortesía; y sería justo que para dar los greuges hubiese tiempo limitado, para evitar disgustos; pues como no se puede tener el solio sin estar juzgados los greuges, no es razon que el Rey y las Córtes se hayan de detener al tiempo que se cree estar todo concluido. En las Córtes se dan los greuges ante el Justicia de Aragon, y él es el que responde á la cédula que se le dirige con las razones, diciendo "se hará justicia," y manda al notario inserte dicha cédula en proceso. Ordinariamente se señala tiempo y lugar, que es donde se hacen las constituciones de las dietas, y donde el Justicia tiene audiencia, ó dentro del tiempo que él la continúa, pues muchas veces la tiene todo el dia á causa de despachar los negocios con mas brevedad.

En las Córtes de Tarazona de 1592 se dispuso que se hayan de dar los greuges dentro de treinta dias hábiles contínuos, comenzando á correr desde el de la proposicion de las Córtes; y que pasados estos, no se pueda hacer; quedando facultad á los agraviados para poderlos dar en otras Córtes, ó pedirlos en otros tribunales competentes. Y allí mismo se declaró que los agravios que se hicieren durante las Córtes, se puedan dar en ellas dentro de veinte dias hábiles ó no hábiles, los que empiezan á correr desde el dia que se hiciere el tal agravio; por lo cual no se haya de detener la conclusion de las Córtes, dándoles el Rey y éstas jueces y comisarios para juzgarlos dentro del tiempo que les pareciere.

Cómo se ha de proceder en los procesos de greuges.

Luego que se dá el greuge, el protonotario y el notario de las Córtes continúan en el proceso principal, que para esto se forma la sustancia de la cédula del greuge que se ha presentado, es decir, el dia, la parte, contra quien, y sobre qué causa se dió; y despues tambien en suma lo que sobre ello fue proveido y pronunciado, como se lee en los registros antiguos; y sería justo que asi se hiciese siempre: pero como los mas de los greuges se juzgan por comision despues de las Córtes, no se pueden asentar en el proceso principal las sentencias, porque todo lo demas se asienta en el proceso particular que del greuge se hace, en el cual se procede sumariamente, dando el Justicia de Aragon el tiempo que le parece para hacer las probanzas, y dar las defensas conforme la calidad del negocio lo pide, hasta estar instruido el proceso y puesto en sentencia; la cual pronunciada, queda continuada en el proceso del greuge: y estos procesos solo los actúa el notario de las Córtes, en cuyo poder despues han de quedar.

Los greuges se han de pronunciar aunque se disuel-
van las Córtes.

Verdad es que no se puede celebrar el solio,
que es el fin y remate de las Córtes, hasta que todos los greuges sean pronunciados; pero si el Rey
se sale de las Córtes, que en este caso quedan disueltas, entonces, de que ya hay casos, el Justicia de Aragon, si el Rey no envia su procurador ó comisario para ello, con consejo de los Brazos pasa en su ausencia á juzgar los greuges que
en aquellas Córtes se habian dado, y todos los
demas que se dieren de nuevo despues de haber
llegado allí.

Quién ha de juzgar los greuges y aconsejar en
ellos.

El Justicia de Aragon, como juez de las Córtes, es el que juzga los greuges con consejo del
Rey y los cuatro Brazos, con exclusion de los interesados; y ha de seguir el consejo que le diere
la mayor parte de ellos.

Puesto ya el proceso del greuge en sentencia,
el Justicia, mediante una cédula, suplica al Rey,
y pide á los Brazos le aconsejen lo que debe pronunciar conforme á fuero. El Rey da su voto en
latin por escrito, y se inserta en el proceso: los
Brazos van votando sin aguardar el del Rey, y no
guardando órden entre sí, sino que votan los que
mas presto estan instruidos en el negocio. Algunas
veces dejan de votar algunos hasta otro dia para
prepararse mejor en lo que han de hacer. Despues
son admitidos á votar, haciéndolo antes que se
haya pronunciado el greuge,

6

Si no quisiera alguno de los Brazos, ú otra persona, aconsejar al Justicia, despues que por su parte se les haya requerido tres veces, puede pasar á sentenciar con el voto de los que habrán querido aconsejarle. El voto del Rey acostumbra recibirlo el proto-notario, á quien se lo da firmado de su mano con testimonio del notario de las Córtes que actúa el proceso del greuge; y este recibe los votos de los demas que asisten en los Brazos; los cuales va asentando y continuando en el proceso como cada uno los va diciendo.

Por interesados en dar greuges se entienden aquellos cuyo interes se trata en el proceso; se entiende el Rey en negocio que se pretende no haberlo tratado conforme á las leyes del reino, ó no deberlo tratar; y asimismo lo es en los greuges que se dan contra los oficiales reales. Y cuando en el greuge se trata de algun interes general de nobles ó de universidades, los individuos de estos Brazos no han de votar en ello, y asi en los semejantes.

Y si el interes es de algun noble en particular ó contra alguna universidad, solo aquel y los síndicos de la tal universidad han de ser excluidos; y lo mismo se ha de guardar si fuere el interesado algun prelado ó capitular, ó caballero hidalgo de los que intervienen en Córtes.

Cuando el procurador fiscal da algun greuge contra el Justicia de Aragon ó sus tenientes, este debe ser excluido del juicio, pues nadie puede ser juez en causa propia; y debe el caso ser pronunciado por los Brazos.

Los mas de los greuges se sentencian por via de comisarios nombrados por el Rey y las Córtes con voluntad de las partes, segun y como éstas se

acuerden, pues de diferentes maneras se ha usado y practicado así en el número de personas como en las condiciones que en ellas se ponen. A
estos comisarios dáseles facultad por acto de Córtes para que dentro de cierto tiempo fallen; porque no es posible que en Córtes, donde tantos negocios se ofrecen, se pueda todo concluir como á
las partes convenga, mayormente habiéndolo de
juzgar tanto número de personas, y enterarse de
la justicia de los interesados.

En las Córtes de Tarazona de 1592 se dieron
algunos greuges contra el reino y ciertas universidades; y como el Rey don Felipe no estaba en
las Córtes, donde habia dejado para presidirlas por
comision uno de los regentes del consejo supremo
de Aragon, el regente del oficio del Justicia del
reino le escribió una carta suplicándole le acon-
sejase lo que debia pronunciar en dichos greuges,
y tambien lo pidió á los Brazos conforme á la
costumbre que hay en el reino. Esta carta halló
al Rey en Castilla en el monasterio de gerónimos
de la Estrella, y allí votó los greuges: y mediante otra carta, que mandó escribir al dicho
regente del oficio del Justicia, le escribió su parecer sobre ellos: la cual su escribano de mandamiento, Agustin de Villanueva, se la notifi-
có con acto público, y el dicho regente la mandó insertar original en uno de los tres procesos de greuges que dió el administrador de las
generalidades de Aragon contra los diputados
del reino. En los demas mandó poner copia de
ella, por venir allí tambien el voto que el Rey
daba á todos los greuges sobre los que se le
habia pedido consejo. Fue esta manera de votar una cosa jamás vista ni imaginada, estando

el Rey no solo fuera de las Córtes, sino aun del reino.

De los disentimientos, y quién puede ponerlos.

Cualquiera individuo ó cuerpo de los que intervienen en Córtes y tienen voto en ellas, puede poner disentimientos en las cosas de gracia, y se acostumbra ponerlos en una de dos partes. La primera es en el Brazo en que asisten al tiempo que se tratan los negocios, protestando y diciendo que disienten en tal asunto ó en todos. De esto ha de dar testimonio el notario del Brazo, siendo requerido; porque de otra manera el solo dicho, aunque haya muchos testigos, no obstaria. El disentimiento puesto en esta forma es bastante para que no se pueda concluir cosa alguna de las que las puede estorbar no solo por entonces, pero ni aun después en todas las Córtes, si perseverase en él.

Otros disentimientos se ponen al tiempo que el Rey y las Córtes están juntos á la celebracion del solio y conclusion de las leyes que se han tratado y acordado, y á conceder asimismo las cosas de gracia; y allí el que quiere disentir en lo que se hace por escrito ú de palabra, lo dice requiriendo al escribano de las Córtes dé testimonio de ello: y con esto no se puede tomar resolucion en la que se ha disentido. Esta manera de disentimiento pónese raras veces por ser cosa muy descompuesta ponerlos en presencia del Rey; mayormente teniendo lugar, como tienen, de poderlo hacer cada uno en su Brazo al tiempo que se trata el negocio.

Lo que aquí se ha dicho acerca de que una persona sola puede hacer disentimientos que estorben no solo la conclusion de las Córtes, mas aun el progreso de ellas, está ahora limitado por el fuero de las Córtes de Tarazona de 1592, en que se ordenó que la mayor parte de cada Brazo hiciese Brazos, de manera que para estorbar lo que antes era bastante un solo voto de los que asistian en él, es necesario ahora que concurra la mitad de todos los votos.

Cuántas maneras hay de disentimientos, y lo que

La primera es cuando uno disiente de tal negocio no consintiendo se trate de él, y esto no tiene mas fuerza que de estorbar aquel solo; pero todos los demas se pueden tratar y concluir.

La segunda es cuando uno dice: *disiento de todos los negocios que se tratan y trataren hasta que esté hecha tal cosa, ó vista tal negocio.* Y estos no dan lugar á concluir cosa alguna de gracia, entretanto que no se haga lo que en el disentimiento se contiene; y en habiéndose cumplido con ella queda ya disuelto enteramente.

La tercera y mas fuerte es cuando se oponen disentimientos sin dar razon, sino solo por voluntad del que los hace, disintiendo de todo lo hecho y por hacer; los cual embaraza absolutamente el poder concluir género alguno de negocio que no sea de justicia.

Estas dos maneras últimas de disentimientos acostumbra luego el notario del Brazo in

timarlas á los demas Brazos para que les sea
notorio, y llámanlas vulgarmente *estar el Brazo parado*, creyendo, como creen algunos, que
no se puede tratar ni aun de las cosas de justicia, en lo cual padecen engaño.

Lo que se ha dicho antes, de que un individuo solo de los que asisten en el Brazo puede poner disentimiento, se ha de entender aqui
de la mitad de los que en él estuvieren, en fuerza del referido fuero de las Córtes de Tarazona de 1592.

Qué cosas se pueden hacer en los Brazos aunque haya disentimentos.

Los disentimientos hechos en los Brazos, aunque sean generales, no embarazan el tratar y resolver en las cosas de justicia, como son conocer de las habilitaciones de los que vienen
á las Córtes, y admitirlos en los Brazos, y el
votar los greuges aconsejando en esto al Justicia
de Aragon para que los sentencie.

Y como estos son actos de justicia, se ha
tenido ya desde antiguo por constante, que aunque en el caso de tales disentimientos no se
hiciesen leyes ni otras cosas de gracia, se habian de pronunciar las de justicia en cualquier
caso que ocurriese. Pero digo tambien, que aunque haya disentimientos en los Brazos, se pueden tratar y ventilar los negocios de justicia y
las leyes que convienen estatuirse ; pues la que
no resolvieren, no se tiene por acto ni se continúa en registro, por cuanto resolucion no se
puede dar en manera alguna estando en pie
los disentimientos ; bien que es mucha pruden-

cia tener ya las cosas apuradas para cuando
se puedan concluir del todo, y los disentimientos esten levantados; porque asi lo hicieron en
las Córtes del año 1585 los mas de los que
asistian en los Brazos de la iglesia y de las
universidades, y no como acostumbraban los
de los otros Brazos, que al punto que se ponia
el disentimiento, se salian del Brazo sin querer
tratar ni conferenciar sobre ningun asunto; lo
cual causó la pérdida de muchos dias.

*El disentimiento puesto por el que se sale de las
Córtes, queda disuelto.*

El que pusiere un disentimiento, no puede
ausentarse de las Córtes; y si lo hiciere, queda al
punto disuelto; porque no seria ni justo ni de-
coroso que todo un cuerpo permaneciese sin proceder en los negocios hasta que al que disintió
se le antojase volver.

Lo mismo se debe entender respecto del que
habiendo puesto algun disentimiento y estando
en el lugar de las Córtes, si fuese por tres veces requerido á instancia de alguno de los que
intervienen en ellas, no quisiese venir al Brazo;
á menos de estar enfermo, ú de otro legítimo
impedimento.

Saliendo el Rey de las Córtes, quedan disueltas.

Siempre se ha tenido por cierto que al punto
que el Rey sale de los términos del lugar donde
se tienen las Córtes sin voluntad de los cuatro
Brazos, son habidas por espiradas, y quedan disueltas, como lo siente Gerónimo Blancas en el

título *De las asignaciones de las Córtes*. Y porque
el Emperador Cárlos V se salió de las que ce-
lebraba en Monzon en 1533 para pasar á Barcelona, sin dar noticia de ello á los Brazos, se tuvo
por tan gran novedad, que para poder proseguir-
las, despues que volvió S. M. se le presentó una
suplicacion para que esto no causase perjuicio al
reino, ni pareciese inducir costumbre: y habiéndose servido admitirlo, hicieron los Brazos sus
protestas. Y porque con mucha razon no se tuvo
esto por bastante, en el dia del solio el primer
acto que se otorgó fue habilitar todo lo hecho
suplicando los defectos que, por la ausencia del
Rey podia haber habido. Y asi despues de vuelta
S. M. de Barcelona, queriendo otra vez irse á
recibir la emperatriz, dieron su voluntad los Brazos con la condicion de haber de ser aquella
ausencia de solos tres dias, por cuanto de lo
contrario quedarian disueltas las Córtes. Y el
Justicia de Aragon para usar de un término muy
político no asignó clara y terminantemente los
tres dias, sino que puesto en el lugar del solio
dijo en presencia de cuatro diputados de los Brazos: "que S. M. queria salir del reino para ir
á recibir la emperatriz, y que por tanto él, como juez de las Córtes, á suplicacion y consentimiento de ellas las prorogaba para cinco de
setiembre:" adviértase que era el dia dos cuando
esto dijo.

*Los llamados á Córtes no pueden ausentarse
de ellas.*

Los que han sido llamados á Córtes, sin licencia del Rey no se pueden salir de ellas si ha-

biéndose presentado han sido una vez admitidos
á intervenir; pues es cosa debida al Rey, que
asistiendo su real persona allí, y á veces con
peligro de su salud, esten dos presentes ayudando
cada uno en lo que pudiere á la expedicion de
los negocios; y ademas de ser falta de respeto
á la real persona salirse de las Córtes sin su licencia. Y el Rey podria acusarles de este desco-
medimiento ante el Justicia de Aragon, como lo
hizo don Jayme II en las Córtes de Zaragoza
de 1301 á ciertos ricos hombres que se ausentaron sin su licencia: y el Justicia, teniéndolo
por mayor desacato que el no venir á ellas,
los condenó á perder los honores y caballerías
del Rey: lo cual ciertamente fue una muy rigurosa sentencia.

Cómo se hacen los fueros y actos de Córtes.

Despues de haberse ventilado y conferenciado
entre los Brazos las leyes que conviene establecer, y otras cosas de gracia que les parece conceder; habiendo tomado en ello resolucion, los memoriales acordados por todos se pasan á los tratadores del Rey para que en nombre de todas las
Córtes le supliquen se sirva decretarlos: los que el
Rey se sirve conceder se responde diciendo: "place á S. M." Y al contrario en los que no son de su
servicio, se dice "no le parece á S. M." Y muchas
veces se dá el plazo con alguna condicion, al
cual se replica por los Brazos si parece que es
necesario y conveniente, hasta estar de acuerdo
á una parte ú otra.

Tambien por este orden de memoriales dan
los Brazos respuesta á lo que por parte del Rey

la

se les ha pedido: y en todo lo que se quedó de acuerdo entre el Rey y las Córtes se pasa con la solemnidad que se requiere en la celebracion del solio, que es cuándo se otorga todo; si ya no hay disentimiento que lo estorbe puesto hasta aquella hora, como dije se puede poner.

Qué diferencia hay de fueros á actos de Córtes.

Aunque los fueros y actos de Córtes son una misma cosa, comunmente se les da esta diferencia en el nombre de los unos á los otros. *Fueros* propiamente llamamos á las leyes que se otorgan para la expedicion de la justicia, asi en las cosas civiles como en las criminales; y estos son los que ordinariamente se imprimen aunque sean temporales. Lo demas que se otorga y concede se llama *actos de Córtes*, como son las habilitaciones, salarios y lo que se provée para los oficios de la diputacion del reino, y lo tocante al buen gobierno de ellos. De estos muchos se imprimen, y otros no, por ser muy particulares; pero de la misma manera se observan, guardan y cumplen como los mismos fueros, pues los unos y los otros son actos hechos por el Rey y las Córtes.

Nombramiento de personas para extender los fueros y actos.

Aunque en los fueros y actos de Córtes que se han de otorgar estan de acuerdo el Rey y los Brazos, se acostumbra nombrar personas para extenderlos; con poder limitado para que en un

solo punto no muden la sustancia de lo que
se les da en los capítulos que de los memoriales
se han hecho.

El nombramiento de estos comisionados se
hace de esta manera: el Rey nombra ocho ó
diez personas, ó las que le parece; y los Brazos
otras tantas, haciendo nominacion como lo acuerden, cuidando de que no sean mas los de un Brazo
que los de otro: y despues se pasa por acto de
Córtes con los demas. Todos asi nombrados, dentro del término que se les señala, se juntan en
Zaragoza en las casas de la diputacion, y alli extienden los fueros.

De la concesion del servicio que se hace al Rey.

Despues de la nominacion de los extensores
de los fueros se procede á la concesion del servicio que el reino hace al Rey: y aunque antiguamente se solia hacer de gente para la guerra,
muchos años hace que se acostumbra dar en
dinero, y comunmente asciende á 200⊘ libras
jaquesas.

A este llaman servicio ordinario; porque
cuando por alguna urgencia excede de esta cantidad, se llama extraordinario. El uno y el otro
se da voluntariamente; y así en la concesion se
hacen sus salvedades, «diciendo que se otorga
por aquella vez tan solamente.»

De la celebracion del solio para concluir las
Córtes.

Estando de acuerdo el Rey y los Brazos en
las leyes que se han de otorgar, y en todas las

demas cosas de gracia, y sentenciádose los
greuges, y nombrádose los comisarios para ellos;
se celebra el solio, que es solemnizar todo lo
hecho por el Rey y los Brazos á parte.

Llegando pues el Rey y sus oficiales, el Justicia
de Aragon y los Brazos, el protonotario y el notario de las Córtes al sitio donde se hizo la proposicion, y colocándose todos en sus respectivos asientos; el protonotario lee las leyes y todo lo demas
que en las Córtes se ha hecho, y en conformidad
del Rey y las Córtes él y el notario de estas
extienden acto de todo esto.

Antiguamente alguna vez se acostumbraba
celebrarse muchos solios, esto es, siempre
que estaban ventiladas y acordadas algunas
cosas, y asi, quedaban concluidas. Y era una
muy buena manera de proceder, porque como
ahora no queda cosa concluida hasta que se
aprueba en el solio; cuando se piensa haber concluido, se está al principio; y el postrero que llega
á las Córtes se quiere enterar de todo lo que
se ha tratado; y si no le agrada deshace lo que
con muchos dias de meditacion se ha resuelto.

Lo que se usaba antiguamente de la repe-
ticion de solios era entonces muy necesario,
porque uno solo podia estorbar la conclusion de
las Córtes; pero ahora que la mayor parte de
cada Brazo forma Brazo (como está dicho) no es
de mucha importancia hacerlo de aquella manera.

Protestas que se hacen en el solio.

Al tiempo que en el solio se otorgan y conceden los fueros y leyes, se hacen diferentes protestas por los Brazos. Los eclesiásticos dicen que

de tal manera vienen y consienten en ellos, que
no irroguen perjuicios á la libertad eclesiástica,
y en cuanto de ellos ó de alguno de ellos se
siguiera pena de muerte ó mutilacion de miembro ó vindicta de sangre :" lo cual hacen por no
caer en alguna irregularidad.

Los de las comunidades de Teruel y Albarracin tambien hacen sus protestas, diciendo "que
de tal manera otorgan aquellas leyes en cuanto no sean contrarias á sus privilegios y fueros
particulares." Y en cuanto á los demas protestos
que hacian los nobles, caballeros é hidalgos, no
se comprende de qué efecto eran; ni se halla que
hayan relevado á nadie de la guarda y observancia de todos los fueros y actos que se otorgan
y conceden en Córtes.

Juramento del Rey y sus oficiales.

Leidos y publicados los fueros y actos de
Córtes que se otorgan, síguese el Juramento que
el Rey y otros ministros hacen. Y para esto á la
mano izquierda de la silla del Rey se pone un sitial, en el cual ha de haber un misal abierto,
y sobre él una cruz de oro. Luego levántase el
Rey y pasa al sitial, y el Justicia de Aragon debe colocarse en el otro lado: y ambos arrodilla-
dos, y alli á suplicacion de las Córtes, se sirve
de jurar que guardará por sí y sus sucesores los
fueros y actos de Córtes. Despues van jurando
los demas oficiales reales, todos por su órden, que
es como se sigue: el vice-canciller, el regente de
la cancillería, la gobernacion del reino y sus alguaciles, el regente del oficio de la gobernacion
y su asesor.

Juramento del Justicia de Aragon y de los Brazos.

Despues de haber jurado el Rey y sus oficiales, juran por los Brazos dos individuos de cada uno, diputados para este acto; y el postrero es el Justicia que jura en manos del Rey.

Estos juramentos de los oficiales reales y de los Brazos se han hecho en diversas manos, unas veces en las del Rey, y otras en el del Justicia de Aragon. Empero en las Córtes de 1563 y 1585 todos juraron en poder del Rey.

Fin y disolucion de las Córtes.

Hechos los referidos juramentos, que son el fin y remate de todas las formalidades; el Rey licencia las Córtes, dando á todos los asistentes en general y en particular, licencia para que se vuelvan á sus casas, pues ya todo está concluido, diciéndoles de palabra: *Idos en paz*, que asi se lee en los registros.

Del proceso de las Córtes.

El notario de las Córtes ha de sacar copia del proceso que actúa en ellas, y entregarlo á los diputados del reino dentro del tiempo que se le señala en el acto de Córtes que se ocostumbra hacer sobre esto, para que le tengan recondito en su archivo del reino; por si en el del protonotario ú notario de las Córtes sucediere alguna desgracia. Asi se ha ejecutado siempre desde las Córtes de Zaragoza de 1442.

Junta para extender los fueros.

Despues dé fenecidas y disueltas las Córtes, las personas nombradas para extender los fueros y actos de Córtes que se ha hecho, se han de juntar en Zaragoza en las casas de la diputacion para esta obra, y tomar sus asientos segun la forma, que para evitar competencias se estableció en las Córtes de 1585.

En esta junta no asiste el protonotario, sino su lugarteniente y el notario de las Córtes, y nadie tiene lugar preferente, ni hay tampoco quien presida. Estos comisarios, conformes entre sí, han de extender los fueros y actos de Córtes nuevamente hechos, no mudando la sustancia. Y sino hubiere conformidad entre ellos, el fuero en que no concordaron debe quedar en la forma sucinta en que fue hecho, sin añadir una sola palabra. Y fenecido y expirado el tiempo, que por acto de Córtes se les prefijó, se empieza la observancia y guarda de los fueros y actos hechos.

❋❋❋❋❋❋❋❋❋❋

Fórmulas de las proposiciones hechas por algunos Reyes en las Córtes de Aragon en su apertura.

En las Córtes de Zaragoza de 1300, el Rey don Jayme II dice así en su proposicion.

In nomine Domini nostri Jesu Christi. Nos

Jacobus, Dei gratia, Rex Aragonorum, Valentiæ,
et Murciæ, ac comes Barchinonæ, prædecesorum
nostrorum sequentes vestigia, ad tranquilitatem
subditorum nostrorum voluntarie intendentes,
et more regio noctes transeuntes insomnes ut
ipsi vivant in tranquilitate pacis, et inter eos justitia conservetur; mandamus Aragonensibus in
civitate Cæsaraugustæ generalem curiam celebrandam, in qua quidem curia congregatis nobilibus, mesnadariis, militibus, infancionibus necnon et procuratoribus civitatum et magnarum
villarum et aliorum locorum Aragonum infra-
scriptis qui convenerant ad curiam antedictam:
attendentes quod.... Idcirco de voluntate et ex-
presso eorum conssensu fecimus constitutiones
nostras perpetuas.

Nota.

Estas Córtes son las primeras en que se hace
mencion de procuradores de universidades. Los
pueblos que en ellas se expresan son: Zaragoza,
Huesca, Tarazona, Barbastro, Jaca, Calatayud, Daroca, Teruel, Aynsa, Tamarite, Litera y Ariza.

***

Córtes de Zaragoza de 1301 del mismo Rey don Jayme II.

INTROITO.

Nos Jacobus etc. Congregata generali curia
in civitate Cesaraugustæ, quam nunc Aragonen-

sibus celebramus, intendentes ad *conservationem
justitiæ, et ad bonum statum totius regni nostri jam dicti, et utilitatem subditorum nostrorum;* de consilio et assensu omnium prælatorum,
baronum, mesnadariorum, militum, et infacio-
num, necnon procuratorum omnium civitatum
et villarum totius regni facimus foros novos....

❖❖❖❖❖❖❖❖❖❖❖

Córtes de Alagon de 1307.

INTROITO.

Cum in curiis quas reges suis subditis cele-
brant, *ea quæ sunt ad conservationem pacis, justitiæ, et statum pacificum regni, et regimen subditorum, et ad tuitionem et augmentum Reipublicæ* ordinent et disponant; Nos Jacobus Rex
prædictus licentiam per illustrissimum Regem
Petrum patrem nostrum statutum fuisse in favore
Aragonensium, quod ipse et sui successores quolibet anno eis curiam celebrarent in civitate Cæsar-augustæ; quod quidem statutum fuit per dominum Regem Alfonsum fratrem nostrum, et
per nos postmodum confirmatum. Nunc vero attendentes ad comunem utilitatem totius Regni
Aragonum qua loca ubi curiæ celebrantur propter congregationem gentium magnum susci-
piunt incrementum; de voluntate et assensu omnium in hac curia congregatorum statuimus,
et perpetuo ordinamus, quod de cætero nos et
successores nostri faciamus et celebremus curiam
generalem Aragonum in quacumque civitate,
villa vel villario Aragonum, ubi nobis et nostris

8

successoribus melius visum fuerit expedire. Et
hæc juramus per nos et nostros successores perpetuo observari; et prælati, barones, mesna-
darii, milites et procuratores civitatum et villarum similiter jurant.

++++++++++++

Córtes de Zaragoza de 1349: el Rey don Pedro III.

INTROITO.

Nos Petrus etc. Inter cæteras solicitudines
quibus animus noster ad diversa protrahitur frequenter, ad statum Regni nostri Aragonum ver-
timus Regiæ considerationis intuitum, multiplex-
que ratio nos invitat ut ad ipsum regnum spe-
cialis affectionis animum habeamus: nam dum
primogenituræ et generalis procurationis titulo
fungebamur, apud illud multa tempora ætatis
nostræ percurrimus, et in eo, favente Domino,
cum ingenti incolarum regni ejusdem desiderio
habuimus progresum ad apicem regiæ dignitatis:
ob quod in mente nostra frequenter gerimus ut
regnum ipsum in omnibus prospere dirigatur.
Prosequentes prædecessorum nostrorum vestigia,
qui pro reformatione felicis status regni ipsius
subditos suos intra hoc regnum commorantes ad
generales curias sæpius convocarunt, *ut in eis
foros qui essent inutiles resecarent, non bene fac-
tos corrigerent, imperfectos supplerent, obscu-
ros dilucidarent, et etiam de novo alios, si opor-
teret, per sapientiam invenirent, per quos dictum
regnum salubriter regeretur;* fecimus congre-

gari hanc generalem curiam de praelatis, baronibus, mesnadariis, militibus ac procuratoribus
civitatum et villarum: et de consilio et voluntate
eorum, ordinationes et statuta edidimus etc.

✦✦✦✦✦✦✦✦✦

Córtes de Monzon de 1362, *el mismo Rey*
don Pedro IV.

INTROITO.

Nos Petrus etc. Ex pluribus arduis causis et
necesitatibus, et signanter guerræ, discriminum et
aliorum arduorum negotiorum nostrorum prædictorum regnorum, in loco Montizoni curias generales convocari facimus et etiam congregari.
Et licet circa prædicta et alia ardua nostra et
subditorum nostrorum et signanter ratione guerræ, quam rex castellæ, publicus inimicus noster,
contra pacis fœdera antea inter nos et ipsum
inita juramento, homenagio, fidelitate et exco-
municatione aliisque pœnis, et auctoritate sedis
apostolicæ illata, infideliter et injuste contra nos
et nostros subditos suscitari fecerit, haberemus
necesario intendere sive vacare; erga tamen
regnum nostrum Aragonum, quod principium et
caput fecit.... etc.

Nota.

Entre los pueblos cuyos procuradores se expresan en estas Córtes, se nombran añadidos á
los anteriores, Borja, Montalban, Magallon,
Alcañiz, Almudebar, Alagon y Monzon. En las

Córtes de 1398 se añadieron Cariñena, Fraga,
Sos, Uncastiello, Exea y Sarrion.

✚✚✚✚✚✚✚✚

Córtes de Zaragoza de 1398, el Rey don Martin.

INTROITO.

Regali suscepto regimine noviter præsidentes
recensere, nos convenit, quod Rex Regum et Dominus dominantium, per quem Reges regnant et
potentes scribunt justitiam, Nos ad tam eximiæ
dignitatis culmen præfecit ut illius moderamine
noster regatur populus, ac recta semita gradia-
tur. Nihil enim est quod lumine clariore pre-
fulgeat quam recta fides in Principe: nihil est
quod ita nequeat occasui subjacere quam vera
religio; nam cum auctorem vitæ vel luminis
utraque respiciant, recte et tenebras respuunt
et nequeunt subjacere defectui: propter quod
curiis solicitamur continuis, et assidua medita-
tione urgemur, ut subditorum commodis in quorum prosperitate utique prosperamur, quanto
poterimus studio, intendamus.

Idcirco Nos Martinus etc. Peracta conques-
ta regni Siciliæ, quod, præstante domino, obe-
dientiæ jugo et dominio illustrissimi et magni-
fici Principis Martini, Dei gratia Regis Siciliæ
ac ducatuum Athenarum et Neopatriæ ducis, pri-
mogeniti nostri preclari, ac in omnibus terris et
regnis nostris gubernatoris generalis, per poten-
tiam belicosam exterminatis inimicis subjecimus
cum triumpho ad dictum regnum Aragonum,
in quo, sublato de medio serenissimo Domino

Rege Joanne fratre nostro, recordaticnis eximiæ, dum dictæ conquestæ et adquisitioni regni Siciliæ prædicti præsentialiter aderamus, ex divina ordinatione successimus: remeantes in civitatem Cæsar-augustam, in qua Reges Aragonum
coronantur et regalibus insigniis decorantur curias generales Aragonensibus pro bono et tranquillo ipsius regni statu sub anno M.CCC.XCVIII
ad XI diem mensis aprilis ejusdem fecimus convocari et congregari, ubi regnicolæ dicti regni jurarunt, Nos in Dominum et Regem, et dictum filium nostrum carissimum in Dominum, et
pòst dies nostros in Regem, et ibi etiam coronam
sceptrum et cætera regalia insignia suscepimus.

.   Et quia inter cætera quæ in dicto regno Aragonum reparatione et salubri reformatione indi-
gebant, erant litium dispendia etc. *ideo nonnullos
ex foris editis detrahendo, cæterisque addendo
ac supplendo, nonnullos interpretando, moderan-
do, et declarando, aliosque de novo condendo et
concedendo; de voluntate et assensu prælatorum, re-
ligiosorum, nobilium, militum, Infancionum, et
procuratorum omnium civitatum, villarum, et locorum dicti regni, qui ad dictam curiam convenerunt, foros infrascriptos edidimus.*

———◦◦◦———

Número de las Córtes tenidas en el reino de Aragon hasta 1626.

Jayme I tuvo Córtes en Huesca en 1247.=Id. en
    Exea en 1265.
Pedro III en Zaragoza en 1283.
Jayme II en id. en 1300.=Idem, en id. en 1301.=
    Id. otras en Alagon en 1307.=Id. en Da-
    roca en 1311.=Id. en Zaragoza en 1325.

Pedro IV en Zaragoza en 1348.═Idem, en id.
    en 1349. ═Idem, en id. en 1352.═Idem
    en Monzon en 1362. ═Id. en Calatayud
    en 1366.═Id. en Zaragoza en 1367. ═
    Idem, en id. en 1372.═Id. en Tamarite
    en 1375. ═ Id. en Zaragoza en 1381.
Juan I en Monzon en 1390.
Martin en Zaragoza en 1398.═Idem en Maella
    en 1404.
Fernando I en Zaragoza en 1413
Alfonso V en Teruel en 1427.
Juan II en Calatayud en 1441.
Fernando II en Zaragoza en 1493.═Id. en Ta-
    razona en 1495.═Id. en Monzon en 1510.
Cárlos I en Monzon en 1528. ═Idem, en idem
    en 1533.═Idem, en id. en 1537.═Idem,
    en id. en 1543.
Felipe II en Monzon en 1545.═Idem, en idem
    en 1585.═Idem en Tarazona en 1590.
Felipe III en Zaragoza en 1600.═Idem, en id.
    en 1625.

Córtes tenidas por Lugar-tenientes.

La Reina doña María por el Rey don Alonso,
    su marido, en Maella en 1423 ═Id. en
    Zaragoza en 1442.
Don Juan, Rey de Navarra, por su hermano el
    Rey don Alonso en Alcañiz en 1436.═
    Idem en Zaragoza en 1451.
La Reina doña Juana, muger de don Juan II,
    en Zaragoza en 1467.
La Reina Germana, segunda muger de don Fer-
    nando el Católico, en Monzon en 1512.
Felipe, Príncipe de España, en Monzon en 1547

CORTES

DEL

PRINCIPADO DE CATALUÑA.

PRÁCTICA,

FORMA Y ESTILO

DE

CELEBRAR CORTES

EN CATALUÑA.

POR EL DOCTOR DON LUIS DE PEGUERA,

++++++++++++

Las Córtes en Cataluña representaban el cuerpo y potestad legislativa. Este cuerpo se componia de los tres estados, llamados en la córona de Aragon *estamentos*, el eclesiástico, el militar y el real. Estos tres estamentos ó clases se llamaban *Brazos* despues de convocados, y cuando hablaban y deliberaban en las sesiones.

El Brazo eclesiástico se formaba del arzobispo de Tarragona, su presidente nato, de los obispos de Barcelona, Lérida, Gerona, Vique, Tortosa, Urgel, Solsona y Elna (en Rosellon); y de los síndicos de los cabildos de las referidas iglesias catedrales, del Castellan de Amposta, prior de Cataluña y comendadores de las órdenes de san Juan, y de los abades y superio-

9

res de los monasterios que tenian cabildo y poseian señoríos con el mero mixto imperio.

El Brazo militar se componia del duque de
Cardona, su presidente nato, y de todos los
marqueses, condes, vizcondes, barones, nobles,
titulares y caballeros; y con estos concurrian
los ciudadanos, cuando poseian algun señorío
territorial con título de baronía ó castellanía.

El Brazo real, en el cual entraban todas las
ciudades del principado y las villas de realengo,
se componia de la ciudad de Barcelona, su presidente nato, de Lérida, de Gerona, de Vique,
de Tortosa, de Manresa, de Balaguer, y de
Perpiñan (en Rosellon), y de las villas de Cervera (hoy ciudad), Villafranca de Panadés,
Puigcerdá, Tárrega, Igualada, Berga, Granollers, Camprodon, Mataró (hoy ciudad), Besalú, Prast de Rey, Vilanova de Cubells,
Pals, Torroella de Montgri, Arbucias, Caldas
de Montbuy, Sarreal, Figueras, Talarn, Cruillas, Cabra, Sampedor, y las siguientes del Rosellon, Colibre, Villafranca de Conflent, Salses,
Tuhir, Boló y Argelés. Todas, asi ciudades
como villas, enviaban sus respectivos representantes con el nombre de síndicos: y aunque algunas por privilegio de distincion nombraban dos
ó tres, y Barcelona cinco, no componian mas
que un voto en Córtes.

Los síndicos de una ciudad ó villa debian ser
vecinos de ella, ó miembros de su ayuntamiento; los de un cabildo eclesiástico, individuos del
mismo; el procurador de un noble, de su misma clase; y el de un obispo debia ser ó su
provisor, ú otra dignidad de su iglesia. Un sín-

dico no podia serlo de dos iglesias, ni de dos ayuntamientos; ni un procurador tampoco de dos prelados, ni de dos varones: solo un caballero podia serlo de dos ó de tres.

Los cuerpos ó particulares que no podian ser llamados á Córtes eran las comunidades de órdenes regulares, los abades solamente electos, los comendadores de san Juan si lo eran solo en administracion, los claustros de universidades, las corporaciones del comercio y artes, los abogados y procuradores fiscales, los comunes de pueblos de señorío, y todos los nobles menores de veinte años. Tambien eran excluidos los deudores de las rentas públicas, si su quiebra procedia de administracion, pero no cuando procedia de arrendamiento.

Los síndicos de los cuerpos, y los procuradores de los particulares debian ser naturales de la provincia, domiciliados y arraigados en ella. Y los procuradores de las personas particulares, asi eclesiásticas como seglares, no se admitian sino por enfermedad notoria de sus principales, ú otro poderoso impedimento, cuyo examen tocaba á los habilitadores que nombraban las Córtes, conforme á las reglas que tenian prescriptas.

Y aunque solo los naturales de Cataluña podian ser convocados á Córtes, sin embargo, los extrangeros, si poseian feudos ó jurisdicciones territoriales en la provincia, podian asistir como barones. Y los ausentes de la provincia al tiempo de la convocacion, no podian nombrar procuradores suyos, á menos de estarlo por negocios del servicio público.

En todos los poderes y nombramientos así de síndicos como de procuradores, había de haber la cláusula que expresase la facultad de tratar y deliberar sobre el servicio y donativo gracioso al Rey, que solia ofrecerse al concluir las Córtes en cuaderno separado. Y aunque los poderes se extendian con amplia y absoluta potestad para tratar y deliberar sobre todos los negocios, se necesitaba de poder especial para la jura de Príncipe heredero.

La convocacion á Córtes solo la hacia y podia hacer el Rey, el cual señalaba y debia señalar el lugar de su celebracion, que no era fijo, y solo él las presidia. La citacion se despachaba en su nombre por medio de cédula real expedida por cancillería á cada uno de los presidentes natos de los tres Brazos, y estos dirigian sus copias respectivas por circulares enviadas por porteros jurados á cada uno de los cuerpos ó personas convocables, con entrega formal en mano propia.

En las letras convocatorias se señalaba el lugar, y fijaba el dia de la celebracion, y se encargaba la asistencia personal, ó la de procurador en el caso de legítimo impedimento, que como se ha dicho, debia constar en debida forma en el mismo poder.

En todas las referidas letras se guardaba una misma fórmula y tenor, con la diferencia que en las que el Rey dirigia al Brazo eclsiástico, habia la cláusula de *vobis rogamus et monemus*, y en las que se dirigian al militar y al real habia esta otra *vobis dicimus et mandamus*.

Siempre que en dichas letras citatorias se ex-

cluyese de intento ó por olvido alguno de los
Brazos, ó de los tres los dos, la convocacion
general era nula de hecho y de derecho.

En el caso de expedicion ultramarina ú otro
justo impedimento del Rey, que debia hacerlo presente á la provincia, solo el Príncipe heredero,
podia convocar las Córtes, y aun para esto era
necesario un poder especial del Soberano, y
formal consentimiento de los tres Brazos.

El Rey podia convocar Córtes en Cataluña,
hallándose fuera de la provincia, mas no fuera
de los dominios de su corona en el Continente.

La eleccion del lugar para celebrarlas, tocaba al Rey como queda dicho, con tal que fuese pueblo dentro de la provincia de Cataluña, y
no menor de doscientas casas, decente, sano,
seguro, y no sospechoso á las partes.

El Rey podia variar el primer lugar señalado antes de haber llegado á las Córtes; porque despues de verificada su apertura, no lo podia mudar sin consentimiento de los tres Brazos.

Debia el Rey comparecer personalmente en
el lugar destinado para las Córtes, reservándose
los plazos que le convinieren, no pasando el
término total de cuarenta dias para ejecutarlo,
y durante este término, las Córtes se podian
continuar ó prorogar por otro en nombre y
por comision del Rey.

El Rey no podia hacer gracia de prorogar
el término de la comparicion á las Córtes á
los ausentes ya citados, á menos de suplicárselo
los Brazos; porque la determinacion de este
punto tocaba á todo el Congreso junto con
el Rey.

Si los consejeros del Rey y oficiales de la corona pueden intervenir en las Cortes.

Segun Jacobo Galicio hablando de la celebracion de Córtes en su *extravagatorium curiarum*, dice: "es costumbre observada en la real casa de Aragon, que convocadas las Córtes generales de Cataluña, vengan los consejeros del Rey, el camarlengo, el ugier, ó algun otro oficial de palacio, que sea baron, caballero, ú hombre de parage, y como tal tenga derecho propio para poder intervenir en ellas: y luego exponia al mismo Rey, que con su licencia desea entrar en las Córtes, y en ellas tener voto de derecho propio suyo, y que sea de su real agrado el tenerle por excusado de intervenir en su consejo en cuanto toque á los asuntos de las Córtes."

"Comunmente responde el Rey, *pláceme.* Luego aquellos consejeros que son barones ó caballeros, ú hombres de parage, intervienen en las Córtes como tales y en sus tratados, y cesan de intervenir en ellas ó en sus actos en el consejo real, para que no se halle en ellos tergiversacion ó diversidad en consultar la materia. De este derecho gozan en Cataluña sus naturales."

"Tampoco pueden intervenir en Córtes de Cataluña el gobernador general, el almirante, el senescal, y los demas oficiales ordinarios, ni los vegueres, ni bayles de realengo, por cuanto son considerados como afectos al Rey, y parciales y contra ellos se puede pedir agravio; pero mientras no asistan en el consejo del Rey para hacer algun acto de Córtes, segun se ha dicho arriba de los consejeros y oficiales del palacio."

"Pero el vice-canciller, los promotores fiscales, los asesores y jueces de la regia corte, pueden entrar en las Córtes generales, si fuere del agrado del Rey, y quiere tenerlos en su consejo sobre el negocio de Córtes, mas solamente como testigos. Entonces se sientan delante del Rey, y están en las Córtes todo el tiempo que el Rey permanece en ellas, y no otros, ni de otro modo."

"Pero se limitó en las Córtes de san Cucufate de 1428, donde se hizo un capítulo que dice: Item ordenamos y estatuimos perpetuamente que solo intervengan consejeros diputados por el Rey para consultores suyos en los actos de Córtes, excluidos los otros oficiales reales, que como barones ó caballeros, ú hombres de parage no intervienen por derecho propio en las Córtes, ni pueden intervenir como queda dicho; porque aquellos no son excluidos por la misma nueva Constitucion; sino aquellos oficiales del Rey solamente que por otra parte no gozan de derecho propio para ser admitidos, sino solo por derecho del Rey, en cuya comision entraban en las Córtes."

De la eleccion de habilitadores de Córtes.

Hecha la proposicion por el Rey, y dada la respuesta por los tres Brazos, y dando principio á la primera sesion, se procedia á la eleccion de habilitadores en número de diez y ocho, es á saber, nueve elegidos por parte del Rey, y

nueve por parte de las Córtes, á razon de tres
por cada uno de los estamentos. Su oficio es
examinar y reconocer las cualidades de las personas que comparecen para intervenir en el congreso; y tambien para reconocer si los poderes
de aquellos que en nombre de otros comparecen vienen en debida forma, segun disponen
las constituciones generales de Cataluña: y de
su decision quedan admitidos ó repelidos los que
se presentan á tener asiento en las Córtes. Y es
tanta su jurisdiccion y poder, que de sus declaraciones y deliberaciones no se admite apelacion
ni recurso, ni tampoco suplicacion.

Los habilitadores que nombran los Brazos
han de ser cada tres de su respectiva clase; y
los que nombra el Rey por su parte, son el canciller, regentes del consejo supremo de Aragon,
regente y doctores del consejo real de Cataluña,
ú otros ministros reales preeminentes, cuando
se hallan presentes en las Córtes.

Aceptado por el Rey el nombramiento hecho
por los tres Brazos, le da y confiere el poder de
ver y examinar los poderes de los comparecien-
tes, y calificar las circunstancias de las personas
que vienen en nombre proplo.

Despues de elegidos todos los 18 habilitadores, suelen sentarse en el lugar destinado para
celebrar el juicio de dicha habilitacion, los nueve
nombrados por parte del Rey á mano derecha, y
los otros nueve por parte de los Brazos á la izquierda enfrente unos de otros.

Ultimamente, para habilitarse y hacerse ca-
paces de su jurisdiccion, han de prestar juramento y homenage al Rey; y los Brazos piden á
éste, que los nombrados por él lo presten igual,

esto es, de haberse en dicho oficio y en los actos de él, bien y lealmente, segun Dios y su buena conciencia, apartados de todo amor, favor, odio, y mala voluntad, ruegos é intereses propios. Y recibida por el Rey dicha súplica, manda que esto se inserte en el proceso.

Reglas que deben guardar los habilitadores para sus decisiones.

1. Que sólo se deben habilitar para entrar en Córtes los naturales de Cataluña; y cuando se dude de la naturaleza de alguno, se debe repeler hasta que la haga constar.

2. Que los naturales ausentes de la provincia en el tiempo de la convocacion, si no se les intima la convocacion en su principal domicilio viniendo despues, deben ser admitidos.

3. Que todos los que fueron citados, si de derecho suyo tienen ingreso en las Córtes por ser nobles ó caballeros, son admitidos en cualquier tiempo que comparezcan en ellas.

4. Que los citados á las Córtes deben comparecer personalmente en el dia señalado; á menos de tener justo impedimento, el cual se justifica en los prelados detenidos por enfermedad, porque en tal caso pueden comparecer por procurador.

5. Que los prelados y abades que son solamente electos, no son admitidos.

6. Que el abad que comparece en las Córtes, debe presentar el título y posesion de su abadía.

7. Que los priores conventuales que no tie-

10

nen superiores en la provincia, si tienen vasallos con omnímoda jurisdiccion son admitidos
como priores.

8.ª Que los caballeros deben presentar documentos de su caballería, de otro modo no son
admitidos.

9.ª Que los caballeros que gozan del título de
nobles, no son admitidos como nobles, si no hacen constar esta calidad; y solo se admiten
como caballeros.

10. Que los caballeros domiciliados en otro
reino, si poseen feudos en Cataluña, son admitidos como varones.

11. Que los caballeros menores de 20 años,
respecto que no tienen voto en Córtes, no son
admitidos.

12. Que los síndicos de los pueblos no son
admitidos si no son del cuerpo del ayuntamiento ó domiciliados en ellos. Pero se reserva en
tal caso el derecho al comun de elegir otro
durante las Córtes.

13. Que no se admiten síndicos sino de los
pueblos que acostumbran elegirlos, y que tienen lugar señalado en las Córtes.

14. El síndico subrogado, y constituido en
lugar de otro por causa de enfermedad ó muerte, es admitido.

15. Dos síndicos de un cabildo no se admiten sino como de una sola voz.

16. Siempre que comparecen dos ó mas procuradores de persona singular, de cualesquiera estamento, preeminencia ó condicion, no son
admitidos sino el primer comparecido; y en
igual tiempo de comparicion el que fue antes

nombrado en el poder, y admitido aquel cesará el otro, ni se admite aunque se haga constar, sin pedimento ó ausencia del otro ya admitido.

17. El procurador del prelado de una iglesia catedral, si no es del mismo cabildo no es admitido: y lo mismo se verifica respecto del procurador de algun monasterio ó iglesia colegiata.

18. Un mismo procurador no lo puede ser de un prelado y de un cabildo, ó de otra iglesia, ni de dos prelados, sino solamente de uno; de tal suerte, que si quisiere asistir en nombre propio y votar en el estamento, no podria comparecer con nombre de apoderado, ante bien su poder no se admite; y al contrario, si con nombre de apoderado no pudiese por sí: lo cual se observa en los barones.

19. Si alguno da poder á otro con nombre de prior, y despues este principal comparece con nombre de abad ú obispo, no se admite su poder.

20. Los procuradores de los barones y caballeros deben ser de la misma clase; de otro modo no son admitidos. Hay la diferencia que el caballero puede serlo de dos, tres y cuatro caballeros.

21. Los poderes y procuraciones deben venir en la forma que trae la Constitucion del Rey don Pedro IV en las Córtes de Perpiñan del 1343, cap. 3.º, y asi se ha observado desde entonces: de lo contrario no son admitidos.

22. Los ausentes de la provincia no pueden constituir procuradores para las Córtes; y si los envian no son admitidos. Se exceptúan cuando están ausentes por negocios públicos ú otra justa causa.

23. Los procuradores de Córtes no pueden ser de extraña nacion, y siéndolo no son admitidos.

24. Las procuraciones y poderes de los naturales que no estan domiciliados en la provincia no son admitidos.

25. Los poderes dados á alguno, si comparece el principal no se admiten.

26. Si los poderes de los que fueron citados para las Córtes vienen pasado el tiempo, no se admiten.

27. Los poderes de aquellos que por causa de enfermedad se ausentaron de las Córtes son admitidos.

28. Si los apoderados por causa de enfermedad no comparecen dentro del tiempo prefijado á los ausentes, son admitidos una vez que prueben el impedimento; para lo cual basta solo su juramento.

29. Los poderes ó procuraciones de las personas de uno y otro estamento deben contener la cláusula de poder tratar y deliberar sobre el donativo. Y si carecen de dicha facultad se concede el plazo de veinte ó treinta dias ó mas al arbitrio de los habilitadores, para que los procuradores reciban esta facultad de sus principales.

30. Los poderes de los que fueren citados no deben tener la fórmula de la Constitución

del Rey don Pedro; bien que no daña que la tengan.

31. Los repulsos por contumácia no son admitidos aunque el Rey y las Córtes lo dispongan.

32. Para las Córtes no se admiten sustitutos, á menos cuando las sustituciones se hiciesen por causa de enfermedad del sustituyente.

33. Los que se retiran de las Córtes sin licencia, cuando vuelvan, no son admitidos.

34. Aquel que ha sido habilitado una vez no ha de ser reprobado, antes bien admitido.

35. Los procesados de regalía, en dudas, y hasta que hagan constar su reduccion ú otra legitimacion de su persona, no son admitidos.

36. Los deudores de rentas públicas no pueden intervenir cuando la deuda viene por administracion; mas no, siendo por arrendámiento, pues tienen dadas fianzas.

Si los que no fueron citados pueden intervenir en las Córtes.

Algunas veces por olvido se dejan de presentar las letras de convocacion y citacion á muchas personas de los dos Brazos eclesiástico y militar, y alguna vez á una universidad; y no por eso dejan de tener entrada en las Córtes el dia que les parece despues del señalado.

Para gobierno de los habilitadores dice y asegura Peguera, que los tales no citados ni llamados, en cualquier dia que se presenten, deben ser admitidos, siempre que por su propia calidad y representacion tengan derecho de ser

convocados, como obispo, abad, caballero, ó
ayuntamiento.

Y aunque por las constituciones de Cataluña se dispone, que los que en el dia y lugar
señalado no comparezcan por sí, ó por sus
procuradores no puedan ser admitidos; se entiende de las personas citadas y requeridas á
quienes se presentaron las letras citatorias; y
asi solo hablan dichas constituciones de los
amonestados y citados.

Ademas aquellos que no han sido citados
pueden comparecer en las Córtes por procurador, hallándose con justo impedimento, mudando en algo la forma del poder en el introito.

*De los impedimentos para que los citados no pue-
dan venir á las Córtes personalmente:*

Hay impedimento que se llama de enfermedad, la cual se ha de expresar en el poder, y la ha de testimoniar el escribano para que conste á los habilitadores.

Hay impedimentos que por la casta de enfermedad se llaman vergonzosos, y esta no
debe expresarse, pues basta solo el juramento del interesado dado ante el escribano que
autoriza el poder.

Hay otros impedimentos, que se llaman peligrosos, cuando el interesado teme enemigos
ó rivales que le acechen en el camino: tambien bajo de juramento.

Cuando el impedimento es vergonzoso ó
peligroso, en tal caso la persona no está obligada á declarar ni expresar al escribano dicho

impedimento, pues basta que lo verifique con juramento que prestará en poder del mismo escribano, de cuya prestacion debe darse fé en el mismo acto del poder.

El Rey celebrando Córtes está obligado á venir al lugar donde se celebran para sancionar los actos de ellas, y no las Córtes á su palacio.

El Rey para hacer proposiciones ó algun acto de Córtes, debe venir á la sala del congreso, y no éste á su palacio real, porque no se tiene por lugar comun para el juicio: excéptuase de esta regla, cuando el Rey está enfermo, de tal manera que sin peligro de su persona no pudiese ir al parage donde se tienen las Córtes.

Pero para tener noticia verdadera de la enfermedad, las Córtes nombran y diputan algunos vocales, quienes citados y llamados los médicos reciben informacion; y recibida acostumbran las Córtes enviar tres personas al Rey para que le vean y reciban de los criados y sirvientes de la cámara informacion de dicha enfermedad.

Cumplidas estas diligencias, y constando del impedimento del Rey, entonces las Córtes determinan pasar al palacio; y todos los que van entran en la cámara del Rey, en la cual se hacen los actos de Córtes del mismo modo que se harian en el lugar de las Córtes estando el Rey con salud.

Esto se ha visto practicado en las Córtes de Barcelona de 1477 con el Rey don Juan el II, en las de Monzon de 1534 con Cárlos V, en las de id. de 1585 con Felipe II, y en las de Barcelona

de 1599 con Felipe III, el cual tuvo que venir á
media noche al templo de S. Francisco, donde estaban aun en sesion las Córtes para hacer cierto
acto de Córtes.

De la forma que guarda el Rey cuando llegan-
do al lugar de las Córtes quiere hablar
á los Brazos.

Cuando el Rey quiere comunicar ó proponer
en persona algun asunto, manda avisar primeramente á los tratadores de las Córtes, ordenándoles
que lo hagan saber á los Brazos, á fin y efecto de
que en lo que tarda S. M. en venir al Congreso,
los Brazos nombren respectivamente personas que
por parte de ellos se le presenten luego que haya
llegado.

Las personas que se deben nombrar son primeramente los presidentes de los Brazos con dos
asociados de cada uno, de modo que componen
todos hasta nueve.

Llegado que ha el Rey al lugar donde se celebran las Córtes, en una sala separada manda
avisar á los Brazos su venida; y en continenti las
nueve personas nombradas con sus tres maceros,
altas las mazas, van á presentárse al Rey que los
aguarda sentado, en tres hileras, guardando el
órden de sus clases; y en esta forma entran y
oyen al Rey. Oido lo que les comunica verbal-
mente, el prelado presidente del Brazo eclesiástico en nombre de todos los embajadores que
estan allí presentes responde: "Los que estamos
aqui presentes referiremos cada uno en su estamento lo que nos manda V. M. y besamos sus

reales manos por la merced, que nos ha hecho en mandarnos llamar para que mejor supiésemos su voluntad."

Dicho esto , y hecho el debido acatamiento al Rey, se retiran todos en la misma forma , y despues refieren cada uno á su Brazo respectivo lo que el Rey sentado en su trono bajo de dosel ; y como diciéndoles que se acercasen al real solio, les dijo semejantes palabras : "mis tratadores irán á vuestros Brazos, y os dirán de mi parte cosas tocantes á mi servicio, sobre lo cual se os leerá una escritura : ruégoos hagais lo que se os dijere con la brevedad posible , y como de vosotros se espera."

De la ausencia del Rey de las Córtes.

Cuando el Rey se ausenta de la ciudad ó villa donde se celebran las Córtes, y se halla fuera del distrito (veguería) para ir á recreacion ú para otra cosa, las Córtes no se congregan, ni los Brazos deben concurrir en el lugar acostumbrado ; antes bien si tienen que tratar entre sí, ha de ser fuera de dicho parage.

El Rey, cuando se halla una jornada entera ó mas fuera del lugar de las Córtes despues de principiadas y hecha por él la proposicion, puede dar comision á otra persona para prorogarlas y continuarlas hasta que vuelva. Siempre solía darla al canciller ó gobernador, ó algun Infante.

Qué deben hacer las Córtes cuando el Rey enferma durante ellas.

Desde el punto que llega la noticia de la enfermedad del Rey á los Brazos, y quedando bien ciertos de ella, determinan las Córtes elegir tres personas, una de cada estamento, para que en nombre y por parte de ellos vayan por la mañana y por la tarde á palacio mientras dure la enfermedad, para saber é informarse de la salud del Rey, y volver despues á dar parte á los Brazos en junta.

Del juicio de los habilitadores.

Cuando alguno de los habilitadores se ausenta de las Córtes, y en su lugár se subroga otro por el Brazo, en este caso se debe suplicar al Rey que lo admita y acepte, y conmute la recepcion del juramento acostumbrado.

Faltando uno de los habilitadores en el juicio de la habilitacion, pueden los restantes continuar el juicio, y son válidos sus actos.

Cuando uno quiera probar en el juicio la caballería pretensa, y se le haya concedido término para la prueba, se comete al canciller de Cataluña la recepcion de testigos, y de otra cualquier diligencia, ú á otro de dichos habilitadores como á gefe de una seccion de los nombrados por los Brazos, los cuales deben proceder breve y sumariamente.

De la forma con que los tratadores del Rey vienen á los Brazos para explicar alguna voluntad de S. M.

Cuando los tratadores del Rey vienen á las Córtes para explicar alguna voluntad del Sobera-no, son acompañados del consejo supremo de Aragon y otros ministros preeminentes.

Luego que llegan á la puerta de cada uno de los estamentos, los salen á recibir el presidente y seis ó siete vocales; y dejando entrar primero to-dos los de dicho acompañamiento, se ponen ellos inmediatamente delante de dichos tratadores, que son los últimos que entran.

Siéntanse todos á la derecha del presidente del Brazo, segun el órden de sus dignidades. Senta-dos que estan, el gefe de los tratadores habla en esta forma: "S. M. quedará servido, que con la voluntad que del presente estamento tiene, le aten-dais á cumplir lo que con escritura, que leerá el protonotario, se advertirá."

Dichas estas palabras el protonotario del Rey, descubierto y sentado lee la escritura que trae, que suele ser del tenor siguiente (esta es la que se leyó en las Córtes de Monzon en 1585): " Viendo S. M. lo que ha que se comenzaron estas Córtes, y que hasta ahora no se ha puesto mano en cosas graves, no porque sienta estar aqui, pues antes está de muy buena voluntad, sino porque el tiempo se aproveche en negocios importantes y útiles; os ruega y encarga mucho, que pues lo que mas importa y principalmente ha trai-do á S. M. á estas Córtes, es tratar de lo que

conviene al bien público de estos reinos, y á su
buena gobernacion y administracion de la justicia, de que depende mucha parte de vuestra quietud y reposo; penseis y trateis de lo que para esto podrá ser mas á propósito, desnudándoos de toda pasion y aficion particular, y atendiendo solo
al bien público con mucho celo y cuidado, y que
asi se lo acordeis para mandarlo proveer, pues
con ninguna otra cosa puede recibir mayor servicio que el que en esto lo hareis. Y siendo de los
mas principales el juramento del Príncipe, que
Dios guarde, holgaria S. M. que le digais, (pues
no menos os toca tambien á vosotros) cuando os
parece será mejor jurarle, si ahora ó en otro tiempo. Y en todo espera que os habreis de vuestra
parte, como es razon y se debe; y os encarga que
trateis de todo esto con mucha brevedad, y con
ella respondais á ello, pues no duda que será correspondiente al mucho amor que tiene S. M. á
estos reinos."

Oida dicha lectura, y oido lo que antes habia dicho el conde de Miranda, como gefe de los
tratadores reales, respondieron los Brazos por el
órgano del presidente respectivo en la forma siguiente: "Siendo cosa tan justa lo que S. M. manda, deseando este Brazo servirle y continuar en
aquel particular, y en lo demas la innata fidelidad y amor á S. M. y á los serenísimos Reyes de
Aragon, de inmortal memoria, que los antepasados Catalanes han tenido; este Brazo desea en todo complacer á la voluntad de S. M. y tratar sobre esto en el presente Brazo."

Despues de haber conferido los tres Brazos por
medio de sus promovedores acerca de la respues-

ta que se debia dar á dicha escritura, determinaron la del tenor siguiente:

"Los tres Brazos de Cataluña, habiendo entendido por VV. SS. la voluntad de S. M. en lo que toca al buen progreso de las Córtes, como en lo del juramento del serenísimo Príncipe, responden: que besan humildemente las manos á S. M. por la buena memoria que tiene del bien de esta su principado; y en cuanto al primer punto que por su parte han puesto y pongan todos los medios que le sean posibles para quitar todos los obstáculos que se ofrecieren, como son ciertos, ó así lo ha comprehendido S. M. por via de vuestras señorías en lo porvenir, procurarán con toda diligencia que el progreso de las Córtes no sea impedido, deseando sumamente tengan bueno y breve suceso. Y en cuanto al juramento del serenísimo Príncipe, todos los Brazos, por la innata fidelidad y amor que siempre los antepasados han tenido á los Reyes predecesores de gloriosa memoria, y hoy tienen los presentes á S. M., desean en gran manera poder dar precisa respuesta conforme al ánimo de cada uno de los que hoy se hallan en los Brazos. Pero como en el Brazo eclesiástico hay algunos con poder de los prelados ausentes, y de los cabildos de las iglesias catedrales, y todos los del Brazo real intervienen con poder de las ciudades y villas, á todos los cuales por ser la cosa de tanta importancia y contento tienen obligacion de dar cuenta; no pueden volver la respuesta al presente hasta que la tengan de sus principales; pero la esperan tener tal que será en servicio de N. S. y de S. M., y en bien y utilidad de su principado."

De los jueces ó reparadores de agravios.

Los jueces, proveedores, ó reparadores de a-
gravios suelen ser diez y ocho, es á saber, nueve
nombrados por parte de las Córtes, y nueve por
parte del Rey. Su oficio es conocer y declarar
sobre los agravios hechos asi al comun como á
los particulares.

Para este nombramiento se presenta por parte de las Córtes una súplica al Rey, insertan-
do en ella la nómina de los sugetos elegidos,
con la cual se pide al Rey se sirva nombrar y
diputar otros tantos por su parte: y la súplica es del tenor siguiente: "SEÑOR, Como la
provision de los agravios, asi por deudas con-
traidas por vos, ó predecesores vuestros, como por demandas, revocaciones de privilegios y otros, ó la administracion de justicia
de todo brevemente hacedera, redunda en grave servicio de Dios, mérito y descargo del al-
ma y conciencia vuestra, y consuelo, reposo y
beneficio de vuestros vasallos súbditos: por tanto, Señor, los tres estamentos ó Brazos del principado de Cataluña, convocados y congregados
en las Córtes que vos, Señor, celebrais (en la presente ciudad ó villa de N.); suplican á vos que os
sirvais de presente diputar y nombrar por vuestra parte ciertas personas en reparadores, proveedores y determinadores de agravios presentados y
que se presentaren en las presentes Córtes. Y éstas
nombrarán otras por cada uno de sus Brazos de
buena fama, ciencia y conciencia; y Catalanes temerosos de Dios, á los cuales os plazca

dar y otorgar con consentimiento de las dichas
Córtes poder pleno, bastante, absoluto é irrevocable para conocer, determinar, definir y
ejecutar simplemente y de plano, solo atendida la verdad del hecho, todos y cada uno de
los agravios hechos por vos ó por vuestros predecesores de gloriosa memoria, por los lugar-tenientes generales ó sus tenientes, por los capitanes generales ó sus tenientes, por los gobernadores generales ó sus vicegerentes, ó por otros
oficiales reales ó sus tenientes, al principado de
Cataluña, á cualquiera de los estamentos, ó pueblos y particulares de ellos, cuyos agravios se
presenten ó presentaren, ó se hayan presentado
ante estas Córtes, ó ante dichos proveedores,
dentro del término ó términos que se le seña-
laren para presentar dichos agravios ó quejas;
y tambien para conocer y decidir, y sentenciar sobre todos los méritos ó dudas procedeen-
tes y emergentes de cualquier manera de aquellos; los cuales proveedores hagan y hayan de
hacer administrar justicia expedita á los pro-
ponentes dichos agravios, guardando los usages de Barcelona, constituciones generales y
capítulos de Córtes de Cataluña, y otras leyes
del principado. Y prometiendo vos, Señor, por
pacto especial, que dicha comision y poder no
revocareis, impedireis, impugnareis ó contra-
vendreis; ni revocar, impedir, impugnar ni
contravenir permitireis por algun oficial vuestro ni por otra persona directa ni indirectamente, ni por otra manera en algun acto ú hecho tocante á dicho poder, conocimiento, decision, determinacion ó ejecucion sobre dichos

agravios, deudas ó demandas : y que todos hayan de prestar juramento, y todos oir sentencia de excomunion, de proceder y declarar en
dichos negocios con toda diligencia segun derecho y justicia, buena equidad, razon, y segun constituciones, actos y capítulos de Córtes, usos y costumbres observados y guardados, en definir y determinar los agravios con la
mayor brevedad posible, sumariamente, y de
plano, durante las presentes Córtes, y hasta que
se cierren, y dentro de diez meses desde el dia
de su conclusion, apartados de todo amor, ódio,
temor, rencor, provecho ó esperanza de él, ó
de otra cualquiera desordenada afeccion y voluntad: y bien entendido que dichos proveedores de agravios no podrán cometer ni delegar las
sobredichas causas á otra persona, antes esten
precisados, y obligados ellos solos á concluirlas
y determinarlas. Que dichos reparadores de agravios que se hallaren en Barcelona, podrán ins-
truir el proceso dando los autos necesarios hasta
la sentencia definitiva, exclusive; y los que estuviesen ausentes esten obligados á venir y residir
en dicha ciudad, ó donde el canciller quiera, si
hubiese peste en ella, dentro de siete meses, y
para que en el tiempo restante entiendan en el
despacho de la justicia de dichas causas."
"Y si fuese el caso que dichos reparadores ó
alguno de ellos no viniesen, ó no residiesen en
dicha ciudad ó lugar señalado por el canciller,
si estos fuesen de los nombrados por vos; entonces dicho canciller haya de elegir ó nombrar
otros en lugar de los ausentes. Y si fueren de
los nombrados por los tres Brazos, los diputa-

dos del principado deberán hacer eleccion ó nombramiento de otros en lugar de los que no comparecieron. Y estos nuevos reparadores deberán determinar las sobredichas causas dentro de los tres últimos meses, sopena de perder *ipso jure* el salario, ademas de prestar el mismo juramento que los otros: y el canciller deberá señalarles parage donde dichos reparadores se junten dos veces al dia por la mañana y por la tarde."

"Y ademas, plácia á vos, Señor, ordenar y mandar á vuestro lugar-teniente general, y al vicegerente de gobernador, al canciller, vice-canciller, ó al que fuese regente de la cancillería, para el buen despacho de los agravios, que presten homenage, que en continenti que se les remitan provisiones, despachos y sentencias, emanadas y despachadas por dichos proveedores, las hayan luego de ejecutar sin dilacion ó excepcion alguna; y semejante juramento hayan de prestar el protonotario, su teniente, y secretarios, escribanos de cámara y otros, en cuanto toca al cargo de su oficio, de expedir todas y cada una de las provisiones, y autos arriba mencionados, francos de todo derecho, de sello y registro: y mandando vos, Señor, ahora para entonces á todos los oficiales ordinarios, y á otros cualesquiera presentes y venideros, á quienes la ejecucion de las sentenzias de dichos jueces toque ó sea cometida, que las hagan verificar prontamente sin escusa ni escepcion alguna, conforme á la declaracion hecha por dichos jueces, guardándolo literalmente como acto y juicio de Córtes hecho por jueces elegidos por ellas."

Fórmula de la aceptacion que hace el Rey, y de la eleccion que hace de los suyos.

"Place al señor Rey y acepta el nombramiento hecho por las Córtes de los proveedores de agravios. Y nombra por su parte (aqui los nombres y empleos de todos), á los cuales juntamente con los que las Córtes han nombrado, da pleno, bastante y absoluto poder irrevocable para conocer, determinar, definir y ejecutar simplemente y de plano (siguen las mismas palabras y cláusulas que en el poder dado á los de las Córtes). Y que el canciller, en lugar de los ausentes, impedidos ó sospechosos de los nombrados por nuestra parte, y los diputados de Cataluña en lugar de los mismos puedan subrogar otras personas hábiles y suficientes que tengan las calidades requeridas, de modo que tanta potestad tengan unos como otros, aunque no fuesen iguales en número.

"Y place al señor Rey que todas las sentencias, provisiones y ejecutorias, y cualesquiera otros actos que se expidieren por razon de ellas, se despachen francos de sellos, prometiendo el señor Rey que la dicha comision ó poder no revocará, impedirá, ni revocar, ni impedir, impugnar ó contravenir permitirá por algun oficial, ni otro directa ni indirectamente, mandando con la presente &c."

Del modo de recibir los memoriales de agravios.

En la continuacion de las Córtes se procede

al nombramiento de nueve personas para recibir y examinar los memoriales de los agraviados, y ordenar los agravios, asi los que en general como en particular hubiesen sido hechos por el Rey y sus ministros. Estos comisionados no pueden ni deben recibir memoriales de los agraviados que hubiesen sido contumaces en venir á las Córtes despues de haber sido citados.

Sobre los disentimientos en uno de los Brazos.

Para juzgar sobre las pretensiones de los disentimientos en uno de los Brazos, se le amonesta y requiere por parte del Rey para que nombre personas determinadas que declaren y decidan con otras que nombre el Rey.

Se suelen nombrar para hacer el requerimiento algunos consejeros y ministros del Rey; y se presentan y hablan en esta forma: "N. N. N. compareciendo en el presente Brazo por parte del señor Rey, decimos y exponemos: como habiendo entendido S. M. que habia en este Brazo algunos disentimientos, y que habiéndoles dado forma los señores tratadores de hacer eleccion de personas para componer y levantar dichos disentimientos, y en este Brazo no hay cuidado de seguir el órden que se les habia dado por dichos señores tratadores, ni de levantar los disentimientos; por parte de S. M., ó ellos por parte de ella amonestaban y requerian á este Brazo nombrase personas para juzgar sobre los motivos de los disentimientos, y que los sujetos elegidores no esten personalmente interesados en la materia de los disentimientos.

De la autoridad del Rey para decidir en los incidentes de las Córtes.

Por constituciones de Cataluña está dispuesto que los tratados de las Córtes, y reformacion de la tierra pertenecian al Rey juntamente con las Córtes. De donde se infiere por necesaria consecuencia, que los artículos incidentes en los tratados que necesiten de juracion, se han de declarar y conocer por el Rey junto con las Córtes: porque el juez de la causa es juez de los incidentes, aun cuando los incidentes sean tales, que sobre ello el juez de la causa no pudiese ser principalmente demandado por menoridad de jurisdiccion ó de autoridad.

Asi se ha radicado este uso y estilo en las Córtes, en cuyos procesos se hallan muchos ejemplares de haberse decidido y juzgado por el Rey junto con las Córtes los artículos incidentes en los tratados y progresos de ellas. Y por eso los Reyes en las proposiciones que hacen en la apertura de las Córtes han acostumbrado ofrecer que expedirian los tratados de ellas y la reformacion de la tierra junto con las Córtes.

Y asi el solo juicio del Rey no basta para declarar sobre los disentimientos que se oponen en las Córtes. Pero de esta regla y conclusion comprobada con la autoridad de constituciones, con el uso, el estilo y las reposiciones de los Reyes, se exceptúa cuando sobre el artículo incidente en el tratado y progreso de las Córtes, los Brazos litigan entre sí, haciéndose parte los unos de los otros. Asi se vió en las Córtes de

1412 en que el Rey juzgó y decidió por sí solo, porque allí habia debate entre los tres Brazos, por cuanto pretendia el militar que se dividiese en dos, y á este contradecian y se oponian los otros dos restantes. Y en las Córtes de 1436 se lee igual juicio.

Admite tambien aquella regla otra excepcion, y es cuando el que ha puesto el disentimiento se ausenta de las Córtes; porque entonces ausente aquel, su Brazo solo puede declarar nulo dicho disentimiento y levantarlo.

Nominacion de personas para concordar, cuando hay discordia entre los Brazos sobre hacer y aprobar algunas constituciones.

Continuándose los negocios de las Córtes, y habiendo llegado al fin principal para el cual se celebran, que es hacer constituciones, capítulos y actos de Córtes para el bien, quietud, buen estado y reformacion de la tierra; es costumbre nombrar personas, y suelen ser diez y ocho, seis por cada Brazo y estamento, las que se juntan á dicho efecto en cierto lugar, particularmente destinado para esto.

Estas diez y ocho personas, despues que han formado y extendido las constituciones y capítulos, las proponen y presentan á los Brazos por su orden quedando el original en el eclesiástico, y toma copia de ellas el notario de cada uno de los otros dos. Y al pasarlos por los Brazos para votarlos, muchos aprueban concordes todos tres, y en otros no concuerdan los dos Brazos, y el uno ó los dos discordantes, á saber, en añadir ó qui-

tar algunas palabras. Y si no se puede concluir
el punto, ni pasarlo á constitucion, en tal caso
se han de elegir personas que vayan por los Brazos, procurando concordar dichas diferencias, á
cuyo efecto se suelen elegir tres personas por
cada Brazo, las cuales procuran dar fin y remate á tales discordias.

Y hechas y concordadas dichas constituciones, actos y capítulos de Córtes, se suplica al
Rey por medio de los presidentes de cada Brazo
las admita y consienta.

Del fin y disolucion de las Córtes.

Hechas y ordenadas las constituciones, actos
y capítulos de Córtes, cuando quiere el Rey
dar fin y conclusion al Congreso, suele el dia
antes hacer entender á los Brazos por los solicita-
dores, que concurran al lugar del real solio, adonde
acudirá él tambien á efecto de jurar dichas constituciones y leyes estatuidas en dichas Córtes, y
licenciar á los que han asistido á ellas.

Acuden y llegan primero al lugar del solio
real los tres Brazos, y se sientan, con las cere-
monias y precedencias debidas y acostumbradas,
en unos bancos que al propósito estan preparados
mas abajo del solio en el pavimento de la sala.
Y luego de sentados, llegan el protonotario y su
teniente, y escriben los nombres de todos los
que se hallan presentes.

Poco despues llega el Rey acompañado, segun
costumbre, con sus reyes de armas, ugieres,
oficiales y corte, y sube al solio, en cuyas gradas acostumbran estar dos oficiales reales, y seño

tado en el trono que está puesto en el solio, los
tres presidentes de los Brazos se levantan de sus
puestos, y acompañados de las personas elegidas, suben al dicho solio, y se presentan al Rey
con el debido acatamiento y descubiertos. El
presidente del Brazo eclesiástico lleva en las
manos un cuaderno en que están escritas y
continuadas las constituciones y capítulos hechos
en aquellas Córtes, el cual en alta voz dice las
siguientes palabras: "Aqui se presenta á V. M. de
parte de las Córtes este cuaderno en que están
continuadas las constituciones y capítulos que
V. M. se ha servido otorgar : suplican pues las
presentes Córtes le plácia jurarlas como por sus
predecesores se ha acostumbrado." Dichas estas
palabras, pone dicho cuaderno en manos del
protonotario, y al punto el Rey se levanta, y
pasa á un sitial colocado en el plano del solio á
mano izquierda, cubierto de un tapete de seda, y
al pie una almohada, y sobre dicho sitial un
misal abierto delante de la Vera-cruz; y hincán-
dose de rodillas pone ambas manos sobre el misal, estando todos los estamentos en pie y descubiertos; y estando asi arrodillado el Rey, el protonotario en alta voz lee el juramento; y acabada la lectura, el Rey besa la Vera-cruz, levántase, y se vuelve á su lugar.

Y vueltos todos los que subieron, á sus
puestos, el presidente del Brazo eclesiástico con
la misma forma y ceremonia lleva el capítulo
de la oferta del donativo, suplicando lo mande
leer y llevar testimonio; y en continenti el protonotario lo toma, y de órden del Rey lo lee,
volviéndose todos á sus puestos.

Concluida toda esta formalidad y solemnidad, dicho protonotario, puesto en un ángulo del solio, y vuelto de cara á los Brazos, dice: "S. M. da licencia á las Córtes para que se retiren á sus casas."

Acabadas estas palabras, luego los tres presidentes, empezando el eclesiástico, suben á besar la mano al Rey, y de este modo se despiden.

Fórmula de la sancion que daba el Rey á las leyes y actos en la conclusion de las Córtes, sacada de varios cuadernos de Córtes antiguas, y de las modernas de la casa austriaca, cuyo estilo y tenor era siempre el mismo.

Quas quidem Constitutiones, et confirmationes ac capitula et actus curiæ juxta decretationes nostras in fine cujuslibet capituli scriptas et appositas, ad suplicationem, et cum consensu, laudatione et approbatione omnium subscriptorum in dicta generali curia de presenti constitutorum, facimus, sancimus, et statuimus, concedimus, et ordinamus, et volumus per dictum serenissimum Dominum Regem, et successores suos inconcusse et inviolabiliter observari. Quapropter gerentibus vices nostri generalis gubernatoris in dictis principatu Cathaloniæ, et comitatibus Rossilionis, et Ceritaniæ, vicariis, curiis, bajulis, et universis et singulis officialibus, et subditis nostris, et dictorum officialium locorum præsentibus et futuris præcipimus et mandamus, quatenus omnia et singula supra dicta in præinsertis constitutionibus et capitulis juxta dictas decretationes contenta teneant, et observent, et ab omnibus faciant teneri et observari inviolabiliter: et non contra faciant vel veniant, nec aliquem contra facere vel venire permittant ratione aliqua sive causa.

Et ut præmissa majori gaudeant firmitate, promittimus in bona fide nostra regia omnibus et singulis qui ad dictam generalem curiam convenerunt, et omnibus etiam aliis de dicto Cataloniæ principatu, licet absentibus tanquam præsentibus, et notario ac protonotario nostro infrascripto à nobis pro eis et aliis quorum interest aut interesse poterit legitime stipulanti paciscenti et recipienti; et etiam juramus supra crucem domini nostri Jesu Christi et ejus sancta quatuor evangelia nostris manibus corporaliter tacta prædicta omnia et singula, ut superius dicta sunt, et in dictis constitutionibus et capitulis continentur, tenere et complere, et inviolabiliter observare, et facere teneri et irrefragabiliter observari. Acta fuerunt hæc in ecclesia (vel cœnobio) ubi curia omnibus nostri principatus Cathaloniæ incolis celebratur die.... mensis...... anno à nativitate domini.

Sig✠num Dei gratia regis Aragonorum Siciliæ &c. quæ hæc laudamus, approbamus, concedimus, ordinamus, firmamusque etiam ac juramus. eisque bullam regiam plumbeam impendenti jussimus apponendam.

Rex *Jacobus*, vel *Petrus*.

{Así firmaban antes de la union}
{de Aragon con Castilla.}

El Rey = Así firmaban
desde Fernando el Católico.

13

Brazo Eclesidstico.

Sig✝num N. Archiepiscopi Tarraconensis. Siguen los demás obispos y abades.

Brazo militar.

Sig✝num Infantis Henrici Aragonorum et Siciliae Ducis Segurbii, comitis Emporiorum. Siguen los demas barones, nobles, y caballeros.

Brazo real.

Sig✝num N. N. N. N. Sindicorum civitatis Barchinonæ. = Siguen las demas ciudades y villas de voto.

Testes qui præmissis præsentes fuerunt sunt reverendus in Christo pater, episcopus N. Cancellarius nobilis N. Camerarius, magister rationalis regiæ curiæ, et plures alii in multitudine satis grandi.

Sig✝num mei N. Protonotarii serenissimi ac potentissimi domini nostri Regis ejusque auctoritate per universam suæ majestatis ditionem publici notarii, qui præmissis omnibus interfui, eaque de dicto serenissimi domini regis mandato in foliis pergamineis, hoc, in quo signum meum appositum, et computato scribi feci, et clausi.

(Dominus Rex ex actis in dicta curia generali editis, publicatis, et juratis, mandavit mihi N. in cujus posse dictus dominus Rex et omnes prædicti firmarunt.

Segundo parlamento.

En el año de 1412 despues de la muerte sin sucesion del Rey don Martin, el vicegerente de gobernador en Cataluña convocó parlamento para Tortosa. La causa y necesidad de este parlamento fue porque no habiendo dejado don Martin sucesor á la corona, se movió y suscitó contencion sobre la sucesion entre el conde de Urgel, el conde de Luna, el conde de Foix, y don Fernando, Infante de Castilla. Y asi fue necesario que los tres reinos, Aragon, Valencia y Cataluña se juntasen para nombrar personas que determinasen y declarasen á cuál de los pretendientes tocaba la corona de Aragon.

De hecho en aquel parlamento convocado en Tortosa, se nombraron por Cataluña tres personas, por Aragon otras tres, y por Valencia otras tres. Todos se juntaron en la villa de Castilla.

De aqui se deja considerar cuán necesaria fue la causa de dicho parlamento, no habiendo Rey ni lugar-teniente general en Cataluña. Y por esto se convocó por dicho gobernador, como teniendo y ejerciendo la jurisdiccion ordinaria que le competia por la ley, esto es, conforme á las constituciones generales de Cataluña, y hallarse por dicha nacion presidente de la provincia.

Tercer parlamento.

En el año de 1438 la Reina doña Maria convocó consejo en su palacio de Barcelona, á

esta hoja y el principio de la siguiente lean se despues de la p. 116

que asistieron el arzobispo de Zaragoza, el obispo de Lérida, los de la ciudad, los diputados de Cataluña, el noble don Ramon de Moncada, el vizconde de Ebol y el de Rocaberti, los tres oidores de cuentas, el maestre nacional, el Bayle general y el regente de la real chancillería, el abogado fiscal de la diputacion, y algunos de los consejeros del Rey.

Por estar enferma la Reina, el arzobispo de Zaragoza hizo la proposicion en nombre de ella, en la cual se habló de la gente armada, que segun noticias, queria entrar en Cataluña, y del remedio que se queria procurar para oponerse á esta invasion.

Y por todos los alli convocados unánimes y concordes, se respondió y votó: "que en atencion á que los diputados por capítulos de Córtes para dicho efecto, no podian gastar, ni la señora Reina tenia facultad ni posibilidad de gastar para otras necesidades, que se hiciese convocacion de parlamento." Y los diputados suplicaron que se hiciese esto por medios convenientes, es á saber, que no fuera contra los de la tierra, ni contra usages y constituciones de Cataluña; pues no siendo, ellos como diputados tendrian que defender lo contrario: lo cual se tuvo por bueno y sano consejo.

Pero los concelleres de Barcelona con maduro consejo, se reservaron mayor deliberacion diciendo: que sin el consejo general de la ciudad, no podian dar su voto para celebrar parlamento ni para semejantes cosas: lo cual se repuso tambien por sano consejo y notable práctica. Y despues que la ciudad tuvo consejo general en su forma acostumbrada , dichos concelleres hicieron esta respuesta al arzobispo que la recibió por la Reina. " Que la ciudad dudaba de la verdad de que gente armada intentase entrar en la provincia, y recelaba que no fuese una ficcion para introducir parlamento debajo de aquel color, y que asi ellos no darian voto ni parecer para tal convocacion ; antes prevenian á su reverencia se sirviese ver con qué potestad la señora Reina podia hacer dicha convocacion." Y mas adelante añadieron: "que creian no ser conveniente que hiciese parlamento sin hacerse reparacion de tantos agravios, como se pretendia haberse hecho á dicho principado, y que asi ante todas cosas se tratase de todos ellos, y quisieron decir esto para que en lo venidero no se pudiese decir que ellos turbaron los negocios reales."

Sobre esto respondió el arzobispo y dijo: "que pues era asi, ellos proveyesen en que se sobreseyese en la convocacion de dicho parlamento." Y los concelleres contestaron otra vez "que ellos no querian consentir ni disentir en dicha convocacion." Pero no obstante todo lo dicho y contradicho arriba, se hizo la convocacion y se dieron y prefijaron quince dias.

Forma de la eleccion de procuradores de Córtes que enviaban los Ayuntamientos.

Los Ayuntamientos de las ciudades y villas, en virtud de las letras citatorias que les enviaba el Rey expedidas por cancilleria , debian comparecer en Córtes, no en cuerpo sino por

medio de síndicos , que siempre eran dos ó tres ;
sin componer mas que una voz y voto ; y debian presentarse en el lugar y dia señalado en
la convocatoria para su celebracion. Dichos
síndicos se elegian en junta general de todo el
pueblo , ó por el consejo y orden con que se go-
bernaba la universidad, dándoles poder bastante,
en el cual debian escribirse los nombres de todos
los que intervenian en la constitucion de los
poderes : y su fórmula siempre en latin, y una
misma para todas, era del tenor siguiente, segun
consta en la presente.

*De la ciudad de Manresa para las Córtes de
Monzon de 1585.*

Noverint universi , quod congregata universitate civitatis Minorisæ in domo ejusdem civitatis more solito (ad sonum tubæ et campanæ,
prout in similibus fieri solitum est) præsente
honorabili Bajulo et tales singulares universitatem facientes et representantes : attendentes quod
ipsa universitas cum littera regia est citata
per S. C. R. majestatem domini nostri regis
Philippi nunc feliciter regnantis, ut die XV maii
proxime instantis sive venientis intersit in villa
Montizoni in curia generali, quam ibidem idem
dominus Rex catalanis indixit et convocavit ac
tenere et celebrare intendit : ideo dicta universitas et singulares en seu eorum major et sanior
pars universitatem facientes et representantes,
Andream Sala civem dictæ civitatis præsentem
et onus dicti sindicatus suscipientem decreto et
auctoritate honorabilis Michaelis Cornet Bajuli

dictæ civitatis, *sindicum et procuratorem totius
dictæ universitatis fecerunt*, constituerunt, crea-
runt, et deputarunt, videlicet ad comparendum
et interessendum pro nobis in curia dicta
die XV maii præfixa, et ad audiendum propositionem per dominum Regem in eadem curia fiendam,
et ad deliberandum cum aliis Brachiis et tota
curia super responsione eidem propositioni,
fienda, et ad ipsam responsionem concordandam
et faciendam, et ad interessendum etiam pro
nobis in ipsa curia, et in tractatibus ejusdem, et
specialiter cum tota curia ad supplicandum dicto
domino Regi quod absentes à curia die præfixa per terminum et terminos congruos expectentur, et ad eligendum et nominandum habilitatores et tractatores pro parte Brachii regalis,
et etiam cum aliis Brachiis, et insuper concordandum de potestate eorum vel tractandi vel referendi solum, vel tractandi et finiendi cum
habilitatoribus et tractatoribus dicti domini regis, prout tota curia ordinabit et disponet:
*et ad essendum et intervenindum in omnibus et
singulis tractatibus ipsius curiæ fiendis et peragendis, scilicet, à principio, medio, et in
fine et ad præbendum consilium, assensum, et
approbationem in constitutionibus et statutis in
ipsa curia per dictum dominum Regem cum tota
curia, aut majori et saniori parte ejusdem, ordinandis, et ad supplicandum in curia et extra
curiam, cum tota curia et sine ea, pro bono statu
terræ, et quod gravamina nobis et Brachio
universitatum et Brachiis ecclesiastico et militari
illata et facta per dictum dominum Regem et
suos officiales reparentur, et ad impetrandum*

*provisores gravaminum cum plena potestate pro-
videndi ipsa gravamina in curia vel coram
ipsis provisoribus extra curiam oblata, et ad
offerendum in scriptis vel verbo quæcumque gravamina universitati nostræ per dictum dominum
Regem et suos officiales facta, tam in curia
quam coram ipsis provisoribus gravaminum deputandis ad ipsa gravamina providendum* et prosequendum et eorum causas ducendum tractandum et finiendum, litem et lites super eis et eorum propositione instituendum, ducendum, tractandum et finiendum juramenta quæcumque in
animam nostram præstandum, et ex adverso præstari requirendum et postulandum et sententiam
et sententias tam interlocutorias quam diffinitivas
ferri et promulgari petendum et postulandum,
et ab eis latis seu proferendis provocandum supplicandum et appellandum : *Et de donativo
dicto domino Regi faciendo vel non cum tota
curia aut ejus majori et saniori parte deliberandum tractandum concordandum et concludendum :*
et curiam etiam licentiari si opus erit petendum supplicandum et obtinendum, et omnia
alia quæcumque in ipsa curia et factis curiæ
gerendum agendum et procurandum existant, et
quæ ibi immineant gerenda, agenda, et procuranda, *et quæ vos personaliter constituti in ipsa
curia ibidem agere, gerere, et facere possemus.
Dantes et concedentes vobis specialiter et expresse
in mandatis ut vices nostras supplere valeatis,
et huic procurationi addere si quid substantiæ
vel solemnitatis* quoad expediendum contenta in
præsenti procuratione vel ex eisdem incidentia,
dependentia vel emergentia *posset esse necessa-*

rium vel utile, vel alias. vobis videretur esse faciendum, per dos procurandum, agendum, et expediendum, etjam si mandatum exigerent speciale per occupationem oblivionem vel alias sit omissum, et sic uti illa clausula per vos, ut præfertur, addita et efectu illius ac si fuisset una cum aliis in dicto procurationis instrumento apposita per nosmet specialiter et expresse. Quoniam nos de præsenti nunc pro tunc ut ex nunc suppletioni et additioni ipsius clausulæ per vos in futurum faciendis expresse et de nostra certa scientia consentimus et ea firmamus et approbamus ac si de verbo ad verbum per nos huic procurationi essent singulariter et exprese addicta expresa et firmata per extensum : *promittentes quecumque per vos in et circa premissa, acta, gesta, et procurata semper habere grata, valida, rata, atque firma et nullo tempore revocare sub obligatione bonorum nostrorum mobilium et immobilium præsentium et futurorum.* Actum est hoc in domo civitatis.

Minorisæ die XII aprilis anno 1585.

Sig†num Petri Torras. = Sig†num Gasparis Dalman. = Sig†num Francisci Casamistjana. = Sig†num Andreæ Sala. Concilariorum ejusdem civitatis. Et postea ponuntur signa omnium proborum hominum qui in sindicatu interfuerunt. Testes hujus rei sunt Franciscus Pujols et Jacobus Gomar notarii publici dictæ civitatis: signum Michaelis Cornet Bajuli ejusdem civitatis: qui prædicti interponimus auctoritatem nostram pariter et decretum.

Sig ✠ num mei Raphaelis Torras notarii publici qui prædictis interfui, scripsi et clausi.

14

Nota.

Para jurar al Príncipe heredero de la corona en Córtes, necesitaban los síndicos de poder especial de sus principales, de quienes solicitaban expreso poder. Esta era práctica y costumbre en Cataluña.

FÓRMULA DEL PODER QUE DABAN LOS IMPEDIDOS Á SU PROCURADOR PARA ASISTIR EN SU NOMBRE EN CÓRTES.

Se pone por modelo la del arzobispo de Tarragona en las Córtes del Rey don Alfonso.

Noverint universi quod nos N. Dei gratia Arch. Sedis Metropolitanæ Tarraconæ attendentes quod nos de præsenti sumus detenti justo impedimento infirmitatis febris magnæ.... et sic in ipsa curia adesse non possemus.... idcirco vos Petrum sturcii archidiaconum majorem præsentem, et onus hujus procurationis suscipientem, procuratorem nostrum certum specialem facimus, statuimus, creamus et deputamus ad comparandum, et interessendum pro nobis in curia dicta, et ad audiendum propositionem per dominum Regem in eadem curia fiendam, et ad deliberandum eum aliis Brachiis tota curia super responsione eidem propositioni fienda, et ad ipsam responsionem concordandam et fiendam, et ad interessendum etiam pro nobis in ipsa curia et in tractatibus ejusdem, et specialiter cum tota curia ad supplican-

dum domino Regi quod absentes à curia die præfixa per terminos congruos expectentur, et ad eligendum et nominandum habilitatores et tractatores pro parte Brachii ecclesiæ, et etiam cum aliis
Brachiis, et insuper concordandum de potestate
eorum vel tractandi et referendi solum, vel tractandi et finiendi cum habilitatoribus et tractatoribus domini Regis prout tota curia ordinabit et
disponet, et ad essendum et interveniendum in
omnibus et singulis tractatibus ipsius curiæ
fiendis et peragendis, scilicet à principio, medio et fine, et ad præbendum consilium, assensum et approbationem in constitutionibus, et
statutis in ipsa curia ordinandis per dominum
Regem cum tota curia aut majori et saniori
parte.—Et ad supplicandum in curia et extra
curiam cum tota curia et sine ea pro bono statu
terræ quod gravamina nobis et ecclesiæ nostræ
Tarraconæ, et Brachiis ecclesiæ, militaris et universitatum illata et facta per dominum Regem
et suos officiales reparentur, et ad impetrandum
provisores gravaminum cum plena potestate
providendi ipsa gravamina in curia vel coram
ipsis provisoribus extra curiam oblata : et ad offerendum in scriptis vel in verbo quæcumque gravamina nobis et ecclesiæ nostræ Tarraconæ per
dominum Regem et suos officiales facta tam in
curia quam coram ipsis provisoribus gravaminum deputandis ad ipsa gravamina providendum, et ipsa gravamina prosequendum et eorum causas ducendum, tractandum et finiendum litem et lites super eis et eorum propositione instituendum ducendum tractandum et
finiendum, juramenta quæcumque in animam

nostram præstandum, et ex adverso præstari requirendum et postulandum, sententiam et sententias tum interlocutorias quoque diffinitivas
ferri et promulgari petendum, et postulandum,
ab eis latis seu proferendis provocandum, suplicandum et appellandum.

Et de donativo domino Regi fiendo vel non
fiendo cum tota curia aut ejus majori et sanio-
re parte deliberandum tractandum et concordandum et concludendum, et curiam etiam licentiari, si opus erit, petendum suplicandum et
obtinendum, et omnia alia quæcumque in ipsa curia et factis curiæ ad gerendum agendum et
procurandum existant, et quæ ibi emineant gerenda, agenda et procuranda.

Fórmula del poder por causa de impedimento.

Noverint universi quod nos N. archiepisco-
pus vel episcopus sedis etc. Attendentes quod
nos cum littera regia sumus vocati per dominum Regem N. nunc feliciter regnantem ut die...
simus personaliter in civitate, seu villa... in curia generali quam idem dominus Rex indixit et
convocavit, ac tenere et celebrare intendit: attendentes etiam quod nos de præsenti justo febris magno impedimento detinemur taliter quod
nec equitare nec à lecto surgere valeamus, et
sic in ipsa curia adesse non possumus, prout dictum impedimentum notario infrascripto clare
aperimus et declaramus, et de illo nostro juramento coram eo fidem facimus. Quare vos
venerabilem N. vicarium nostrum et canonicum
nostræ ecclesiæ præsentem, et onus hujus man

dati ac procurationis suscipientem procuratorem nostrum certum et specialem ad infrascripta facimus constituimus creamus et deputamus, videlicet ad comparandam... (sicuti in similibus).

Sig † num mei N. notarii publici T... in cujus posse dictus reverendissimus N. prædictam procurationem firmavit et impedimentum prædictæ suæ infirmitatis clare expressit, et etiam in mei posse juramento præstito mihi de dicto suæ infirmitatis impedimento fidem fecit, qui hanc propia manu scripsi et clausi.

Fórmula del poder por impedimento vergonzoso.

Noverint universi, quod nos N. (prælatus vel miles) attendentes nos cum littera regia fuisse convocatos per dominum Regem N. (ut in similibus). Attendentes etiam quod nos de præsenti sumus detenti justo impedimento, et quia verecundum periculosum aut damnosum esset nobis, dictum impedimentum sigillatim in præsenti procurationis instrumento exprimere, ideó ita esse verum propio juramento quod præstamus in posse notarii infrascripti asserimus et certo affirmamus, quare in ipsa curia adesse non poterimus prout deseret: ideo N. procuratorem certum nostrum (ut in similibus).

Signum mei N. notarii publici... in posse cujus idem N. præsentem procurationem firmavit et dictum impedimentum suæ personæ tamquam sibi verecundum damnosum aut periculosum sigillatim non expressit; sed in posse mei ita verum esse suo propio juramento asseruit et certo afirmavit; de cujus juramenti præstatione fidem cum præsenti indubiam facio.

Carta convocatoria á los prelados para las Córtes de Monzon del año 1375.

Petrus, Dei gratia, Rex Aragonorum, Valentiæ, Majoricarum, Sardiniæ, et Corsicæ, Comes Rossilionis et Ceritaniæ, Reverendo in Christo Patri Luppo, Divina Providentia archiepiscopo Cæsar-augustæ: salutem et dilectionis affectum. Quia pro conservatione et tuitione honoris regalis diadematis nostri, ac bono statu omnium regnorum et terrarum quibus, auctore domino, possidemus, et incolarum eorum omnibus dictis regnis et terris nostris citramarinis, ac eorum incolis sive regnicolis, curias generales in villa Montissoni die XXVIII mensis novembris proxime instantis, omissis aliis generalibus curiis quas nuper dum essemus Ilerdæ indiximus, maturo ac digesto præhabito consilio, providimus celebrare: vos requirimus et monemus quatenus dictis die et loco celebrationi hujusmodi curiarum adsitis, sicut et nos ibidem erimus infallibiliter, Deo dante. Datum Barchinonæ XXIII die octobris anno á Nativitate Domini M.CCC.LXXV. = *Luppus Cancellarius.*

Carta convocatoria á las universidades.

Petrus, Dei gratia, Rex Aragonorum etc. Fidelibus nostris procuratoribus et probis hominibus civitatis Dertusæ, salutem et gratiam. Quia pro conservatione et tuitione etc. ideo vobis dicimus et mandamus quatenus constituatis ex vo-

bis síndicos et procuratores plena potestate suf-
fultos, qui dictis die et loco celebrationi hujusmodi curiarum adsint, sicut et nos ibidem infallibiliter erimus, dante Deo. Datum etc.

✦✦✦✦✦✦✦✦✦✦

En la misma forma se escribia á los cabildos
eclesiásticos mudando el *aicimus et mandamus*
en *requirimus et monemus*; y lo mismo á los
nobles con la expresion *dicimus et mandamus*.

✦✦✦✦✦✦✦✦✦

Fórmulas de cláusulas generales usadas por los Re-
yes de Aragon en sus proposiciones en las Córtes
de los Catalanes.

En las Córtes de Barcelona del Rey don Pedro III. dice: *Quod semel in anno ibi tractemus*
de bono statu et reformatione terræ.

En las de Monzon del Rey don Alonso III.
Intendentes ad pacem, justitiam et bonum statum
dictorum regnorum nostrorum, et dicti comitatus
vestri Barchinonæ et totius etiam terræ nostræ
Cathaloniæ etc.

En las primeras de Barcelona del Rey don
Jayme II. *Intendentes ad pacem et justitiam et*
ad deffensionem et bonum statum regnorum et
terrarum nostrarum.

En las segundas de *idem* del mismo don Jayme. *Intendentes ad pacem et justitiam ac tran-*
quillitatem, et ad bonum statum totius terræ do-
minationis nostræ, et recognocentes veraciter quod
status regni nostri provisione solicita debet sem-
per, Domino concedente, de bono in melius refor-
mari.

En las de Lérida del mismo don Jayme. *In-*

*tendentes ad pacem , justitiam, et bonum statum
reformationem , et tranquillitatem etiam terræ
nostræ.*

En las de Montblanc del mismo don Jayme.
*Pro tranquillo ac pacifico statu subditorum nos-
trorum et totius generalis Cathaloniæ et pro
reformatione et conservatione justitiæ atque pacis etc.*

En las de Gerona del mismo Rey. *Intendentes ad pacem et justitiam et ad bonum statum
Cathaloniæ etc.*

En las de Montblanc del Rey don Alonso IV.
*Intendentes ad pacem et justitiam, et ad def-
fensionem et bonum statum regnorum, et terrarum nostrarum.*

En las de Perpiñan del Rey don Pedro IV.
*Pro bono statu et reformatione principatus Ca-
thaloniæ.*

En las de Cervera del mismo Rey don Pedro.
Pro bono statu et reformatione terræ.

En las de Monzon del mismo don Pedro. *Ibi
cum pro bono ac tranquilitate et reformatione totius reipublicæ.*

Y asimismo de otros introitos semejantes
en la apertura de las Córtes, que se omiten aqui
por estar concebidas sus expresiones bajo la mira del buen régimen, paz, quietud y justicia
que pedia el bien de los pueblos.

++++++++++++

*Proposicion del Rey don Pedro en las Córtes de
Monzon de 1376.*

Præfatus Dominus Rex, sedens in solio suo
regio, sicut magnificentiam regiam decet, fecit
in lingua cathalana propositionem suam sumens

pro themate verba illa sacræ scripturæ super
Trenos: *videte si est dolor sicut dolor meus:*
quod quidem thema satis apte et pulchre pro-
sequendo in effectu conclusit. Et cum comites
Barchinonæ et reges Aragonum prædecessores
sui illustres et eorum subditi multas victorias et
multos honores retroactis temporibus contra diversas mundi nationes, Deo auctore, obtinuis-
sent, et nunc et ab aliquo citra tempore diver-
sæ gentes insurrexisent contra dictum Dominum
Regem et ejus gentes, et per terras suas hostili-
ter intrantes, sine aliqua justa causa damnifica-
rent, invaderent seu loca minus fortia quæ in-
veniebant in eis, et hoc esset verecundosum et
dolorosum, nimirum dicto Domino Regi et gen-
tibus suis qui erant assueti victoriis ab antiquis
citra temporibus usque quam vellent ipsi omnes
in dicta curia præsentes et gentes Domini Regis
ad destructionem suam, et terrarum suarum,
exurgere tanto conamine et tantis viribus, et
terram in tali statu deffensionis ponere, quo re-
primeretur audacia emulorum, et Dominus Rex
et gentes suæ viverent in honore, ipsorumque
tristitia in gaudium converteretur, recitatis per
Dominum Regem in prosecutione dictæ suæ pro-
positionis multis et diversis cronicis et historiis
et gestis comitum Barchinonæ et Regum Aragoniæ defunctorum qui vixerant et décessarant
gloriose, et eorum strenuis et nobilibus factis
armorum, et regnorum et terrarum adquisitio-
nibus dignis præconio multæ laudis, ex quibus
reliquerant posteris famam, per quam gloriosas
seculis suas fecerant esse gentes, dictus enim
Dominus Rex quamvis jam senilem interet æta-
tem, pro deffensione reipublicæ suæ, concurren-

te ad hoc suorum auxilio, personam et vitam
suam et omnia bona sua gratanter exponere
offerebat. Qua propter etc.

Es traslado del proceso original de dichas
Córtes generales, sacado por los síndicos de Tortosa que asistieron á ellas, y recondito en el Archivo de dicha ciudad con la rotulata número 19.
de papel y letra de dicho tiempo.

✦✦✦✦✦✦✦✦✦✦

Noticia histórica y legal sobre el parlamento en
Cataluña.

¿QUE ES PARLAMENTO?

Llamábase parlamento y no Córtes cuando el
lugarteniente, ó gobernador general de la provincia convocaba bajo de este nombre un congreso universal para proponer alguna duda, y
pedir consejo sobre algun asunto concerniente
á la pública utilidad. Llamábase universal, no
porque todos los de la provincia se hubiesen de
congregar, pues seria cosa dura, sino solo
algunas personas diputadas, como enviados de
todas las ciudades ó como síndicos representantes de ellas.

2.°

De que modo y en qué lugar se convocaba, qué
personas se debian convocar, y con intervencion
de quiénes se debia celebrar.

Tomás Mieres sobre la constitucion de la

Reina Doña María en las Córtes de Barcelona de 1422, en que asistió dice: que el parlamento se hace por el príncipe por alguna necesidad ó utilidad del Rey ó de la república. Convócase por ciertas causas no espresadas, diciendo que quiere tener parlamento con los prelados, barones, caballeros y hombres de las ciudades y villas de Cataluña, á los cuales el príncipe ruega, amonesta y requiere que vengan á dicho parlamento en tal ciudad ó villa que señala para su celebracion, á fin de darle consejo, favor, y ayuda, ó bien que envien sus procuradores con poder bastante.

Pero se ha de advertir que no se podia convocar parlamento por universalidad de causas, sino por ciertas, determinadas y particulares: porque si fuese por universales, seria entonces convocacion general de Córtes, la cual perteneceria solo al príncipe.

3.°

De la forma y estilo que se observa en convocar y celebrar parlamento.

Aunque entre *parlamento* y *Córtes generales* habia diferencias en las causas por que se convocaban, sin embargo en el modo de proceder guardaban gran semejanza en muchas cosas. Para el parlamento, lo mismo que para las Córtes, se llamaba por letras citatorias á los tres estamentos y personas particulares de ellos: y asimismo, como en las Córtes, no compareciendo el Rey á ellas el dia destinado y seña-

lado, podia por otro en su nombre continuarlo
y prorogarlo. Y del mismo modo que en la
celebracion de las Córtes, se daba principio al
parlamento por la proposicion del Rey y la
respuesta que le daban los Brazos. Finalmente,
aunque no se habia de tratar en el parlamento
sino un negocio, en el modo de proceder en sus
sesiones y hasta darle la debida conclusion, tenia mucha identidad con el modo de proceder
en Córtes; como se vió en el que celebró
Don Alonso V. en Barcelona en 1416 á 15 de
setiembre.

En el proceso de dicho parlamento consta
que se despacharon letras para los tres estamentos, y que por no haber llegado el Rey
en el dia prefijo al lugar señalado, cometió
el vice-canciller, y el veguer de Barcelona que
en su real nombre le prorogásen, como lo hicieron: á esto disintieron los convocados y del
mismo modo á las demas prorogaciones que se
hicieron. Al fin llegó el Rey, y no obstante
dichos disentimientos, hizo la proposicion de lo
que pretendia, que fue pedir consejo y ayuda
contra las piraterías de los genoveses que habian quebrantado las treguas.

Los Brazos antes de dar la respuesta, suplicaron al Rey les hiciese la merced de tener
Córtes, y el Rey se lo ofreció. Despues de varias sesiones de dicho parlamento los Brazos dieron cada uno separadamente la respuesta á dicha
proposicion, con la cual se ofrecieron á servirle
el Brazo eclesiástico y el real, pero el militar
que no estaba obligado á lo que se les pedia.

COMPENDIO

DE LAS CONSTITUCIONES GENERALES

DE CATALUÑA

POR NARCISO DE SAN DIONIS,

CANÓNIGO Y JURISPERITO BARCELONÉS
DEL SIGLO DÉCIMOQUINTO.

+++++++++++

COPIA DEL PROEMIO.

De celebratione generalium curiarum.

Dominus Rex suis prælatis, religiosis, baronibus, militibus, civibus, et burgensibus villarum
debet de triennio in triennium in carniprivio
tenere curiam Catalanis intra Cataloniæ prin-
cipatum in loco quo voluerit non tamen mi-
nore 200 focorum, tractando de bono statu et reformatione patriæ; ad quam celebrandam tenentur venire omnes vocati ad diem et locum
asignatos, videlicet universitates per suficientes
procuratores, singulares autem personæ personaliter, nisi fuerint ad cognitionem Regis et curiæ et justo impedimento detentæ, quod impedi-

mentum in procurationis instrumento exprimere teneantur, nisi esset sibi periculosum, verecundum sive dannosum, super quo stetur suo juramento quod præstare debeat in posse notarii
qui procurationis instrumentum conficiet. Et in
dicto instrumento de præstatione ipsius juramenti per notarium fiat fides; quo casu idoneam et
sufficientem personam in procuratorem mittere
teneatur. Ita videlicet quod si prælatus fuerit
ecclésiæ cathedralis, personam sui capituli aut
vicarium ut suum principalem officialem; aut
si capitulum cathedralis ecclesiæ vel collégiatæ
fuerit personam sufficientem sui capituli vel col-
legii; si autem Baro cujuscumque præeminentiæ
aut status fuerit vel miles, personam de paratico aut militari genere suum procuratorem mittere teneatur. Sic tamen quod ipse procurator
sit et esse debeat catalannus et domiciliatus
et beneficiatus in Catalonia.

Que una misma persona, prelado, capitular,
ó baron, no pueda ser procurador de dos prelados, dos cabildos, dos barones y asi de los demas; ni por sí ni en su nombre pueda ser procurador de otro, excepto el caballero que en las
Córtes puede ser por sí y en su nombre como
procurador de otro.

El que no observare ó contraviniere á lo pre-
dicho, de ningun modo sea admitido al tratado
de la corte, ni á las otras cosas que alli se hubiesen de tratar, aunque el Rey con consentimiento de la corte quisiese hacerle gracia. Ni
aunque fuese arzobispo, ú obispo ó conde, de
ningun modo se admita en la corte para dar
sus quejas. *Todo esto es de las Córtes de Léri-*

da , *capítulo* 2.°, *celebradas por Jayme II.*

El Rey, no habiendo comparecido á las Córtes en el lugar adonde las convocó, no puede prorogarlas sino hasta cuarenta dias; pasados los cuales, si no viniese personalmente, desde aquel punto é *ipsofacto*, queda dicha convocacion disuelta. *Córtes de la Reina doña María, de Barcelona, cap.* 3.°

Tit. de legibus seu Constitutionibus et de interpretatione et observatione earum.

§. Per Regem Martinum in 2.° cap. curiæ Barchinonæ fuit ordinatum, quod in administrando justitiam procedatur secundum usaticos, constitutiones, et capitula curiarum, usus, consuetudines, privilegia et immunitates, jus commune, equitatem, et bonam rationem.

§. Rex Ferdinandus in curia Barcinonæ cap. 17 voluit quod ubi sufficiunt usatici, constitutiones, et capitula curiarum, seu alia jura patriæ, non recurratur ad alias leges. Idem fecit Regina Maria in curia Barcinouæ, cap. 17.

§. Leges seu constitutiones debent fieri in Cathalonia de approbatione et consensu prælatorum, baronum, militum, et civium Cathaloniæ; vel ipsis vocatis majorum et saniorum partem eorundem (*Petrus II in curia Barc. cap.* 14).

§. Si aliqua constitutio indigeat interpretatione, debet fieri vocatis et auditis partibus per Regem cum quatuor prælatis si intervenire voluerint, et quatuor richis hominibus, et quatuor militibus et quatuor civibus et jurisperitis; (*Jacob. II in curia Barc. cap.* 31 *et in curia Ge-*

ründ. cap. 10) et si forte esset necessarium meliorem dictam interpretationem , quod illud faciat Rex cum Consilio curiæ generalis tunc primo celebrandæ (*Jac. II in secunda curia Barc. cap. 32*).

§. Nec potest aliquis interpretare constitutiones aut privilegia generaliter totæ terræ vel specialiter aliquibus locis (*Alfonsus II in curia Montizoni , cap.* 15).

§. Omnino tam Dominus Rex , quam Regina, et primogenitus, ac eorum officiales tenentur dictas constitutiones, et omnes libertates, privilegia, usus , consuetudines concessas prælatis, ecclesiasticis, religiosis, richiis hominibus, militibus, civitatibus, et habitatoribus eórundem et suis in perpetuum observare prout plenius hactenus usi fuerint *Pet. II in curia Barc. cap.* 8, *Alfonsus II in curia Montizoni cap.* 33, *Jac. II in curia* 1.ª *Barc. cap.* 33 *et in* 2.ª *curia cap.* 11 *et* 38 , *et in curia Illerdæ cap.* 11 *et in curia Gerund. cap.* 12, 20, 23 *et* 30, *Alfonsus in curia Montisalbi cap.* 35 , *Elionor in curia Detusæ cap.* 9, *Ferdinandus in curia Barc. cap.* 4.º, 7.º y 11.

Cuestiones sobre varios puntos de Córtes , por Jacobo Calicio.

Jurisperito catalan y caballero, que asistió como reparador ó proveedor de greuges nombrado por el Brazo militar en las Córtes de san Cugat, tenidas por el Rey don Alonso V. en 1432 , y habia en otras anteriores asistido como consejero reàl; escribió una obra intitulada *Estragravatorium curiarum* , impreso despues en

Barcelona en 1518: divídela en ocho capítulos que llama *Dubia*.

Constitucion de Cataluña.

Dice en el 3.º *Dubium*: Ita constitutione pactionata seu constitutionibus pactionatis serenissimus dominus Rex Jacobus II per se et suos successores se astringit; et idem confirmavit Rex Petrus ultimus, quod dictæ constitutiones sint leges pactionatæ; et etiam probatur in prima curia Barchinonæ Domini Regis Petri II.

Convocacion de Córtes.

Tenore litterarum Regiarum, quæ traduntur portario sive nuntio jurato ex parte Domini Regis præsentandis prædictis personis de quolibet Brachio; et portarius sive nuntius eas, executando præsentat personas quibus diriguntur. Et postea referunt Domino Regi seu ejus protonotario sive secretario se eas executasse: et de tenore litterarum, et earum executione remitto ad processus curiarum tentarum in Cathalonia etc.

In celebratione curiarum generalium exigitur indictio, vocatio, requisitio, citatio, injunctio, quia negotium Regis factum universitatis reputatur, et sufficit habere consilium majorum regni. Et sic vocari debent illi majores de principatu Cathaloniæ tanquam de universitate Cathaloniæ existentes. Et si serenissimus Dominus Rex omitteret formam prædictam consuetam servari in convocatione curiarum; puta, quia omitteret convocare alterum de tribus Brachiis, et duo solum con-

vocaret, vel omitteret convocare majores trium
Brachiorum, puta archiepiscopi Tarasconensem,
comitem Cardonæ, vel civitatem Barcinonæ, vel
alias omitteret et formam consuetam servari in
convocatione curiarum generalium, nulla esset
talis convocatio.

Del lugar de su celebracion.

Ipse Dominus Rex determinabit, videlicet,
locum congruum, habilem et honestum partibus
non suspectum. Rex, ipso existente jam in curia,
et facta per ipsum propositione, per se et sine
consilio et consensu curiæ non potest mutare
alium locum; quia tunc mutatio loci Regi est permissa ante convocationem vel post convocationem curiæ, ante ejus ingressum et celebrationem.

Quiénes son convocados.

In Constitutione pacis et treguæ Domini Regis Jacobi I quæ fuit facta anno 1218 interve-
nerunt arch. Tarraconæ et episcopi ejus suffra-
ganei, vice comites, barones, et milites, et homines civitatum et villarum. Et ibi reperio quod
habuerunt primum ingressum homines civitatum et villarum in curia. Et idem reperitur in
curiis factis an. 1225 per dictum Dominum Jacobum, ubi in proemio nominantur illi qui interfuerunt pro civitatibus in curia ipsa: quia in fine
constitutionum infirmis solum nominantur barones et milites, et non prælati, nec homines civitatum. Sed in curiis factis an. 1260 constitutio fuit facta de consilio et approbatione nobi-

lium, magnatum et civitatensium suorum qui
tunc temporis in curia sua aderant.

Sed in prima curia Regis Petri secundi inter-
venerunt procurator arch. Tasconæ, episcopi,
prælati, religiosi, barones, milites, homines de paratico, cives, et homines villarum, quorum nomina ibi in proemio sunt descripta. Et constitutiones
ibi incœperunt pactionatæ edi inter ipsum Regem et curiam Cataloniæ (*Dice el Rey*): statuimus, volumus, et etiam ordinamus quod
in constitutionibus et statutis condendis inter-
veniat approbatio et consensus prælatorum, baronum, militum et civium.

Qué se debe tratar en Cortes.

In curia Barchin. reginæ Mariæ. Sufficit quod
intra quadraginta dies post diem præfixam curiæ,
dominus Rex sit personaliter in curia, ne habeatur
pro circumducta. Et ibi etiam deciditur expresse
quod curia potest continuari vel prorogari per
alium nomine Domini Regis intra illos quadraginta
dies. De quo vidi pluries contradictionem inter Reges et curiam, quia curia prætendebat quod talis
prorogatio non potest fieri sine ea; et Domini Reges prætendebant quod citatio curiæ, loci mutatio,
prorogatio termini præfixi, et similia quæ occur-
rebant ante ingressum curiæ, erant in pura Regis dispositione, nec curia habebat participium
in his. Et isto modo servabatur per Dominos
Reges, et curia protestabatur, et aliquando Reges curiæ jus reservabant, pariter et sibi ipsis.

Proposicion del Rey.

Dominus Rex existens personaliter in curia sedendo in solio regio debet propositionem suam facere, et dicere causam quare convocavit curiam, et quid petit à terra seu curia ibidem congregata.

Et sic semper fuit observatum per Dominos Reges in curiis generalibus, prout tempore quo eram consiliarius Regis Ferdinandi; quondam vidi omnes in Cathalonia et in Valentia processus in curiis generalibus agitatos à prima curia Barcinonæ Regis Petri II quondam inclusive providendo stillum eorum et jus regium.

Et inter cæteros Reges qui notabiles propositiones fecerunt, fuerunt illustres Rex Petrus III et Rex Martinus; qui more unius excelentissimi professoris in theologia vel in jure thema in suis propositionibus assumebat, et ipsum thema excelentissime prosequebatur: in hoc Rex Martinus omnes Reges Aragonum antecellit seu præcedit, et ad hoc bene facit, quia Rex existens cum curia factum universitatis reputatur.

Illico, facta propositione per Dominum Regem in curia, surgit pedester unus prælatus et facit arengam correspondentem propositioni Regiæ, laudando Dominum Regem de suo justo proposito: finaliter respondendo dicit Domino Regi quod supra propositis et petitis per eum, curia deliberabit et responsum sibi dabit placibile Deo et utile reipublicæ: et illa hora nihil plus expeditur in curia, sed curia continuatur de mane ad vesperam.

Dominus Rex cum curia ea promovente hora continuata ducit absentes expectandos, diem
illam celebrationi curiæ præfixam ad aliam diem
et terminum prorrogando et gratiam termini præfixi absentibus faciendo. Bene tamen verum est
quod si curia non supplicaret seu instaret seu
promoveret pro absentibus expectandis, dominus
Rex forsam non posset per se prorrogare terminum, nec absentes expectare, ut in curia Illerdæ
Regis Jacobi II. ubi dicitur: "ab illa die in antea
non expectantur nec eosdem teneatur ipsa curia
expectare." Ex quo textu colligitur quod tota
curia habet decernere absentes esse expectandos,
et non dominus Rex de per se solus; et pro hoc
bene facit etiam textus in dicto capitulo, ubi
dicitur *ad cognitum nostri et curiæ*; et in capitulo *confirmantes* curiæ Perpiniani Domini Regis Petri, ubi dicitur *cognitioni nostræ et curiæ*. Die curiæ prefixa D. Rex et curia du-
cunt absentes expectandos per decem dies seu
usque ad quintum diem Maii.

Habilitadores.

Tam ex parte Domini Regis quam ex parte
curiæ, certæ personæ eliguntur ad habilitandum
curiam, et ad recognoscendum procuratoria et
sindicatus illorum qui pro aliis in curia interveniunt. Isti vocantur habilitatores curiæ, cujus
officium extat in recognoscendo procuratoria et
sindicatus, et repellunt procuratores et sindicos
qui non veniunt cum sufficienti potestate, et illos
qui fuerunt vocati et citati, et die prefixa curiæ
et ultra prorrogationem et dilationem specta-

toriam non venerunt personaliter vel per legitimum procuratorem aut sindicum. Ut in cap.
curiæ Illerdæ Regis Jacobi II. ubi dicitur "et post
diem eis præfixam si venirent durante curia, ex
tunc non recipientur ad aliquos tractatus, statuta vel ordinationes curiæ." Et in capitulo *præ-
terea confirmantes* curiæ Perplniani Domini Regis Petri III ibi dicitur: "Et si contra præmissa
vel non sequendo præmissa per aliquem factum
fuerit, quod talis contrafaciens vel prædicta sequi omittens, ad tractatus curiæ aut alia quæ ibi
agenda fuerunt, nullatenus admittatur." Fit autem ista legitimatio personarum ab initio in curia ad instar judicii, in quo etiam ab initio fit legitimatio personarum intervenientium, et est judicium separatum à causa principali et judicium
personarum intervenientium vel intervenire vo-
lentium.

Sed an repulsus quia non fuit die præfixa
in curia per se aut legitimum procuratorem,
postea poterit admiti si dominus Rex et curia
disponant quod admitatur; deciditur quod non:
ut constat in cap. *curia Perpiniani Regis Petri III* ubi dicitur. "Nec de hoc etiam eidem Nos
aut successores nostri etiam de assensu totius
curiæ gratiam facere valeamus."

Tratadores.

Tam ex parte domini Regis certi tractatores eliguntur et dantur, quam etiam ex parte
curiæ; et de quolibet Brachio etiam certi tractatores eliguntur, et dantur communiter cum
potestate conferendi ad invicem et tractandi et

concordandi dominum Regem et curiam tam
super contentis in propositione et petitis per
dominum Regem, quam super utilitate terræ
et bono statu reipublicæ, quam super constitutionibus edendis et cæteris peragendis in curia.
Et communiter illi tractatores de Brachiis non
habent potestatem difiniendi nec concludendi
tractatus, sed solum apuntandi eos et referendi
curiæ seu cuilibet Brachio et suæ conditioni,
ut facta relatione exploretur per quodlibet Brachium in singulari et postmodum in universali
in curia generali, si tractata per eorum tractatores cum tractatoribus domini Regis debent
expediri in curia, vel repelli, vel eis aliquid addi vel diminui. Bonum enim medium vissum
fuit antiquis et modernis in curia generali Cataloniæ electio tractatorum, quia id quod expediri habet de licentia Principis vel cum Principe ita est difficile quod reputatur impossibile,
et etiam quia ut prædixi, facta curiæ facta universitatis Cataloniæ reputantur.

Ideo isti tractatores in tali difficultate concordandi dominum Regem et curiam assumunt
officium quasi mediatorum et proxenetarum qui
laborant ad concordandum partes in contrac-
tibus et factis aliis, quia dominus Rex modis
licitis et honestis est inducendus ad justitiam
servandam et ad faciendum ea quæ facere debet pro bono terræ, et non cogendus.

Aliquando dantur tractatores in curia, id
est diffinitores ita quod tractata et concordata
per eos habent fieri et sequi tam per dominum
Regem quam per curiam; quod raro vidi fieri:
tamen etiam procedit de jure quia Princeps be-

ne potest se subjicere quod faciat illud quod tractatores arbitrabuntur et dicent, quia factum universitatis bene potest poni in manu et posse certorum tractatorum et diffinitorum.

Quæro: curia dedit tractatores cum potestate diffiniendi; dominus Rex etiam dedit tractatores cum potestate diffiniendi; tractatores ad invicem comunicarunt et ad invicem se concordarunt tam de donativo quam de Constitutionibus edendis, quam de gravaminibus certo modo reparandis antequam concordia esset publicata curiæ; curia sciens hoc, fuit male contenta, revocavit ipsos tractatores, ¿utrum curia hoc facere potuerat? vel an teneatur sequi concordata? textus est expressus hoc probans in dicto capitulo *in causis de electione.*

Ideo curia circa hoc semper multum advertit quia communiter dat tractatores cum potestate tantum referendi et non diffiniendi.

Quæro: in curia exiit aliquod debatum ¿quis erit judex? an dominus Rex cum curia vel sine curia? Sic distinguitur: aut est debatum inter tria Brachia ad invicem, ita quod sunt partes ipsius debati ipsa tria Brachia, et tunc dominus Rex est judex illius debati etiam extra curiam, et ita servavit Rex Ferdinandus in debato Brachii militaris, eo quod milites dicebant se habere Brachium per se, et barones Brachium per se, contradicentibus et partem facientibus Brachiis ecclesiæ et universitatum, qui extra curiam bis pronunciavit barones et milites unum Brachium tantum habere debere: aut est debatum inter unum Brachium solum et dominum Regem, vel alia Brachia quæ non conveniunt in Constitutionibus condendis, uno Brachio tantum dissentiente, et dominus Rex est judex in curia et cum curia solum in qua sunt dicta duo Brachia concordantia cum domino Rege; et ita servavit dominus Rex Jacobus II in secunda curia Barcinonæ, qui cum Brachis baronum, et militum et universitatum judicavit debatum in curia factum domino Regi per Brachium ecclesiæ : aut est debatum cum una parte Brachii, et tunc etiam dominus Rex cum duobus Brachiis et reliqua parte Brachii in curia judicat debatum; et ita vidi judicatum tempore domini Regis Petri III quando comes Urgelensis et alii barones nolluerunt facere succursum dicto Regi Petro in guerra quam habebat cum Rege Petro Castellæ: cum eidem succursum facere vellent Brachium ecclesiæ et Brachium universitatum et pars Brachi militaris, dominus Rex cum curia condenavit ipsum comitem et ipsos barones debere succurrere domino Regi in sententia lata in curia. Curia tamen et Brachia semper quantum possunt sibi præcavent in debatis curiæ, ne faciant partem, ad hoc ut remaneant, seu curia remaneat una cum domino Rege judex ipsius debati: quare ex quo curia tota non facit partem in debato, remanet judex cum curia dominus Rex.

Quæro: in curia cum intentione domini regis se concordant plures abbates, et discordantibus Archiepiscopo Terraconæ et Episcopis Cathaloniæ; et etiam pluribus militibus et hominibus de paratico etiam cum domino rege concordantibus ; comite Cordonæ et Palariensi et vicecomitibus Caprariæ et Rupebartino , et aliis

17

pluribus baronibus Cathaloniæ in id discordantibus, et etiam plures villæ Cathaloniæ in hoc concordant, discordantibus civitate Barcinonæ, Illerdæ, Gerundæ, et villa Perpiniani ¿quid plus debet in curia operari? ¿assensus prædictorum vel dissensus? Dico quod præponderabit dissensus, quia negotium domini Regis negotium universitatis reputatur, et ideo sufficit consensus majoris partis majorum regni, quia in factis universitatum requiruntur rectores et idonior pars. Cum ergo in casu prædicto in assensu non sit major pars majorum regni sed potius in dissensu; merito deliberatum cum assensu minoris partis non valet. Et pro hoc bene facit cap. primæ curiæ Barcin. Regis Petri II ubi dicitur, *majoris et sanioris partis eorundem.*

De los reparadores de agravios.

In curia gravamina offeruntur, et per dominum regem providentur, vel per dominum regem et curiam gravaminum provisores deputantur, et statuuntur ampla comissione eis facta per dominum Regem de assensu curiæ ad ipsa gravamina providendum durante curia, et etiam ex post, ut alias fuit factum Valentiæ in curia per Regem Martinum, et in curia Barcinonæ dicti Regis: et in curia Barcinonæ Regis Ferdinandi I: et ibi durante curia fuerunt dati certi provisores de quolibet Brachio, et in fine curiæ Brachium regale civitatum et villarum habuit ab ipso Rege Ferdinando in provisores archiepiscopum Terraconæ, Berengarium de Pontele doctorem, et me Jacobum Calis pro tunc non militem

sed jureperitum cum ampla comissione et per
Regem Alfonsum IV nunc regnantem in curia
sancti Cucuphatis.

Quero ¿quid est gravamen? Respondeo quod
gravamen dicitur quando jus alicujus læditur sive judicialiter sive extrajudicialiter, ita quod justitia sibi non servatur.

Quero ¿quid est gravamen curiæ? Respondeo
cum jus alicujus populati in Cathalonia est læsum
et præjudicatum per Regem aut suos officiales
ordinarios vel delegatos sive judicialiter sive extrajudicialiter, ita quod ipsi offerenti gravamen
justitia non est servata per jura et supra pro-
xima quæstione allegata, et proprie dicitur gravamen curiæ quoniam est oblatum contra Regem et
ejus officiales (Exempla in curia Montisoni Regis Alfonsi II, in prima curia Barcinonæ Regis Jacobi II, in curia Perpiniani Regis Petri III,
et in curia Barcin. Regis Martini) et potest
cum eis sententiari et causa liquidari, non li-
quidando jus tertii; quia si tertius esset vo-
candus et jus ejus haberet liquidari prius, ita
quod gravamen non posset apparere esse gravamen, nec posset reparari contra Regem vel ejus
officiales nisi vocato tertio et discusso ejus jure, non esset gravamen curiæ providendum
in curia.

Exemplum : Rex Petrus III fecit plures concessiones impositionum civitatibus et villis Cathaloniæ et Valentiæ, dicendo quod ad ipsas impositiones debebant contribuere omnes personæ
cujuscumque legis aut conditionis, virtute quarum concessionum aliquæ civitates et villæ impositiones posuerunt, et in eis contribuere fece-

runt prælatos , personas ecclesiasticas , et eorum
homines et vasallos et etiam omnes personas
militares et de paratico , et hoc fuit propositum
in gravamen coram eodem Rege in curia Montisoni per Brachia ecclesiæ, et per Brachia militiæ Cathaloniæ et Valentiæ dicentes, quod gravamen erat notorium. Et antequam ad ulteriora procederetur in curia reparandum, dicebatur,
quod in verbis generalibus concessionum et impositionum non comprehendebantur ecclesiæ nec
clerici; nec etiam in istis verbis generalibus comprehendebantur milites privilegiati et exenti , et
dicebat Rex Petrus, "ego potui licite concedere
dictas concessiones et impositiones , quia Regis
est facere eas;" et dicebat etiam, "se concessiones
prædictas simpliciter faciendo non læsisse clericos et milites nec eorum homines ; et sic clerici et milites gravabantur per civitates et
villas et non per ipsum nec suos officiales , quia
in concedendo non gravavit nec illicitum fecit
in exigendo possessiones ; quia ipse eas non
exigebat nec sibi applicabat sed tantum ipsis civitatibus et villis applicabantur et per eas exi-
gebantur." Et sic non erat gravamen curiæ,
quia non poterat examinari cum ipso Rege,
ut appareret, gravamen seu illicitum factum, nisi examinaretur justitia cum ipsis civitatibus et
villis cujus principaliter intererat, et quod ipse
dando judicem in causa seu causis satisfaciebat
justitiæ, nec erat supersedendum in curia et ejus
tractatibus donec causa inter partes esset ven-
tilata et diffinita, cujus termini et instantia erat
triennium, et quia propie gravamen curiæ dicitur quando instantia causæ et gravaminis ha-

bet solum examinari cum domino Rege vel cum suis officialibus, et quomodo talis examinatio seorsum vel separatim potest fieri ut appareat gravamen seu illicitum factum, ne diu domi- -nus Rex et terra habeant in curia stare cum maximo dispendio. Et ita pronunciavit dictus dominus Rex Petrus in dicta curia Montisoni cujus pronuntiationis verba sunt sequentia. "Lo senyor Rey en lo greuje donat per part dels Brazos de la clerecía, é caballería del regne de Valencia e del principat de Catalunya, diets no ser ten- guts á pagar en les impositions quis cullen en los dits Regne é principat; ha azo acordat ab son consell: pereo como lo dit senyor Rey no ha apropiades á si mateix les dites impositions: ne es interes seu sis culliram, ó no, ans ho es de les dites ciutats é villes; no enten lo dit sen- yor sia greuge ne enten nengu haber agreujat en les concesions pel ell fetes, com de dret tals concesions siem enterpretades es dexen enten- dre sens prejudici de terc: et lo dit senyor en- ten haber fetes é atorgades les dites concesions tant com li es legut et permes justament. E per- co car les dites ciutats é villes alegen é dien que á ells es dret adquisit en les dites imposi- tions, é els poder é deure cullir aquelles justament per rahons proposadores per ells en loch con- vinent, lo senyor Rey se offer aperèllat de asig- nar hi jutges convinenst en los dit regnes é principat qui ohides les rahons de cascuna part determenent é declarem si les dites con- cesions degudament é justa son fetes per lo dit senyor, ab si los dits dos Brazos son tenguts á les dites impositions á pagar é fazan en lo dit

fet justicia expatxada breument: et lo dit senyor
Rey faza exegir coqui sera declarat per justicia
en tenent é declarant lo dit senyor Rey que
lo loch de Monsó no es convinent á fer la
declaratio damunt dita sens voluntad de am-
dues parts damunt dites è la dita coneixensa
nos pougues fer sens gran dilacio, posat que
les parts sen avenguesen, é en la tarda que
ha gran perill al senyor Rey, é á la defensio de
la cosa pública.

Ex prædictis ergo apparet quod est gravamen
curiæ et examinandum in curia quando directe instantia causæ potest formari contra dominum Regem vel ejus officiales, et illa instantia sic formata potest examinari et decidi cum
domino Rege vel cum suis officialibus, non vocato tertio privato cujus interest et facta prius
examinatione sui interesse ad hoc ut appareat gravamen, ut patet per jam dicta.

Qualiter curia debet finiri et licentiari?

Curia tunc debet finiri et licentiari per dominum Regem, quando negotium in propositione
sua propositum est provisum, et debite expeditum
in curia per D. Regem et curiam, et alias est
provisum necessitatibus et utilitatibus reipublicæ
principatus Cathaloniæ, pro quibus curia principaliter debuit convocari.

Durante curia aliquod Brachium non debet
recedere illicentiatum. Oportet ergo ut curiæ fi-
niantur quod D. Rex convocationem curiæ cir-
cunducat, et curiam licentiet. Credo quod D.
Rex juste et legitime potet curiam licenciare

quando omnes partes curiæ, supra in proximo
dubio principali recitatæ, fuerunt perfectæ et
completæ: alias si D. Rex curiis inceptis intem-
pestive vellet illas licentiare et habere pro finitis,
quod juste hoc non posset facere, quia obligatus
est ad tenendum curiam generalem in Cathalonia de
triennio in triennium, et hoc per Constitutionem
pactionatam et juratam. Et sic curiam perfec-
tam debet tenere, nec tenendo ejus principium
vel partem esset ab obligatione tenendi curiam
liberatus.

*De la institucion de las Córtes y causas de su
convocacion en Cataluña por Acacio Ripoll.*

Las leyes constitucionales de Cataluña bajo
de la denominacion de usages, constituciones,
actos y capítulos de Córtes, eran leyes practica-
das entre el Rey y los vasallos, pues se formali-
zaban como contrato estipulado y jurado recí-
procamente entre el soberano y la nacion con-
gregada en Córtes, desde las que tuvo el Rey don
Pedro III. en 1283, en las cuales se admitieron
por ley solemne, y continuaron siempre en este
derecho los comunes de las ciudades y villas formando el tercer Brazo; porque en las anteriores
solo habian concurrido el eclesiástico y el militar por uso ó derecho adquirido. Algunos de los
comunes tambien concurrieron antes alguna
vez; pero por gracia, ó necesidad para dar mayor publicidad y autenticidad á los estatutos.

Asi es, que en el instrumento solemne y público con que el protonotario de la corona cerra-
ba el proceso de las Córtes se expresaba que aquel

oficial contrataba, transigia y estipulaba en nombre del Rey los actos y capítulos, los que despues el soberano juraba observar y hacer observar. Y en la fórmula de la sancion real decia el Rey que aprobaba y confirmaba las leyes estatuidas por él con el consentimiento, loacion y aprobacion de los Brazos, cuyos individuos inscribian y firmaban sus nombres mas abajo de la firma del Rey. De làs Córtes depende todo el derecho con que se gobierna el principado de Cataluña, porque en ellas se hacen las Constituciones y capítulos de corte, que se llama el derecho comun de los catalanes.

El Rey sin los Brazos no puede hacer constituciones, y no por esto se dirá que queda menguada la potestad real, porque el Rey junto con las Córtes es superior á sí mismo solo.

Con la misma autoridad se hacen las demas disposiciones legales, que vulgarmente se llaman capítulos de Córtes, que en cuanto á su solidez y observancia tienen la misma fuerza que las Constituciones, sin mas diferencia que estas se hacen por el Rey y las Córtes que estatuyen y hablan conjuntamente, y asi principia de esta manera toda Constitucion: *Statuimus et ordinamus*. Pero los capítulos de Córtes se hacen á instancia de uno de los tres Brazos ó de dos solamente, disponiendo entre sí lo que juzgan ser ó serles conveniente, y despues de ordenado el capítulo, lo presentan al Rey, quien lo decreta simplemente, si le parece bien su disposicion, con estas palabras: *place á S. M.*

Es tristísimo principio la division que mas generalmente se hace de todo el pueblo en nobles

y plebeyos: pero Peguera en su *Praseis* divide la
república en tres partes, á saber, el Rey, los
ciudadanos y los plebeyos, contando al Príncipe entre la parte de la república.

Por Tomas Mieres.

Las Córtes generales se tienen para el buen
gobierno de toda la república, y para que el Rey
repare los gravámenes é infracciones de las leyes.

Toda Constitucion general ó especial en Cataluña no se puede hacer sin la aprobacion y consentimiento de los prelados, barones, caballeros y ciudadanos, ó despues de llamados, por la
mayor y mas sana parte de ellos. Asi lo dispone
una Constitucion de don Jayme I en las Córtes
de.... Y es de creer que de aqui tuvo origen el
celebrar Córtes generales en Cataluña, las cuales
tienen que celebrarse todos los años.

Pero puede el Rey por sí hacer estatutos generales siempre que no sean contrarios á los
usos, constituciones juradas, y capítulos de Córtes que son leyes paccionadas por contrato recíproco; pues puede hacer pragmáticas, ordenan-
zas y edictos en general, con tal que no vulne-
ren los derechos pactados de la pátria, porque la
ley no está impuesta en las palabras *non est im-
posita verbis.*

Quod principi placuit, legis vigorem habet
(la voluntad del príncipe tiene fuerza de ley) se
entiende en la materia de estatuir leyes. Pero la
facultad de legislar de derecho natural, de gentes y civil, se le limita al Rey por derecho de Cór-

taluña, porque debe intervenir para ello la aprobacion y consentimiento de los Brazos.

Es de advertir que los prelados, barones, y
hombres de ciudades y villas, una vez convocados deben todos comparecer indispensablemente
á las Córtes, no asi á los parlamentos adonde
van solo los que quieren asistir.

DOCTRINAS SOBRE CORTES EN CATALUÑA.

*Fontanella de pactis nupcialibus clausula III glo-
sa 3 pag. 41 n. 67.*

Pro hujus rei intelligentia et cognitione sciendum est quód in Cathalonia Rex non facit solus leges quibus ea regatur; sed ad illas conden-
das utitur et uti debet consilio terræ suæ magnatum (Constit. 1.ª tit. de usatques constitu-
tions y altres leys) ob quod curias ad postula-
tionem provinciæ convocat in loco sibi bene vi-
so quando sibi expedire videtur licet antiquitus
præfixa ad id essent certa tempora, ut apparet ex
multis Constitutionibus quæ hodie non servantur.

Convocat (inquam) curias ipse Rex solus,
et eis ipse personaliter interesse tenetur, et nequit id per alium expedire; licet aliquando propter urgentem necessitatem, quia, videlicet, Rex
erat absens in expeditione militiæ, reperiamus
eas celebratas fuisse per suam consortem ut illius
locum tenentem, ex convenientia et concordia
inter Regem et provinciam facta, quod raro ra-
rissime concedunt Cathalani. Bis enim, aut ter
tantum, et non pluries, factum legimus quod

per Reginam ut Regis locum tenentem ex ve-
hementissima tamen et valde necessaria causa curia celebraretur, quia plurimi faciunt quod teneatur Rex ipse personaliter curias interesse si
eas celebrare voluerit, unde memini quendam
equitem hujus principatus valde ab aliis fuisse reprehensum quod idem ipse, antequam Rex
noster Philippus ad urbem pro curiis anni 1599,
celebrandis accederet, dicisset duci feriæ, tunc in
hoc principatu Regis locum tenenti generali, in
præsentia multorum: non oportere quod sua
Majestas huc accederet pro curiis celebrandis sed
sufficere quod ipse ejus nomine ipsas convoca-
ret et celebraret quod tamen forsan posse fieri
per locum tenentem Regis de jure communi
procederet, ut Bobad. *Politic.* dicit, posse Regem delegare quod est mere personale, atque
ita dicit se vidisse de anno 1593 committi Archiepiscopo Cæsar-augustano ut præsideret nomine Regis in curiis quæ Aragonensibus tunc
celebrabantur: nobis tamen (ut diximus) aliud
sua Majestas observat.

Ad has curias convocatur tota Cathalonia
per tria Brachia, seu genera personarum, re-
presæntata, ecclesiasticum, militare, et regale.

Quæ per curiam sic convocatam decerpuntur
accedente tamen Regis assensu et decreto, vim
legis obtinent in Cathalonia et pro lege servantur,
et aut constitutiones, aut capitula curiarum
appellantur, inter quæ tamen est differentia ut
tradit Mieres et Oliva.

Possunt similiter, nec immerito, leges curiatæ appellari ad instar curiatarum illarum legum
de quibus Pomponius J. C. in lib. 2. de Orig.

jur, quæ sicut hæ nostræ fiebant et *jura munici-palia statutaria* dicuntur (pulchre Jacob. Cancer. var. Resol. Parte 2 cap. 1 de minoribus n. 1.) licet possint etiam jus commune appellari quo ad eos qui sunt in regno vel provincia.

Quas quidem leges municipales tenemur omnes sequi in decissionibus causarum et secundum eas jus dicare ; et eis defficientibus, secundum jus canonicum, et denique in illius defectum justa jus civile (cap. 4.ª cur. an. 1599).

Privilegium militum in eo consistit, ut omnes (præter illos qui non fuerint ætatis 20 annotum juxta novissimam Constitutionem prædictæ cur. an. 1599.) habeant in curiis, quod non contingit in plebeis qui non possunt in eis interesse nisi sint vel ecclesiastici, et ex his non omnes sed hi tantum qui fuerint prælati vel sindici universitatum ad id deputati et specialiter constituti.

In determinationibus enim quæ in dictis curiis fiunt, opportet (sic milites existimant) concurrere voluntatem et consensum : unus autem aut alter ex ipsis, si dissentiat, non potest determinatio illa vim habere legis et Constitutionis : immo potest unus solus per suum dissensum curiam parare, et sistere facere, ne ad ulteriora procedat, si illum opponat respectu rerum omnium tam gratiæ quam etiam justitiæ tractandarum, et ita utimur et practicatur inconcusse.

Super hoc privilegium militum, si ad jus commune attendamus, reperiemus proculdubio in omni congregatione sat esse quod consensus accedat majoris partis ad aliquid statuendum

ac determinandum, nec quid opperatur unius
vel etiam plurium contradictio. Si ad jura nostra
municipalia oculos convertimus, nullam reperiemus contradictionem, nullum usaticum, nullam pragmaticam quæ tale quidquam concedat
militibus; quinimmo in casibus ubi oportuit jus nostrum municipale statuere circa modum concludendi in aliqua congregatione, sanciit id, fien-
dum esse ex voto majoris partis congregatorum,
adeo ut nihil operetur contradictio unius vel
alterius ex ipsis: ita disposuit Ferdinandus in
constit. 1. tit. *de la forma de votar* etc. volum. II
constit. in conclusionibus et determinationibus
Regis consilii. Nonne, in hac propria materia
constitutionem habemus sub titulo *de usaticis*
constit. et aliis legibus terræ, exprese disponen-
tem constitutiones Cathaloniæ fore fiendas de
approbatione et consensu prælatorum, militum,
et civium Cathaloniæ, vel majoris et sanioris partis eorumdem. Item si privilegia, quæ non sunt
pauca, ei ordini et statui concessa revolvamus,
nullus enim obviam ibit quod de his verbis faciat
modo aliquo; et denique si declarationes quas-
cumque quæramus quæ factæ sunt in facti con-
tingentia quando in curiis contingit dubitari de
hoc articulo, reperiemus proculdubio non pau-
cas factas contra prætensionem dissentimentorum.
Michael Zarrovira V. J. D. in suo ceremoniale
curiarum, *fol.* (18.) duo exemplaria adducit de
an. 1547 et 1564 facta, in quibus declaratum ex-
titit expressis verbis *non obstantibus aliquorum*
dissentimentis fore et esse procedendum ad ulterio-
ra in curia tractanda, et quod minus Rex potest
leges condere in hoc principatu cum laudatione

et approbatione majoris et sanioris partis curiæ;
nec esse permisum uni aut pluribus privatis aut
sindicis, majori parte contradicere, nec minoris contradictionem posse majorem impedire.

Constitutio enim prima tit. *de usaticis et
Constitutionibus*, quam superius allegavimus,
non videtur loqui de consensu majoris partis in
curiis congregatorum quasi cum illis possit Rex
leges facere, sed imo de majori parte prælatorum, militum, et civium Cathaloniæ quoad
congregationem, ut sufficiat majorem partem
ipsorum congregatam esse, ut leges in provincia fieri possint. An autem omnes postea con-
gregati debeant consentire, necne, nullum verbum in dicta nec in alia Constitutione: bene ergo videntur potuisse hoc jus dissentiendi milites
in Cathalonia ex tam antiqua et longæva consuetudine acquirere. Facultatem et privilegium
hoc non modice periti jurisconsulti deffendere
volunt nostris militibus, saltem ad negotia
gratiæ, quamvis aliud posset esse quoad ea quæ
justitiam concernunt; nedum et longæva consuetudine quæ id fieri est semper solitum, sed
etiam ex dispositione juris communis.

Verum ipse vereor ne egregii isti doctores
decipiantur, quia distinctio quæ inter negotia
gratiæ et negotia justitiæ tantum videtur con-
siderabilis in his quæ spectant ad plures ut sin-
gulos, non in his quæ ad plures ut universos.

De regaliis.

Ut generaliter materiam pragmaticarum quæ
quotidie à Rege emanant comprehendamus cum

nostro Mieres (in Constit. I de usaticis et Constitutionibus cap. 17 curiar, Barchin. Reg. Petri II, colum. 2, fol. 11, p. 2); quod dominus Rex in Cathalonia solum est prohibitus facere statuta generalia et pragmaticas quæ sint contra Constitutionès Cathaloniæ et capitula curiarum. Vide Oliva tit. 1. part. 1 lib. 3 cap. 3.

De juramento.

Si quæritur de juramento fidelitatis quod vasalli præstare tenentur domino, hoc nullo modo tenetur præstare dominus suis vasallis, licet ad ea illa lex quæ in eo juramento continentur teneatur ipsis: si vero quæritur de juramento de observandis et custodiendis privilegiis vasallorum, usibus, et consuetudinibus ipsorum, aliud quidam est: et hoc tenetur dominus vasallis præstare, quod est de generali consuetudine Cathaloniæ: jam nunc introductum est ut ad instar Regis qui nobis juxta jura patriæ jurat in ingressu regiminis servare privilegia, immunitatis, et libertates per ea quæ tradit Oliva in usaticum *alium namque* (cap. 4 num. 34) sic jurent omnes barones suis vassallis. Idem tenet Jacobus Cancer. lib. 3 Var. cap. 13 *de juramentis*.

Obligationes inter dominos et vasallos reciprocas esse censemus, et correspectivas adeo ut dominus non possit juramenta à vasallis petere, quin prius adimplendo quod pro sua parte ad eum spectat, juramentum de servandis privilegiis vasallis præstiterit, sicut in Rege observamus in hoc regno. Prius enim ipse nobis hoc juramentum præstat, quam vasalli ei juremus fidelitatem (juxta Constitutiones), immo in eodem ipso terræ ingressu, antequam domum perveniat, hoc juramentum præstat sicuti est notorium.

De privilegiis.

In Cathalonia, etiam si vellet, non potest princeps revocare privilegia in contractus translata, quia hic non est dominus juris positivi, cum illud non ponat nisi in curia; et in Cathalonia omnia privilegia transeunt in contractum cum confirmentur in curia cum stipulatione notarii et juramento. Item addi potest, quod in Cathalonia non valet charta contra chartam, juxta Constitutiones. In omnibus curiis generalibus Cathaloniæ fit confirmatio privilegiorum universitatum, per quam videtur jus semper eis conservare, non obstantibus abusibus seu contrariis usibus earundem. In Cathalonia enim usus vel possessio non admittuntur adversus Constitutiones, sed abusus appellantur.

Noticia de la diputacion general de Cataluña.

El magistrado de la diputacion general de Cataluña, establecido en Barcelona desde fines del siglo XIV, es de grande autoridad. Como fue instituido para la defensa del principado, y en las guerras tiene que sostener muchos gastos, asi el Rey como el fisco, y todos los demas deben pagarle las gabelas, impuestos y vectigales, porque por ley y pacto de todas las Córtes generales, los mismos Reyes expre-

samente se obligan á la contribucion. Por esta
causa los diputados tienen una amplísima potestad y jurisdiccion en la exaccion de las gabelas y vectigales de todo el principado, de tal
manera, que ni el Rey ni sus oficiales, de cualquier preeminencia y dignidad que sean pueden entrometerse en esta materia.

El principal cargo de este magistrado es
defender los usages, constituciones, capítulos de
Córtes y demas derechos de la patria, igualmente que los privilegios generales y comunes
concedidos á todos tres estamentos de dicho
principado, para cuya defensa y observancia
es lícito á dichos diputados obrar con solicitud,
y hacer instancias y oposiciones por medio de
suplicaciones, requisiciones, protestas, apelaciones, y otros remedios legales contra todos los
jueces y oficiales reales, y tribunales que vio-
len las sobredichas constituciones y demas derechos.

Asi es, que estos diputados vienen á obtener aquel cargo que antiguamente ejercian en
Athenas los Nomofilaces, quienes delante de
los prefectos se sentaban coronados en todos
los consejos públicos para vedar que se decre-
tase alguna cosa contra las leyes recibidas. Por
esto, pues, estos diputados en todos los negocios pertenecientes al gobierno son contradicto-
res legítimos.

Los tales deben ser regnícolas, y como á
tales no es permitido crear sino los oriundos,
á menos que se elijan los prelados por el Brazo eclesiástico, porque estos por razon de la
iglesia que gobiernan se reputan ciudadanos de

la provincia aunque sean forasteros.

Estos diputados, que son tres, uno por cada Brazo, los tres oidores de cuentas, los dos asesores y un abogado fiscal, constituyen un tribunal de gravísima autoridad, en donde con suma igualdad se administra á todos justicia. Y aunque esto es verdad, sin embargo, estos gravísimos varones estan sujetos á censura y residencia, llamada visita, segun el capítulo de las Córtes de Barcelona de 1599, de *reformatione generalitatis Cathaloniæ.*

Como el principal cargo de los diputados sea defender las Constituciones generales y capítulos de Córtes, las libertades, inmunidades, consuetúdes, usos y observancias de ellas, para cuya custodia y defensa prestan juramento, y oyen sentencia de excomunion, y cuya observancia jura el Rey en el ingreso de su reinado, y tambien la juran todos sus consejeros y oficiales; por esto dichos diputados, por razon del oficio que se les impone, tienen obligacion de oponerse é instar con sumo celo y diligencia la observancia de todos. De lo contrario, poco aprovecharia estatuir leyes si no se observasen en todo su efecto por el Rey y sus ministros; por cuya causa en aquello en que se encontrasen negligentes al tiempo de la visita pueden ser sindicados por tal falta.

Dichos diputados tienen obligacion de residir en la ciudad, villa ó lugar en donde el Virey ó el real consejo resida ó cerca de allí, y ninguno puede ausentarse de su consistorio sin licencia de los demas ó de la mayor parte, y aun en tal caso no pueden dos de un mismo estamento separarse juntos en un mismo tiempo, y nunca por mas de cuatro meses. Deben tener junta todos los dias no feriados en la casa de la diputacion, dos horas por la mañana y dos por la tarde.

Los oidores de cuentas tienen obligacion de examinar personalmente las cuentas de dicha generalidad, y cuando para esto fuesen inexpertos deben á su costa subrogar otra persona á este efecto.

Los asesores y el abogado fiscal estan obligados á dar consejo bien y fielmente á dichos diputados en todos los negocios y causas concernientes en beneficio de la generalidad.

Todos los oficiales de la casa de la diputacion tienen obligacion, en el ingreso de sus oficios, de prestar juramento en manos de los diputados de portarse bien, fiel y legalmente.

Facultades concedidas á la diputacion.

La Reina doña María, lugar-teniente general del Rey don Alfonso, en las Córtes de Barcelona, en el capítulo 27, dice asi, traducido de la lengua catalana en que estan extendidas las Constituciones: "El fruto de las leyes es la observancia de ellas, de otra manera en vano se habrian ordenado. Por tanto, deseando sean observados los usages de Barcelona, Constituciones y capítulos de Córtes de Cataluña, y otras leyes de la tierra, y tambien los privilegios generales y comunes concedidos á todos los tres Brazos con asentimiento y aprobacion de estas Córtes, damos facultad, y estatuimos y ordena:

mos que en el caso que el señor Rey ó Nos,
por inadvertencia ó en otra manera, ó el primogénito, ó el gobernador general, ú otros
cualesquiera oficiales suyos y nuestros, por via
de mandamientos, provisiones ú otros procedi-
mientos, hicieren ó hiciésemos algunos actos ú
mandatos contra, y en derogacion y perjuicio
de los referidos usages, Constituciones, capítulos de Córtes, &c., que los diputados del general de Cataluña, visto el caso en que personalmente sean necesarios, deban y puedan oponerse por via de suplicacion, representaciones,
requerimientos, protestas y apelaciones, y pro-
seguirlas y hacerlas proseguir á su debida conclusion; de tal manera que dichos usages y leyes sean conservadas y defendidas mediante la
diligencia de los diputados.

"Y cuando dichos diputados se hallasen ocu-
pados en otros negocios, por lo cual no pudiesen entender en ello personalmente, y el
hecho fuese de tal calidad que su presencia no
fuese necesaria; en tales casos y semejantes, y
en cada uno de ellos los sobredichos diputados
generales puedan, y deban hacer y constituir
un procurador ó síndico que en lugar de ellos
prosiga dichos negocios, segun arriba se ha
expresado, á expensas de la parte, cuyo será
el interes en todas las cosas necesarias, excepto de que las personas de los diputados no puedan recibir cosa alguna por esta razon ó causa.

"Tambien consentimos, con aprobacion de las
Córtes, que los diputados generales hayan facultad, y puedan constituir un síndico ó procurador que en lugar de ellos siga la audien-

cia de dicho señor Rey ó de su primogénito, el cual se oponga á dichos mandamientos y provisiones que se hicieren contra los usages, Constituciones, &c., señalándole las dietas que bien les pareciere."

Despues, por el capítulo 53 de las Córtes de Monzon de 1475, presentaron los tres Brazos de Cataluña al Rey don Juan la peticion siguiente. = "Señor: como la potísima y principal parte en todos los actos sea su ejecucion, por esto las Córtes del presente Principado, deseando el tranquilo estado de vuestros súbditos, y el aumento de vuestra real corona, humildemente suplican á V. A. se sirva prometer en vuestra buena fe real, y jurar solemnemente tener, cumplir, guardar, y hacer procurar á buen efecto que el Illmo. Rey de Sicilia, primogénito y gobernador general, vuestro Príncipe de Castilla prometerá y jurará que tendrá, y guardará las leyes perpetuamente, y las que son por tiempo temporalmente, y todos los actos en las presentes y demas Córtes ó parlamentos ordenados, leyes, constituciones, privilegios, libertades, inmunidades, consuetudes, usos, costumbres y observancias de ellas otorgados por V. A. como por vuestros antecesores. Y hará y proveerá, y mandará eficaz é invariablemente tener, cumplir y guardar por vuestro canciller, vice-canciller, regente de la cancillería, vicegerente de gobernador y su asesor, vegueres, bayles, alguaciles y otros ministros y oficiales, capitanes de ciudades y villas, alcaides de castillos, asi reales como de otros. Y que hayan y sean obligados cada uno de los sobredichos á prestar, los ecle- siásticos juramento, y los laicos juramento y homenage dentro de tres dias, despues que sean requeridos por los diputados de Cataluña, que guardarán y observarán, y harán guardar y observar *ad unguem* todas las dichas Constituciones con usages, capítulos de Córtes y otros actos, y que contra ellos no contravendrán, no harán ni permitirán contravenir directa é indirectamente, aunque por V. A. ó por vuestros sucesores fuese proveido, ordenado ó mandado lo contrario. Y si dicho homenage rehusaren prestar dentro de dicho tiempo, ó despues de prestado obraren contra las cosas sobredichas y por ellos juradas, si dentro de diez dias, siendo requeridos por dichos diputados no repusieren las cosas contrahechas, serán habidos por privados de sus oficios, y reputados como personas privadas, é inhabilitados para tales y otros oficios públicos por cuatro años: en lo cual por vuestra Serenidad ni por otra no se les pueda dispensar, y todos los actos que hicieren sean nulos é inválidos: y asimismo serán obligados á pagar y satisfacer los daños é intereses á la parte interesada; y todas las costas, ademas de las otras penas impuestas por las Constituciones contra los contraventores.

"Y los diputados, luego que reciban la denuncia en virtud de la obligacion prestada por ellos, en el ingreso de su oficio harán ajustar y proseguir ó hacer proseguir y ajustar tales contraventores en remedio de justicia ante V. M. y vuestros sucesores á expensa de la parte ó partes interesadas, con tal que á los ministros de

la casa de la diputacion no puedan pedir ni
exigir por sus trabajos cosa alguna de las partes, pues en virtud del juramento por ellos prestado deben hacer de tales contraventores pron-
ta y expedita justicia simplemente y de plano,
y en los que hallasen culpados harán rígida-
mente castigar y penar segun disponen las leyes de la tierra: salvo empero que por este acto no se haga perjuicio á las Constituciones de
Cataluña que disponen la residencia, ni otras
en conservacion del dicho Principado ordenadas" *Place al señor Rey.*

Otra de las facultades y encargos de los diputados era la que se les dió en las Córtes de
Barcelona celebradas por la Reina doña María
en órden á los reparadores de agravios nombrados por las Córtes. En la peticion cap.... se
expresa literalmente lo siguiente tocante á la
potestad de dichos jueces. "Item, que no contra-
vendreis, Señor, ni revocar, impedir, dilatar
ni contravenir, permitireis por algun oficial vuestro, ni por otra cualquiera persona directa ó
indirectamente, ni por otra cualquiera via ó
manera, en algún acto ú hecho tocante á dicho poder, conocimiento, decision, determinacion de dichos jueces ó proveedores de agravios, antes bien estareis obligado á darles y
hacerles dar todo el auxilio que podais para el
despacho y decision de los hechos de dichas jus-
ticias.

"Y para seguridad y brevedad de esta os plazca, Señor, que dichos jueces y proveedores, si dentro de cuatro meses despues que les sea presentada dicha comision, no hubiesen determina-

do por justicia, y ejecutado dichos agravios en continenti dentro de diez dias, pasados dichos cuatro meses, se hayan de encerrar en el monasterio de fráiles menores de Barcelona, en el cual estarán por espacio de tres meses continuos: y si dentro de dichos tres meses no hubiesen determinado y ejecutado dichos agravios, incontinenti dentro de otros diez dias hayan de encerrarse en el presente monasterio de san Cucufato del Vallés bajo la seguridad de penas, y mediante juramento y homenage que prestarán en poder de algun oficial real ú ordinario, de proceder en los dichos negocios de continuo tres horas por la mañana y tres por la tarde los dias no feriados, con toda diligencia conforme á derecho y justicia, buena equidad y razon, usages, constituciones, capítulos de Córtes guardados y observados en definir y ejecutar dichos agravios en el tiempo y espacio mas breve que se pueda sumariamente y de pláno, como pertenece á juicio real. Y de dichos monasterios, los jueces ó proveedores, ó alguno de ellos bajo las dichas seguridades, no puedan salir, ni vos, Señor, darles licencia, á no ser por verdadera y urgente necesidad personal, á conocimiento del diputado y oidores de cuentas del general de Cataluña que se hallaren presentes ó de la mayor parte de ellos: el cual conocimiento dichos diputados y oidores hayan de proveer con sana y justa conciencia, mediante juramento una vez por todas hasta que dichos agravios sean por ellos proveidos, definidos y ejecutados. Y sea declarado que si de alguna ó algunas de dichas provisiones, sentencias, definiciones y ejecuciones que se dieren por dichos proveedores ó jueces, se tuviere por agraviada alguna de las partes, puedan estas recurrir por via de suplicacion á dichos jueces, á los cuales por acto de Córtes y con asentimiento de ellas, hayan de ser cometidos y remitidos del todo dichos primeros y segundos conocimientos.

 "Item, sea declarado que si en alguno de los lugares en que dichos jueces han de estar encerrados, segun va dicho, para el juicio de los agravios, se descubriere pestilencia, por lo cual todos ó la mayor parte quisiesen salirse, en tal caso los diputados y oidores de cuentas requeridos por dichos jueces ó por la mayor parte de ellos puedan y deban elegir otro lugar, en el cual dichos jueces bajo la misma seguridad dentro de diez dias despues de haber salido del otro, hayan de entrar y residir sin poder salir segun queda arriba dicho.

 "Item, Señor : para dar buen ejemplo de vuestra buena intencion sobre el buen despacho de dicha justicia, sea de vuestro agrado al presente ordenar con consentimiento de dichas Córtes, que dichos proveedores en continenti hayan de conocer y proveer, definir y ejecutar aquellos agravios comunes ó particulares que se les presentaren y les parecieren notorios y razonablemente claros para proveer brevemente.

 "Item, Señor: para dar mejor despacho á dichos conocimientos y provisiones, por cuanto se deben hacer sumariamente y de plano, segun queda dicho, sea de vuestro agrado ordenar y proveer que ninguno de vuestros abogados ó procuradores fiscales pueda intervenir

20

en el examen y ejecucion de dichos agravios, á menos de que fuesen llamados por los mismos proveedores. En este caso, sea de vuestro agrado ordenar y mandar que dichos vuestros abogados y procuradores fiscales hagan juramento y homenage de que en los actos en que hayan de intervenir, no alegarán ni producirán maliciosamente alguna cosa ó escritura que pueda dilatar, impedir, ó calumniar el bueno y breve despacho de dicha justicia.

" Item, sea del agrado de V. A. ordenar y mandar á vuestro canciller y vice-canciller, y en su caso al regente de la cancillería para buen despacho de dichos agravios, presten jaramento bajo pena de dos mil florines de oro, que desde el punto que les sean remitidas provisiones, ejecutorias, y sentencias primeras y segundas concordadas ó promulgadas por dichos proveedores ó la mayor parte de ellos, las hayan en continenti de firmar y hacer despachar sin excepcion ni embarazo alguno. Semejante seguridad darán los consejeros, protonotarios, lugar-teniente, regente y secretarios, el general conservador y escribanos de mandamiento, ú otros en cuanto por costumbre del cargo de su oficio corresponde expedir todas y cada una de las provisiones y actos mencionados, francos del derecho de sello : mandando asimismo bajo pena de mil florines de oro y privacion de oficio á todos y á cada uno de los gobernadores y otros oficiales ordinarios á quienes corresponda ó sea cometido el conocimiento de dichos agravios, que la ejecutarán prontamente cesante toda excepcion y excusa.

(155)

"Item, suplican dichas Córtes á vuestra gran Señoría, que en la comision que se haga á dichos proveedores y jueces, se exceptúe y retenga expresamente que no puedan conocer ni en ninguna manera entrometerse de algunos de dichos agravios propuestos en otras Córtes, ó que se propongan ante vos ó los dichos proveedores en las presentes ó fuera de ellas, hechos por vuestros predecesores, y las señoras Reinas sus esposas, ó por vos, Señor, ó por la señora Reina, ó por los primogénitos ó cualesquiera otros de los oficiales ordinarios ó delegados vuestros y suyos, los cuales agravios toquen ya á un Brazo contra otro Brazo, ya á un Brazo ó un individuo suyo contra universidades, ya á universidades contra alguno de dichos Brazos ó individuo de él por causa ó razon de privilegios, ó libertades, ó usos de unos y otros, ó por otra cualquiera causa."

La diputacion se mudaba cada tres años, es á saber, solamente los tres diputados y los tres oidores, pero no los asesores, abogado fiscal, ni los oficiales y dependientes de la casa. Los tres diputados se elegian por suerte de aquellos sujetos de cada uno de los tres Brazos que estaban insaculados en las bolsas destinadas á estos oficios segun la matrícula de cada estamento. Los tres diputados solian ser uno abad, dignidad, ó canónigo, un noble de título ú caballero, y un ciudadano honrado de Barcelona: y los oidores de cuentas se extraian de las bolsas de ciudadanos de las ciudades y villas de voto en Córtes, y de la de comerciantes matriculados. Como este tribunal de la hacienda pública y

custodio del erario nacional, y conservador de
la Constitucion y libertades de la provincia, re-
sidia y debia residir en la capital en la que re-
sidia la corte, esto es, el Rey ó el Virey y todos los magistrados supremos del gobierno; tenia su casa pública llamada *consistorio* en Barcelona, ó mas propiamente palacio, por su gran-
deza y suntuosidad, que exterior é interior-
mente infunde respeto. Actualmente estaba destinada al tribunal de la real audiencia desde el año 1715 en que quedó extinguida dicha diputacion con la abolicion de los fueros
y forma antigua de gobierno que perdió Cataluña en la guerra de sucesion.

La diputacion, bajo el nombre del general, componia un cuerpo político bajo la forma de magistrado supremo de la provincia
en el intervalo de unas Córtes á otras; porque desde que se abrian estas hasta su conclusion, cesaba en sus funciones, y depositaba
en señal de su suspension las dos mazas de
plata de los maceros que llevaba en los actos públicos, encima de la mesa de presidencia de las Córtes.

Solo salia en cuerpo la diputacion en ciertos actos públicos y solemnes con sus maceros delante, por ejemplo, para cumplimentar
á los Reyes y otras personas reales en sus
entradas, é igualmente á los Vireyes. Asistia
á la Iglesia catedral en toda ceremonia, cuando se celebraban exequias reales ú otros oficios extraórdinarios de júbilo ó de duelo.
Los diputados recibian el Viático de la catedral, y en sus entierros eran acompañados

de todo el cabildo, como se practicaba con
los canónigos.

Como defensores de la tierra y adminis-
tradores de las rentas públicas, ejercian tanta autoridad que tenian en las atarazanas ga-
leras propias y artillería para acudir á las
necesidades : y en los casos de guerra promul-
gaba la diputacion el levantamiento de gente armada, y prestaba auxilios de armas y dinero del
fondo de sus rentas ó de nuevos impuestos en la
provincia, sino habia Córtes. Para estos casos
de urgencia sacaba en su balcon la bandera
de san Jorge, patron de la casa de la diputacion, donde tenia capilla propia bajo de su
advocacion. Las armas de que usaba en su es-
cudo y sello, eran la cruz colorada en campo
de plata, esto es, la de san Jorge, su patron, en esta forma:

CORTES

DEL

REINO DE VALENCIA.

CONSTITUCION DE VALENCIA

POR MATHEU Y SANZ.

———◦◦◦———

De regimine regni Valentiæ. Tom. I.

Finita prima regni expugnatione, Jacobus I ut civili curæ novi cives incumberent, saluberrimisque legibus regerentur, concionem congregavit quam à prælatis Aragonorum et Cathaloniæ, et procéribus nobilibusque viris atque probis-hominibus adduxit, quorum consilio foros condidit eosque cathalanno idiomate scribere jussit, eo quod cum ut plurimum cathalanni incolæ érant, eorum lingua in novo regno præhabita fuit: et consonum rationi judicavit ut leges vulgari idiomate scriberentur, ne alicui celatæ manerent.

Postea vero ubi forus defficiebat, ipse aliqua addidit, vel ubi sufficienti aliqua declaratione egebant, foros ipsos declaravit.

Denique autem cum curiæ generales à dominis Regibus frecuentér celebrantur, in ipsis plures de novo conditi et antiquorum plures correcti sunt.

Cum fuerint conditi fori Valentiæ, ut diximus, intervenientibus cunctis prælatis coronæ Aragonorum et nuntio apostólico, habent vim cánonis provincialis. Quod pariter procedit in omnibus foris conditis in curiis generalibus eo,

21

quod prælati interveniunt simul cum sindicis capitulorum ecclesiarum cathedralium qui statum ecclesiasticum representant.

Et licet fori conditi à D. Rege Jacobo de concilio prælatorum, procerum et nobilium, ipsisque intervenientibus, facti fuerint, tamen non sunt leges pactionatæ, cum non fuerint tunc celebratæ curiæ, nec interfuit oblatis pecuniæ, mediante qua transirent in contractum fierentque irrevocabiles. Et quamquam majoris efficaciæ sint istæ leges factæ de concilio procerum etc. quam illæ quæ à principibus solo fiunt non per hoc tollitur potestas Principis ad ipsas revocandas. Bene verum est quod interventio eorum operatur, ut licet contra eas rescribat nisi expressam mentionem fecerit non valet rescriptum, nec tollitur legis dispositio. Si autem esset lex facta per solum Principem sine concilio Procerum, tunc ex clausula generali *non obstantibus*, valeret rescriptum et tolleretur illa lex quoad disposita in rescripto.

Nec juramentum de servandis foris à Principe præstitum in principio sui regiminis vel in celebratione curiarum, vel confirmationes in ipsis curiis generalibus, abdicarent ab ipso potestatem derogandi prædictos foros qui non transierunt in contractum; nam juramentum semper intelligitur præstitum secundum tenorem principalis obligationis.

Confirmatio autem nihil addit de novo, sed quod antea erat conservat, ita ut ex generali statutorum sive privilegiorum confirmatione ea quæ in usu non sunt minime comprehenduntur, ac per consequens neque per juramen-

tum neque per confirmationem subsequentem
natura horum fororum immutata unquam fuit.

Fori autem qui in generali curia conditi
fuerunt, mediante pecuniæ oblatione transierunt
in contractum; nam licet Princeps legibus ab-
solutus sit, hoc intelligitur respectu juris ci-
vilis supra cujus caput est Princeps, non autem respectu juris gentium à quo contractus dimanant,
immo contrahens subjicitur eisdem legibus ligantur privatis. Quamquam enim Princeps solutus legibus sit, lege honestatis quæ firmior
validiorque est, numquam solvitur: ex justitia
enim regia potestas orta est, sicque tenetur ad
observandam fidem et implendum contractum:
quod intelligendum est, non ita ut aliquis sit
qui Principem cogere possit ad ipsam observandam, sed quia ipse à se tenetur has leges
observare.

Unde est quod licet dominus Rex hábeat
in regno potestatem legibus absolutam, ut Brachia ipsius regni fatentur in capitibus habili-
tationum curiarum 1604 folio 80, cum fori conditi in curia mediante oblatione pecuniæ
in contractum transierunt, inde est quod Princeps nequit facere aliquid in eorum deroga-
tionem, ut doctores Belluga, Borrell, Oliva,
Bardaxi, Leon, Cerdan, Xamunar, Mieres,
Sessè probant et cum eis omnes foristæ. Nec
etiam per modum legis, quia in regnis nostræ coronæ Aragonum non statuit sine cu-
riâ contrafueros, sed simul cum curia, ut de
Cathalonia tradunt Aloysius Peguera et alii
relati à Cancer. *Variar.* Fontanella *Decis.* et
de Aragonia Molinos fol. 304, Portoles et

Bardaxi de foris Arag. Sessè *Decis*. Calixtus Ramirez *de lege regia*. Sed isti non bene explicant cum id limitandum sit quoad legem derogatoriam fororum, sicut explicat Belluga qui dicit *foros contra generales foros nequit facere ex regni privilegio, sed foros et leges generales sic, quia hæc est potestas Principis*. Quare apud hos quotidie fiunt leges sine curia, ut notum est, per modum ordinationum et pragmaticarum. Neque id incognitum est Cathaloniæ, ut colligitur ex adductis à Xammar et Ripoll aut Aragonensibus, ut tradit idem Ramirez.

Sed irrevocabilitas horum fororum limitanda est casu quo observatio ipsorum fororum repugnet publicæ utilitati, nam tunc dominus Rex non tenetur foros observare, etiam si eos juraret. Lex enim est commune præceptum, ac communis reipublicæ sponsio, atque adeo semper ad bonum publicum ordinatur. Defficiente enim essentia legis, et ea deficit, et eo ipso quo turpia vel inutilia jubeantur aut permittantur, lex non erit: ut probat Peguera decis. 39, maxime quando edictum temporale sit bono publico exigente, nam tunc licet adversetur foris, et nequeat fieri in vim edicti perpetui, in vim edicti temporalis bene fieri potest, ut probat Peguera decis. 39 et Cancer. *Variat.* lib. 3.º cap. 3 D. Morla in *For. Disput.* quidquid in contrarium dicat Molinos in Repert. for. Arag.

++++++++++

Sed in ipsis foris, sive jure nostro, est aliqua differentia: nam alii sunt vere fori, alii actus cu-

riæ, alia denique privilegia. Forus enim appellatur lex generalis quæ omnes regnicolas compre-
hendit, sicut conditæ á Rege Jacobo I ut diximus, vel ordinamenta sive constitutiones á Regibus factæ vel generali curia conditæ de consensu
totius curiæ, quia leges in contractum transeunt
ut diximus: unde refertur hos foros in curia edi-
tos leges curiatas esse. Quare nostros Foros Belluga leges curiatas vocat sicut pariter constitutiones Cathaloniæ Fontanella: et has omnes ligare
certum est, tum quia omnibus requisitis cons-
tant, tum quia etiam adduntur juxta formam,
nempe congregatis prælatis, proceribus, et militibus regni et illorum voluntate et consilio.

   Actus vero curiæ in eo differt á Foro: nam
Forus, ut dixi, ex consensu totius curiæ, hoc est
trium Brachiorum regni ecclesiastici, militaris
et regalis, atque ad eorum preces fit; actus vero
curiæ ad unius vel duorum Brachiorum preces
conceditur indifferenter, nam aliquando in vim
legis profertur quod cognoscitur aliquibus signis,
aliquando in vim privilegii utpote quia utitur
in decreto concessionis verbis *indulgemus*, *conce-*
dimus, et his similibus.

   Differentia effectus hæc est, nam forus, ut
dixi, lex generalis est quæ ligat omnes indistincte
etiam invitos vel renitentes, sufficit enim quod de
consensu majoris partis Brachiorum ecclesiastici
et regalis edatur, militaris vero nemine discrepante: quod á consuetudine obtinuit ordo (Fontanella de pac. clau. 3. glos. 3. num. 73).

   Sed actus curiæ editus ex consensu unius
Brachii si ab alio impugnetur vel contradica-
tur, aut protestetur, contradicenti et protestanti

non obest, nam non est lex quia non est commune praeceptum (Notant hanc differentiam Belluga, Leon, Miedes, sed in Cathalonia Oliva, Fontanella, Ripoll *Regaliar*, et ex Aragonensibus Ramirez, licet omnino non explicet sed actum curiae allegat. Sicut enim plebiscitum erat quod plebeyo magistratu rogante plebs constituebat quod ab initio solam plebem adstringebat. Sic apud nos quod à Brachio regali, quod populum repraesentat, precibus oblatum est in curia, non ligat militares vel ecclesiasticos ipsis obstantibus vel è contra. Si vero non obstent neque protestentur omnes ligat, ut Belluga et coeteri tradunt, et sic deffinitum fuit per senatum regia sententia publicata die 25 maii 1595 ad favorem regii fisci procuratoris adversus D. Petrum Carroz, dominum de Toga et sindicos dicti oppidi.

Demum privilegium est lex privata qua aliquid contra legem privatae personae aut universitati conceditur. Quare constitutiones personales, quia non ad consequentiam producuntur, privilegia et beneficia magis quam jura dicuntur. Ob quod ut plurimum jura contenta in corpore nostrorum privilegiorum aut de speciali persona vel universitate, aut de speciali casu loquuntur. Sed aliqua reperiuntur quae universaliter disponunt, vel ad universum regnum postea extensa sunt, et sic omnes ligant, tuncque sunt ex legibus proprio nutu Regis conditis.

Sed haec jura hoc inter se commune habent, quod quoties donum à curia vel privato sanctionem obtinente, Principi offertur, pretiumque in jure condendo intervenit, transit dispositio in contractum et irrevocabilis manet.

De los tratadores en las Córtes.

Post gravaminum propositionem (refert Bél-
luga) solent tractatores eligi sive nominari à
Principe et curia, et communiter tot nominantur
à Principe quot ab omnibus Brachiis curiæ, aliquando tamen solum Princeps dat duos vel tres
salvo sibi jure nominandi alios, ut curiæ negotia
citius expediantur, et quodlibet Brachium nominat
in æquali numero. In his standum est consuetudi-
ni curiæ, tam in modo electionis vel nominatio-
nis quam in aliis quæ in dubium frequenter agi-
tantur.

His autem datur potestas tractandi negotia
curiæ cum Principe, cum potestate referendi ut
dicunt Brachia curiæ: quod est dicere, quod nullam potestatem dant illis, sed quod id quod trac-
taverunt habeant referre Brachiis curiæ: et forma mandati est servanda, et actus factus in
contrarium est nullus. Et sic curiæ Principi non
valerent, neque curia esset obligata, cum non
haberet ad hoc potestatem, et sic ex deffectu
mandati nullum est per illos conclusum vel pro-
missum.

Si autem illis esset datum indistincte posse
tractandi cum Rege curiæ negotia, est dubium
si illi pro habendis aliquibus provisionibus, uti-
libus gravaminibus vel novis privilegiis vel con-
cessionibus promittant Regi, si est curia obligata? Videtur quod non, quia quantuncum-
que posse generale datur alicui, non videtur data potestas donandi, nisi expresse dicatur, quam-

vis à legè vel ab homine habeant potestatem.

Cum ergo isti solum haberent potestatem tractandi negotia curiæ, non videtur eis data potestas dandi, neque poterat obligare absentes de curia qui non fuerunt præsentes, neque consentientes dictæ promissioni; et ideo reipublicæ administratores non possunt concedere quæ sunt reipublicæ, neque donare, neque per eorum concessionem respublica absens obligatur.

De la regulacion de los votos.

Quamvis regulariter verum sit quod id quod omnes tangit ab omnibus approbari debeat; tamen aliquando sine aliquorum approbatione et consensu negotia curiæ concluduntur et illi obligantur, quod videtur durum, quia jure communi potior est conditio possidentis, et quod inviti et contradicentes obligentur *donativo* curiæ videtur iniquum. ¿Quomodo ergo negotia curiæ poterint concludi invitis vel contradicentibus aliquibus?

Dico quod in curia intervenientes aliquando interveniunt pro alio procuratorio nomine vel sindicario, aliquando suo nomine proprio ut communiter in Brachiis ecclesiastico et militari, aliquando utroque suo et procuratorio: primo et ultimo casu cum suo et alieno nomine interveniunt, habent nomine constituentis vocem talem qualem ipse constitutus, et jam maxime si de certo voto vel voce danda dederit in mandatis, quia tunc mere pro voce donum habetur et potest tunc suo nomine contrarium vovere à voto emisso nomine alieno,

qui alias non posset, quia nihil potest aliter
tenere conscientiam informatam ut procurator
quam suo nomine, et sic is qui ut procurator
intervenit solum habet vocem quam haberet
constituens si suo et alieno haberet duas voces, et
eo nequit dici pinguior vox sua quam aliorum,
quia vox sua non est una sed duæ vice sua et
alterius, et sic est viva vox quamvis in idem
habeat concordare, neque est inconveniens quod
officium duarum quis gerat.

Aliquando autem intervenit quis suo nomine proprio solum, et tunc aut is habet duas dignitates quarum quælibet habet et potest in curia intervenire, ut puta si unus Baro habet duas
Baronias, aut Commendator duas commendas
quæ soleat unaquæque in curia intervenire,
æquum est quod non habeat nisi unicam vocem: talis est practica et consuetudo curiarum.
In primis consideratur humerus, unde si
sunt duæ voces, curiæ possunt curiæ negotia
concludere, quia tota curia est in illis duabus
partibus repræsentata, hæ autem duæ partes
possunt intelligi ratione dignitatis et majoris
cumuli solutionum vel contributionis faciendæ
in donativo pro habendis foris et privilegiis ad
regni utilitatem, vel suo casu pro regia neces-
sitate succurrenda.

De donativo curiæ.

Donum appellatur quod quis libertatis vel
munificentiæ gratia in donatarium confert.

Donum vel donatio quæ in principem confer-
tur à regnicolis pro subvenienda Principis neces-

22

sitate vel pro habendis et obtinendis foris et privilegiis à Principe in curia præsidente, nullo modo potest dici donum sive donativum, quia si
donatur pro obtinendis foris et privilegiis hoc
non est donum sed pretium, et eo ipso quod pretii habetur et proprie est venditio.

Adverte tamen quod aut donatur Principi
in curia præsidenti gratuite propter impensas circa curiam factas aut quia in eo audientibus ad-
ministravit justitiam, et sic sine pacto et post
et hoc gratuitum donum est, et hoc donativum
curiæ appellatur: enim quia quæstum non mo-
dicum innitur imperio, attamen nostris subjectis
incrementum maximum percipientibus si in-
demnes à judicibus conserventur, et imperium
et fiscus abundabit utens subjectis locupletibus.

Et tunc, licet Princeps utatur verbo *concedimus* et populus verbo *donamus*, non est concessio privilegii vel donum, immo irrevocabilis
contractus. Et non est mirum quod eo casu
verba Principis vel populi improprientur, quia
hoc est ideo ut res potius valeat quam pereat,
quia si esset simplex concessio et purum donum,
revocaretur ad Principis nutum: si autem esset contractus non posset revocari. Et sic non
proprie donum vel munus appellatur, sed verum pretium, quamvis aliud sonent verba por-
rigentium. Aliquando datur Principi ex aliqua
causa consueta vel necessaria, et hoc proprie loquendo donum non est, sed munus, quamvis munus sit doni species, et iste est casus.

De compartimento curiæ.

Compartimentum donativi curiæ debet dividi inter Brachia curiæ.

Fit compartimentum per fumantes, et Brachium civitatum et villarum regalium solvit medietatem donativi, et aliam medietatem Brachia ecclesiasticum et militare sive illorum vassalli, quia secundum numerum fumantium fit communiter compartimentum.

De publicatione fororum et privilegiorum.

Sciendum est quod nos (Valentini) habemus foros consuetudines scriptas vel constitutiones generales; et hæc sunt nomina sinonima et vulgariter sic dicta sive nominata. Hæc nominantur leges generales seu curiatæ, quia convocatis tribus Brachiis, illorum voluntate et consilio conduntur et eduntur, et non possunt tolli, vel diminui, nec aliquid eis addi vel detrahi, nec etiam declarari nisi in casu evidentis necessitatis et utilitatis, et etiam de assensu et voluntate totius generalitatis regni.

De esse legis et fori est publicatio, quia tunc ligat lex cum publice editur aut solemniter publicatur, nam de jure illam quilibet tenetur scire intra duos menses. Et ideo communiter leges generales fororum et privilegiorum per Principem in plenaria curia, ut sic illorum ignorantia prætendi non possit, et non ligant nisi à tempore publicationis infra duos menses exceptis in locis ad quos pervenit statim ligant.

:

De disolvenda et licentianda curia.

Solent Príncipes peractis de quibus diximus curiam licentiari et sie dissolvere. Et debent fieri actus de dicta licentia et dissolutione, ut liberi vocati possint recedere: nam vocatus á judice non potest recedere sine ejus licentia, alias dicitur contumax: et sic recedentes ilicentiati tamquam contumaces non possent appellare ab iniquitate statuti, neque protestare, neque Princeps post licentiatam curiam potest facere actus curiæ cum defficiant partes substantiales curiæ.

CÓRTES EN EL REINO DE VALENCIA.

De la institucion de las Córtes, y causa de su convocación por Belluga.

1.º Las Córtes son la congregacion del pueblo hecha en algun lugar comun por el Príncipe, en quien reside la potestad de celebrarlas, á las cuales deben ser solemnemente llamados los regidores ó concejales, los obispos y los magnates, nobles, caballeros y generosos. De derecho son convocadas las Córtes para la reparacion del estado pacífico del reino y su utilidad, y para que el estado de los particulares se conserve igualmente, para arreglar la justicia y la paz, aumentar el honor de la provincia y proveer los oficios de ella. Tambien obran otros derechos para congregarlas, como para corregir la deprabacion de las costumbres, y reformar y mejorar el estado de las provincias, y por esto deben juntarse para corregir, decidir y reparar las injusticias, las quejas y agravios.

2.º Los fueros y constituciones de los reinos y sus proemios dicen esto hablando de las sobredichas causas de la celebracion de Córtes. Asi lo confiesa el Rey don Jayme II en las Córtes de 1300 con estas palabras *que las habia congregado pro pace et justitia*. Lo mismo dice el Rey don Pedro IV en las Córtes de Zaragoza de 1348 que las habia congregado *ad pacis conservationem, et justitiæ, et bonum, et tranquillitatem status totius regni*. Lo mismo confiesa en las Córtes celebradas á los Valencianos cuando dice que las juntó *pro bono et pacifico statu regni, et pro legibus condendis*. Esto mismo declara el propio Rey don Pedro en su introito á los Fueros. Esto mismo dicen los demas Reyes de Aragon en los proemios de los Fueros de Valencia, y de las constituciones de Cataluña.

3.º El Fuero y Constitucion del reino dispone que solo el Rey puede celebrar Córtes ó parlamento, y en caso de necesidad su primogénito, si el Soberano está ocupado en los ejércitos, en la frontera ó allende del mar; y no teniendo primogénito, hallándose en Ultramar, puede convocarlas el lugarteniente general. Pero como el Fuero solo prohibe la celebracion, este reparo está vencido en Valencia, por cuanto hoy se suelen constituir con la expresa potestad de celebrar Córtes. Y así estos, en casos de necesidad, como presidentes de la provincia y vireyes, con plenísima potestad pueden no solo convocarlas, sino celebrarlas.

4.º Los que son llamados á Córtes deben serlo por letras citatorias, y es costumbre y práctica para remover toda duda que tales letras no solo lleven sello, sino la firma de mano del convocante, y este requisito les da la fe y autenticidad.

5.º En estas letras convocatorias debe hacerse el señalamiento en tiempo conveniente, en lugar bien poblado, *et quod tutus pateat accessus et sit locus securus.* Tambien debe darse plazo competente segun la distancia de los lugares y la calidad del negocio. Y si se hiciese el acto en otra hora ú dia seria nulo, á no ser prorogado el término, como se suele practicar, porque entonces la misma dilacion es señalamiento.

6.º En dichas letras convocatorias suele expresarse la causa de la convocacion, práctica muy conforme á derecho, para que el cuerpo ó persona citada no pueda pedir deliberatorias, y el Príncipe no se excuse de declarar la causa de la convocacion de aquellas Córtes.

7.º Ademas de esta citacion en escrito, se debe hacer el llamamiento á las Córtes con toque de campana ó trompeta para que los ausentes en los actos no puedan argüir de falta de atencion, y asi para evitarlo al principiar las Córtes se llama con campana por la mañana y por la tarde.

8.º Los llamados á las Córtes deben comparecer á ellas personalmente, excepto por causa de algun impedimento legítimo, en cuyo caso pueden enviar procurador, porque las Córtes se celebran como se ha dicho, para la reparacion de la justicia, composicion de la paz, reformacion de la provincia, castigo de los delitos, y creacion de los magistrados; y como sean estas causas arduas y de graves perjuicios, es necesario que todos los llamados por el Príncipe concurran. Y tambien conviene el envio de procurador de parte de los impedidos, porque estando este presente en las Córtes, no se puedan expedir letras perjudiciales contra el principal sin su convocacion.

9.º A las Córtes son convocados los obispos, los abades, y los prelados de órdenes religiosas que poseen vasallos en administracion dentro del reino, á las cuales intervienen con ellos y no con respecto á sus personas. Pero como los bienes y la jurisdiccion se trasladaron á la iglesia, siguen el fuero y condicion de esta por derecho comun, lo cual no tiene lugar en este reino en donde los bienes de realengo estan afectos y dados con la condicion de que pasen á los eclesiásticos con la carga real y vicinal. Y asi por esta carga y porque son de la real jurisdiccion, los eclesiásticos han de intervenir ante el Príncipe en las Córtes, como ante el juez de sus bienes; ademas tambien porque dichos eclesiásticos tienen que deducir en ellas muchas quejas contra los oficiales y tribunales reales, y el derecho no lo veda porque son actores y deben seguir el fuero de la cosa; pues las posesiones de los eclesiásticos estan ligadas á las constituciones de los Príncipes.

10. Por derecho comun y por fueros y constituciones de los reinos general y ordinariamente toca al Príncipe el presidir las Córtes. Y no solo dichos fueros y constituciones disponen que solo el Príncipe debe juntar las Córtes, sino que en caso de necesidad lo pueden hacer personas reales, como el primogénito, segun el fuero del Rey don Pedro de las Córtes de 1363. Y aunque por fuero de Aragon preside el Rey, sin embargo el Justicia de aquel reino, como juez entre el Soberano y las Córtes, las proroga estando presente el Soberano con orden y beneplácito de este. Y asi es mas bien un privilegio de concesion que un derecho, porque el inferior no tiene poder sobre el superior.

11. Por derecho comun en casos de necesidad de la república, el presidente de la provincia convoca parlamento, no para qué todos los convocados hayan de asistir, sino para que las universidades envien sus diputados.

12. Muchos concurren á las Córtes por procuradores, y los comunes por síndicos, y el Príncipe que las preside de su propio y debido oficio para habilitarlas, ha de ver si aquellas personas traen poder suficiente, y si son legítimas y hábiles para esto. Por esta causa hace el Príncipe reconocer las procuraciones y sindicatos, porque los poderes se han de ordenar en cada pais, segun las costumbres y leyes pátrias.

13. En Aragon segun fuero del reino, son necesarias para la procuracion en Córtes ciertas palabras: y asi es necesario que se diga

despues de haberse expresado los nombres dé
todos los que componen el comun municipal
nos totum concilium etc. , cuya costumbre ó
ley debe observarse, y los escribanos guardar-
la , aunque las partes no lo dijesen.

14. Deben principalmente en las Córtes pesar y examinar los poderes, por cuanto es
grande la potestad que se atribuye á los procuradores y síndicos, pues la deben tener para concordar con el Príncipe el establecimiento de las leyes y constituciones del reino concernientes al bien público de revocar las hechas y de resolver el donativo que se haya
de ofrecer al Príncipe: todo lo cual requiere
un especial mandato. Y este debe ser visto por
el Soberano para que no se hagan actos en
duda y puedan las Córtes habilitarse.

15. Y para evitar toda duda los instru-
mentos del síndico ó de la procuracion se extienden por el tenor siguiente: (aquí se tra-
ducen de la fórmula en latin): Nos N. Justicia y N.N. jurados de tal ciudad, ó de tal
villa, N.N. consejales de dicha universidad,
y demas prohombres N.N. (con expresion de
sus nombres) capitulares, y formando cabildo,
segun costumbre, á son de campana (ó trompeta, ó á voz de pregon, segun sea práctica del pueblo), todos concordes y *nemine discrepante* (ó bien dos terceras partes), *hace-
mos, constituimos, y creamos á vos N. presente y aceptante* (si estuviese presente) *por procurador, nuncio, y síndico especial para que
intervengais por nos y en nombre nuestro á las
Córtes nuevamente convocadas por el señor Rey*

23

N., segun consta de dicha convocacion y de
las causas de ella en su carta fecha en tal
parte, dia, mes y año; y *para que podais
con el dicho señor Rey y con todas las Córtes
ó con alguno ó algunos de los Brazos de ellas
concordar) y en ello prestar en nombre nuestro el consentimiento y voluntad, ó para revocar fueros hechos ya; y por esta causa ú
otras, para el general bien público del reino,
ó el particular de nuestra república, podais
conceder, contratar, y convenir con el Príncipe, y en todos los otros actos de Córtes intervenir, y en nombre nuestro y por nos suplicar, protestar, contradecir é impugnar como viereis que conviene por la procuracion y
sindicato. Y os concedemos poder general para
hacer las demas cosas que Nos podriamos hacer
personalmente si presentes estuviésemos, y sin
las cuales no se pudiesen concluir los negocios
de las Córtes con libre y general administracion etc. (* sigue y se extiende el acto con todas las clásulas de estilo muy conocido de los
escribanos.)

16. Y vistos estos poderes por el Príncipe
ó su secretario, suele el Príncipe, acusada antes la contumacia á los ausentes, dar por hábiles á los presentes, y asi habilita á las Córtes. Pero por cuanto alguna vez las Córtes se convocan por el lugar-teniente general,
quien por prohibirlo los fueros, privilegios, y
constituciones no puede celebrarlas, y circuns-
cripta la necesidad de una real persona, en
cuyo caso lo podria como hemos dicho: por
tanto, existiendo la duda de la necesidad, pa-

ra salvar los fueros suelen los convocados, que antes de la habilitacion se llaman estamentos del reino, y no Brazos de las Córtes, no obstante los fueros y privilegios, habilitar al presidente de la provincia por aquella vez, consintiendo bajo de protesta que no se traiga por ejemplo ni por consecuencia, y que no adquiera mas derecho ni posesion el Príncipe, ni redunde de ello ningun perjuicio al reino. Y asi de semejante acto no se infiere perjuicio ninguno al reino, ni al Rey le produce posesion ni quasi.

De la verdadera representacion en Córtes generales; por Matheu y Sanz.

1. La verdadera y legítima representacion del reino, no existe sino en los comicios generales, vulgarmente Córtes, del latin *curiæ*, las que de orden del Príncipe se convocan en el pueblo que bien visto le sea. Parece que el nombre de Córtes se deriva de las curias instituidas por Rómulo, cuando distribuyó el pueblo romano en treinta partes, que llamó curias, si ya no seguimos la definicion de Pomponio Festo cuando dice, *curia locus est ubi publicas curias geruntur.*

2. Llámanse Córtes generales con propiedad, porque vemos reunidas entonces todas las partes del reino, ó sean Brazos.

3. Entre los valencianos desde el principio de la conquista del reino, hallamos en uso estos congresos para tratar los mas graves negocios del estado público, segun apa-

rece en nuestros fueros, y se comprueba de
los que traen los aragoneses y catalanes.

4. Por lo que respecta á los Aragoneses, es
muy cierto que don Jayme I les celebró Córtes generales antes que á todos, como expresamente lo trae Calixto Ramirez de *lege regia*, donde pone el catálogo de todas las celebradas en Aragon, afirmando que las primeras que tuvo Jayme I. fue en 1247.

5. Por lo que respecta á los Catalanes, es
mas dificil la comprobacion, porque los usaticos fueron hechos en Barcelona en 1063 por
su conde Ramon Berenguer: peró en aquel
tiempo aun no eran reconocidos ni formados
los tres Brazos del comun de Cataluña, como lo muestra Antonio Olivan *de jure fisci*
cap. 1º. n. 15. Bien es verdad que mas adelante alega la Constitucion *encara estatuhim*,
hecha por Jaime I. en las Córtes de Cataluña de 1228, asi que en aquella época se halla claramente el uso de Córtes generales ya
introducido. Pero segun el mismo Oliva
confiesa, las Córtes generales compuestas de los
tres Brazos no principiaron en Cataluña sino
en las Córtes que tuvo el Rey don Pedro III
en 1283, en las cuales se instituyeron con
toda solemnidad.

6. Por lo que respecta á los Valencianos,
cree Matheu que los primeros comicios curia-
tos, como él dice, esto es, con distincion de
Brazos, con convocacion y promulgacion de
leyes fue en 1301, en las que tuvo en Valencia don Jayme II donde dice:" item queremos,
ordenamos, y otorgamos para buen estamen-

to del reino, que de tres en tres años, es á saber, en la fiesta de Aparicio del mes de enero, tendremos corte general en la ciudad de Valencia ó en otro lugar del reino que nos parezca bien, á los prelados, religiosos, ricoshombres, caballeros, ciudadanos y hombres de las villas del reino."

7. Las Córtes se convocan por mandamiento del Rey, por ser esta una de sus supremas regalías, como lo enseñan los jurisconsultos catalanes Oliva, Calicio, y otros muchos referidos por Acacio Ripoll en su tratado de *Regaliis*; los aragoneses Molinos, Bardaxi, Ramirez, Cerdan, en cuanto solo el Rey puede celebrar por sí Córtes generales.

8. Esto parece que está establecido en dos razones: la primera en favor del Rey, y la segunda en utilidad del reino y de los súbditos. En efecto, por la primera razon al Rey toca visitar personalmente alguna vez las provincias, y alli oir las quejas de los oprimidos, y cuidar su propio patrimonio, y por esto nuestros vigilantísimos Príncipes voluntariamente se obligaron á celebrar en persona Córtes generales, para que vistas por sus propios ojos las necesidades públicas pudiesen aplicarles el condigno remedio.

9. La segunda razon dimana de esto mismo, porque aunque el inspeccionar estas necesidades toca al Rey, no menos conviene al reino, pues para que en estos comicios se confirmen los privilegios, se establezcan leyes ó fueros, y los concedidos se confirmen con juramento, es necesaria la presencia del Prín-

cipe, para que en tiempo ninguno se pueda argüir por defecto de potestad del constituyente ó confirmante.

10. Pero es menester advertir, que sin embargo de ser por Constitucion obligado el Rey á celebrar personalmente las Córtes, se permite en caso de urgente necesidad que las celebre el primogénito, y que cuanto por este se conceda y haga, tenga la misma firmeza y fuerza, como si fuese hecho por el soberano. Pero existiendo urgentísima causa, si el Rey no tiene primogénito en mayor edad, se dispensa por fuero del reino sin preceder consentimiento, aunque tal podria ser la urgencia de la necesidad (como sucede en el reino de Nápoles y otros donde no hay ley especial que lo repugne), que sin el Príncipe pudiese el Virey llamar á parlamento general.

11. Tambien está prevenido en el reino de Valencia que las Córtes se tengan dentro de la provincia, lo cual se observa cuando se llama solo á los valencianos, porque si se convoca á las demas provincias de la corona de Aragon, es dificultoso que cada una goce de igual disposicion, ni que en sus fronteras se hallen tantos pueblos á propósito, y en tan próximas distancias entre sí, que pueda hacerse la convocacion para ellos, y asi ha sido uso y práctica antigua el celebrarlas en la villa de Monzon.

12. Las Córtes debian celebrarse de tres en tres años por privilegio 2.º de D. Jayme 2.º, y 29º de D. Pedro IV, cuya costumbre se perdió por la razon que en igual caso trae Ca-

lixto Ramirez, § 18, núm. 10 y Fontanella cláus. 3.ª glos. 3.ª, núm. 68.

13. A la concurrencia á las Córtes, ademas de los magistrados y ministros, son convocados los tres Brazos ó estamentos del reino, á saber, el eclesiástico, el militar y el real, en el cual intervienen las ciudades y villas de realengo por medio de sus respectivos síndicos representantes de todo el pueblo.

14. No es nueva semejante division del pueblo: en Cerdeña estaba en práctica ; véase á Vico *in pragmaticis*, y Canales de *parlamento;* en Sicilia, véase á Mastrillo *de magistratibus* y Giurbo *decissionum*; en Nápoles, véase Aponte *de potestate proregis* ; y en castilla hay una expresa disposicion (Ley 6.ª, título 11, lib. 2.º del ordenamento, es la ley 2.ª, tít. 7º., lib. 2.º de la Recopilacion) donde se dice: "Que sobre los tales hechos grandes y arduos se hayan de juntar Córtes, y se haga consejo de los tres estados de nuestros reinos, segun lo hicieron los Reyes nuestros predecesores." Ya en la ley de partida.

15. La misma division, y con los mismos nombres que en Valencia se halla establecida en Cataluña y en Aragon, con la diferencia de que en este último reino el Brazo militar se divide en dos, es á saber, de nobles y de infanzones.

16. En Valencia se llaman Brazos del reino cuando estan juntos en Córtes legítimamente congregadas; fuera de allí estamentos ó estados. Sin embargo, pueden dichos estamentos tratar todo lo que no sea contra las dis-

posiciones de los fueros desde las Córtes de 1585.

17. El estamento ó Brazo de la iglesia constaba de catorce barones, que los nuestros llamaron voces, tomando esta palabra del instrumento en que se ponian los sufragios, y cuyo número era el siguiente: el arzobispo de Valencia, el maestre del orden militar de Montesa, el obispo de Tortosa, el obispo de Segorve, el cabildo de la catedral de Valencia, el abad de Valdigna del mismo órden, el preceptor de Baxis del órden de S. Juan, el general del órden de la Merced, el preceptor de Orcheta del órden de Santiago, el abad de Benifasá del órden del cister, el prior del monasterio de San Miguel del órden de S. Gerónimo; el cabildo de la catedral de Tortosa, el de la de Orihuela, el prior de Valdecristo del órden de la cartuja, de todos los cuales se hace mencion en el donativo de las Córtes de 1604. Despues se añadió el obispo de Orihuela, que fué colocado en último lugar de los obispos, por real rescripto: últimamente se añadió la voz del órden de Alcántara, erigida en preceptoría por privilegio especial en 1653. Preside á este cuerpo ó Brazo el síndico del mismo para convocar en ciertos casos á los demas, y proponer las materias que se han de tratar y disolver la junta á su debido tiempo.

18. El Brazo militar se compone de todos los nobles, generosos y caballeros del reino, con tal que sean originarios y naturales del pais, porque de lo contrario no se admiten, excepto los caballeros de las órdenes militares; porque se consideran como eclesiásticos, cuyas personas reciben las prebendas del Rey en cualquiera tier-

ra de sus dominios, como lo prueba bien Matías Morla en su alegato *pro Deputatis*, que los grandes titulados y barones no intervienen en el Brazo como tales sino como nobles y caballeros.

El Brazo real ó de las universidades que forma el tercero en las Córtes, se compone de la ciudad de Valencia, que envia cinco representantes, de Xátiva, Orihuela y Alicante, y de las villas de Morella, Alcira, Castellon de la Plana, Villareal, Onteniente, Alcoy, Onda, Carcaxente y Callosa de Segura, que son de primera clase; de Xijona, Xerica, Penaguila, Liria, Cullera, Burriana, Alpuente, Peñiscola, Bocayrente, Biar, Ademus, Castelfabi, Villajoyosa, que son de segunda clase; de Capdec, Corbera, Villanova de Castellon, Layesa, Olleria, Beniganim y Algemesi, que son de tercera clase.

De las causas para la convocacion de las Córtes.

Por tres causas se suelen convocar Córtes que tocan á la utilidad del Rey, igualmente que á la del reino, es á saber, para reparar los gravámenes, acudir á las necesidades públicas por medio de saludables leyes, y dar subsidios al Rey para que pueda cuidar de la defensa de sus dominios: en estos tres puntos se encierra todo el fin de las Córtes.

De los parlamentos.

Hay esta diferencia entre Córtes y parlamen-

24

tos; aquellas se convocan generalmente para tratar de todas las cosas y negocios de todo el reino; y estos, por razon de algun negocio particular ó especial: asi lo notan Ferrer en sus observaciones cap. 14, Mieres y otros que cita Ripoll *de regaliis*.

Las Córtes deben celebrarse cada tres años segun el privilegio 2.º de Jayme II, y el 29.º de Pedro IV, cuyo uso se ha perdido por la razon que en este caso traen Calixto Ramirez §. 18, núm. 10, y Fontanella claus. 3, glos. 3, núm. 68.

Los parlamentos se convocan por el Rey sin los magistrados y ministros, pero intervienen en ellos los tres Brazos ó estados del reino, es á saber, el eclesiástico, el militar y el real domanial, por medio de cuyos síndicos, que representan el universal pueblo, intervienen las ciudades y villas del reino.

Entre los valencianos se llaman Brazos del reino cuando estan en las Córtes legítimamente congregadas, fuera de alli estados ó estamentos. Sin embargo, pueden tratar cualquier negocio siempre que no se oponga á las disposiciones forales, segun las Córtes de Monzon de 1585.

1.

De causis convocationum curiarum.

Curia est congregatio populi facta in certo loco communi à Principe vel alio habente potestatem curiam celebrandi, ad quam debent solemniter vocari decuriones sive conciliarii, archiepiscopi, episcopi, magnates, nobiles, milites, et generosi.

De jure curiæ convocantur pro reparatione status pacifici regni et illius utilitate, et ut singulorum status jugiter conservetur illæsus, pro justitia et pace componenda et ad regni honorem augendum, et officiis regni providendum. Alibi tamen jura innuunt curias congregandas ut depravata corrigantur, et status provinciarum de bono in melius reformentur: et ideo debent congregari ut controversiæ et læsiones decidantur, reparentur, et corrigantur. Fori et constitutiones regnorum et eorum prohœmia hoc dicunt scilicet ex prædictis causis curias congregandas. Hoc fatetur Rex Jacobus in curia an. 1300 octobris kalend. dicens se curias congregasse pro pace et justitia. Idem dicit Rex Petrus in curia Cæsar-augustæ, an. 1348 dicens curiam congregasse ad pacis conservationem et justitiam et bonum et tranquillum statum totius regni. Et id fatentur in curia celebrata Valentinis in initio fororum dicens curiam congregatam pro bono et pacifico statu regni et pro legibus condendis. Hocque Rex Petrus in suo fororum initio profitetur, hocque cæteri Reges Aragonum in suis principiis fororum Valentinis attestantur, et simili modo in Cathalonia.

II.

De curiæ præsidente.

De jure communi et ex foris et constitutionibus regnorum communiter et ordinarie in curia habet præsidere Princeps, et sic fori et

constitutiones regnorum disponunt ut solum
Principem debere curias congregare, et in casu
necessitatis regiæ personæ primogenitus, ut in
foris Regis Petri an. 1363. Et licet de foro
Aragoniæ Princeps præsideat in curia, Justitia
tamen Aragonum ut judex inter curiam et
Principem curiam prorrogat si Princeps præsens est sui mandato et consensu : hocque est
jus quoddam constitutum et privilegiatum alias
regulariter contra quia inferior in majorem non
habet potestatem.

De jure autem communi aliquomodo ob
necessitatem reipublicæ provocat provinciæ co-
næses parlamentum, non autem quod omnes
de provincia ibi sint sed quod mittantur nun-
tii vel legati ab universitatibus.

Vocati autem ad curias sive parlamentum
in dicta curia existentes sunt ibi ut quidam
dicunt ut assessores præsidenti qui habet ordi-
nariam jurisdictionem. Alii tamen dicunt quod
vocati ad curiam præsidenti assistentes in cog-
noscendo sunt ordinarii. Cum etiam principaliter cognscant sed in definiendo sunt ut assistentes qui principaliter non sentențiant sed asis-
tunt sententianti quod indecisum relinquit An-
tonius de Brutio. Posset dici de jure quod ii
qui sunt assistentes præsidenti in curia pro gravaminibus reparandis, qui vulgo examinatores
appellantur, sunt assessores et conciliarii cum
quibus, vel quorum consilio provisiones gravaminum solent fieri.

Etiam gravamina curiarum communiter
sunt contra Principem et illius officiales, et tales quæstiohes de jure sunt determinandæ per

pares curiis assistunt præsidenti in regno Valentiæ, et Cathaloniæ Principi qui præest curiæ
et est judex in Aragonia Justitia Aragonum
qui est judex inter Principem et curiam de
foro Principe præsidente, et sic assidentes vel
examinatores vulgo vocati sunt assessores.

Forus regni et constitutio disponunt quod
solus Princeps possit curias vel parlamentum
celebrare, et in casu necessitatis regiæ personæ
ejus primogenitus Principe nostro in armorum
dexente expeditione: non habens primogenitum
extra mare constitutus ejus locum tenens generalis vult curias congregare. Primo dubita-
tur an de foro sit prohibita convocatio et celebratio? Ad primum videtur quod convocari
possit quia id non videtur foro vel constitutione
prohiberi, cum solum prohibeant celebrationem,
quia ponitur in locum Principis cum plenissi-
ma facultate, merito igitur majori utitur prær-
rogativa quam præsens. Quanto ergo id plus
potest facere locum tenens generalis maxime
ut hodie solent constitui cum expressa potestate curias celebrandi. Dispositio juris est ut
nedum locum tenens generalis sed etiam qui-
cumque præses possit coadunare parlamentum
vel curias. Quanto ergo id plus potest facere.

Secundum dubium est an casu proposi-
to dictæ necessitatis possit dictus locum tenens
generalis convocare et celebrare curias? Et
ideo solent convocari per præsidentem provinciæ, locumtenentem generalem in casum necessitatis regiæ curiæ. Et idem fuit practicatum
in hoc regno per dominam Reginam ut locumtenentem, et per dominum Joannem Re-

gem Navarræ locumten. gener. an. 1437 y 38.

De principis potestate in legibus condendis.

Quamvis omne jus omnisque potestas leges condendi sit in imperatore transacta; Princeps tamen leges condere solet cum consilio procerum regni, senatorum, et judicum. Et hinc venit populi congregatio per Principem et celebratio curiarum cum Princeps pro reformatione regni leges condere intendit. Et hoc de more introductum est non exigente justitia cum Princeps per se solus posset leges condere.

Et isto more et consuetudine usi sunt Principes in his regnis. Nam quamquam pracmaticæ sanctiones vim leges habentes Principes faciant super bono publico regni et universitatum, leges tamen generales faciunt et sunt soliti facere cum concilio procerum in curia congregatorum. Et hæ leges in curia factæ, si dentur per populum pecuniæ, ut solet fieri, transeunt in contractum. Et hæ sunt leges pactionatæ et efficiuntur irrevocabiles etiam per Principem.

Scias tamen quod majoris efficaciæ sint leges conditæ per solum Principem etiam quod factæ in curia non essent pactionales. Nam tales leges in curia vel concilio factas, quamvis Princeps posset eas tollere si non essent pactionales vel transissent in contractum, tamen contra tales leges in curia vel cum consilio factas Princeps rescribendo nisi de illis expressam mentionem faciat in rescripto non valet rescriptum nec tollitur legis dispositio. Si autem esset lex facta per solum Principem sine curìa tunc cum claùsula generali *non obstante etc.* valeret rescriptum et tòlleretur illa lex quoad disposita in rescripto.

De evocatione ad curiam.

Qui ad curias convocantur, per epistolam sunt vocandi, hoc est per literas quas vulgo litteras citatorias appellamus. Et consuetudo obtinet ad omne dubium tollendum ut tales littera nedum sint sigilatæ sed etiam signatæ manu convocantis curiam, et talis consuetudo facit illis fidem adhibere.

In istis literis citatoriis debet fieri assignatio congruo tempore in loco populos et quot tutus pateat accessus et sit locus securus. Et debet dari tempus competens secundum locorum distantiam et negotii qualitatem, debetque locus assignari et dies certa. Et si alia hora vel die actus fieret, esset nullus, nisi per prorogationem ut solet fieri, quia tunc eadem dilatio assignatio est.

In dictis litteris citatoriis solet inscribi causa convocationis. Curiarumque practica satis est juri consona ut citatus non possit petere deliberatorias, et Princeps soleat dicere causam convocationis curiarum.

Ultra hanc convocationem litteralem fieri habeat convocatio ad curiam per somum tubæ vel campanæ ad hoc ut absentes actibus non possint arguere de contemptu: et caveatur ut in principio curiæ fit sonare mane et vespere campanam.

III.

Vocati ad curiam personaliter venire debent cessante impedimento.

Curiæ celebrantur pro reparatione justitiæ, pacis compositione, provinciæ reparatione, delictorum punitione, officialia creatione, et quia causæ arduæ sunt et maximi præjudicii necessario vocati à Principe personaliter adesse debent, salvo legitimo impedimento, et in tali casu possunt vocati procuratorem mittere: prodest tamen procuratoris missio ad curias quia illo existente præsente in curia litteræ perjudiciales contra principalem nequeunt expediri sine illius convocatione.

IV.

De forma et ordine sedendi inter vocatos in curiis generalibus regnorum Aragoniæ.

Ex post ad latus sinistrum sedet Princeps quod est dextrum, quoad curiales sedet Justitia Aragonum qui ex suis foris præsidet etiam in sua curia Aragonensium, et illam prorogat, et ista dignitas et officium fecit incognitum de jure cum sit creatum ex lege regni et habet magnum participium in regia jurisdictione.

Post istos ad unum latus sedet regni Thesaurarius. Ad aliud latus sedet secretarius regius:

Post hos autem sedent provinciarum præsi-

des qui vulgo gubernatores appellantur regnorum qui in provincia ipsa majus imperium habent pro Principe.

Denuo sedent magistri rationales regis. Ul-
terius sedet protonotarius. Post hos sedent Bajuli
generales regnorum, denuo sedent omnes alii
conciliarii Principis ut de suo concilio. Et isti
ordinantur secundum eorum ordinem.

Et quamvis in domo regia sint alia officia
etiam majora aliquibus jam dictis, tamen quia
non sunt de concilio regio solent inter alios de
curia sedere, ubi si essent de concilio, vel si vellent sedere inter regios officiales, ordinarentur secundum illorum ordinem et dignitatem servatâ
curiæ et domus regiæ consuetudine.

Ad curiam convocantur archiepiscopi, episcopi, abbates et religiosi præsidentes in administratione; possidentes vasallos in regno cum eis interveniunt et non respectu suarum personarum.

Sed cum bona et jurisdictio sint in ecclesiam
translata, ejus forum et conditionem sequun-
tur de jure communi; sed fallit in hoc regno,
in quo bona de realengo sunt affecta et con-
ditionate data ut transeant in clericos et ecclesiam cum onere regali et vicinali. Et sic propter illa onera et quia illa sunt de jurisdictione
regia, clerici habent coram Principe in curia
interesse tanquam coram judice bonorum suorum: tum quia ipsi clerici habent multa gravamina contra regios officiales quæ per illos in
curia deducuntur. Et hoc jure non vetatur quia
sunt actores et habent sequi forum rei; nam
possessiones clericorum Principum ligantur constitutionibus.

Cum vocati sunt in curia generali, quælibet provincia dividit inter se suam curiam di-
visam in Brachia. Fit talis divisio quia quodlibet Brachium nititur suis prerogativis sedendo
quam privilegiis, et si aliquoties invicem con-
trariantur in curia, non est necessarium ut unius
secreta alteri pandantur, et quia communio pa-
rit discordiam, solita est fieri talis divisio.

De modo sedendi istorum in primis scias
quod in parte dextra Principis sedent convoca-
ti de provincia Aragonorum, in sinistra provincia Cathalonia tanquam magis populosa et major provincia et magis antiqua quam Valentiæ,
licet nomine regni fruatur, quia sic prætendunt
Cathalani judicatum per Regem Petrum, et sic
hæc declaratio et sententia facit jus, et pro veritate habetur.

De habilitatione curiæ per Principem et per curiam facienda.

Ad curiam comparent multi per procuratorem, et universitates per syndicos; et Princeps
qui in ea præsidet et sui officii debito pro curiæ habilitatione videre habeat an habeant suf-
ficiens mandatum et sint personæ legitimæ ad
hoc. Ea ratione facit Princeps recognoscere procuratoria et syndicatus, nam secundum diver-
sarum regionum consuetudinem et legem patriæ procuratoria sunt ordinanda. Nam in Aragonia ad procuratorem ad curiam per forum
regni sunt necessaria certa verba, nam necessarium est quod dicatur post nominationem singulorum de universitate *et nos totum conci-*

lium. Et sic illa consuetudo vel lex est servanda, et tabelliones illam tenentur observare, etiam
si non diceretur à partibus, ut in dictis juribus:
et maxime ponderanda sunt procuratoria vel
syndicatus in curiis, nam magna est atribuen-
da procuratoribus vel dictis syndicis potestas,
quia habent habere potestatem cum Principe concordandi de legibus vel Constitutionibus regnorum, bonum publicum concernentium faciendum, vel revocandis jam factis et de Principi
donando, quæ omnia speciale mandatum requi-
runt. Et ista mandata videnda sunt per Principem ne in dubio acta fiant, et curia possit ha-
bilitari.

Quibus visis procuratoriis per Principem vel
ejus magistratum seniorum, solet Princeps ac-
cusata absentibus contumacia præsentes habi-
les judicare, et sic curiam habilitare, sed quia
aliquomodo curia convocatur per locumtenentem,

Del Brazo militar.

Milites in hoc regno et tota Aragonum corona diversimodo notantur. Alii enim nobiles dicuntur, alii generosi, alii vero milites sive equites, vulgo *Caballers.* Generosi vocantur qui
antiquitate et splendore sanguinis, genere nobilitatis reperiuntur. Equites sive *caballers* sunt qui
à Principe cingulum militiæ noviter adepti sunt.
Nobiles vero qui ultra sanguinis splendorem vel
Principis privilegium non simpliciter vocantur
sed addita hac nobilitatis nota *Don,* generosi
hac dictione *En,* et milites hac dictione *Mos-*

sen, sed hi duo mixti in eodem ordine.

Essentia nobilitatis et militiæ non tantum in alio fulget quantum in admissione ad hoc Brachium sive stamentum: nam licet plures sint qui privilegio militari fruuntur, veluti cives honorati, doctores utriusque juris et medicinæ, in hoc cœsu numquam admittuntur nisi hi qui ex genere militari sunt vel à Principe milites creati. Et quoniam in eo tot tantique viri nobilitatis eximiæ quotidie interveniunt, neque ordo in sedendo servatur, neque in suffragando sive sententiam dicendo spectatur. Sedere enim solent prout casus fert, sententiamque dicunt prout syndicus ejusdem Brachii designat qui ut plurimum venerandæ senectuti prærogativam dicendi primum sententiam defferre solet: et si forte graduandi sunt, sorte fieri debet, hoc adnimadverso quod nobilibus primus locus tribuitur eo modo ut primus sorte extractus præcedat, sequaturque generosus vel miles qui primo extrahitur, et sic de cœteris alternatim, quod numquam fit nisi cum electi nominantur ad aliquod negotium peragendum.

Præest in hoc Brachio sive statu, syndicus ejusdem qui inter ipsos eligitur ad biennium ex decem insaculatis sive matriculatis, quinque nobilibus, quinque militibus vel generosis, sorteque extrahitur ordinarie, finitoque biennio officium expirat etiam non spectato adventu successoris. Nec id ratione caret, nam cum deliberationes ipsius stamenti unico discrepante impediantur, si continuaret syndicus usque ad adventum successoris, facillime eo in munere, quod maxime dignitatis existimatur, perpetuaretur; nam uni vel al teri ex cognatis vel amicis ipsius electionem contradicere facile esset.

Hoc intelligendum est dummodo curiæ non subsequantur, nam ex propositione curiarum officium syndici expirat, insaculatioque ipsa omnino cessat. Per conclusionem autem ipsius curiæ etiam syndici officium expirat: tunc incipit nova insaculatio, fitque de novo per sortem ad biennium.

Deliberationes hujus status sive Brachii militaris debent esse de concordi voto nemine discrepante, non ex deliberatione ipsius stamenti sed ex consuetudine, ad exemplum Brachii sive stamenti militaris Cathaloniæ, cujus provinciæ mores ut plurimum imitati sumus.

Pro negotiis hujus Brachii facilius expediendis nominari solent electi quibus committuntur, quod tam in curia quam extra duplici modo fit aut sorte mediantibus electoribus adque examinatoribus, nomina propria sunt hujus materiæ (aut per syndicum de consilio aliorum) quod vocant *Aconsejado*.

Per electores et examinatores eo modo perficitur: (quod raro fit nisi quando electio aliquid militatis vel magnæ præeminentiæ præ se fert). nomina omnium adstantium in Brachio vel stamento, etiam si minores sint, in duabus urnis apponuntur, in una nobilium, in alia vero militum. Ex eis sorte extrahuntur octo, quatuor ex quolibet ordine qui eligere debent octo examinatores, unusquisque unum ipsius ordinis, et ob id electores vocantur, sed electi in examinatores debent esse majores viginti annis. Examinatores vero interveniente syndico secrete scrutantur qui idonei reperiantur ad negotium de quo agitur peragendum, et quos idoneos examinant, concurrunt ad electionem officii de quo agitur per sortem fiendam, ita ut eorum nominibus in urnis appositis qui extrahitur vel extrahuntur electi manent.

Per syndicum de consilio aliorum facilius rex expeditur, nam syndicus ad nutum eligit duos consiliarios unumquemque ex quolibet ordine, ipsique tres electos nominant, sed ut graduentur, per sortem extrahuntur. His diversim de negotio committitur, aliquando ad decidendum, ut ajunt, hoc est cum pleno posse tractandi atque perficiendi, aliquando ad colligendum et referendum, reservata sibi facultate deliberandi prout res expostulat.. Sec hoc certissimum est quod dum electi tractant rem illam sibi commissam, quilibet ex Brachio intervenire potest nec ab ea excludi, habetque votum consultivum in ipsa re electis jam commissa.

Istius Brachii syndicus', moribus receptum est ut sit ille qui in urbe syndicatum obtinet rationalatus, qui quidem in eo res peragendas proponit, sicut de syndicis aliorum Brachiorum dictum est; hac habita differentia quod sindicus militaris neque in Brachio neque in conventibus electorum suffragium habet, ecclesiasticus et regalis utique habent. Stamentum regale praeterquam in curia generali, alibi raro aut nunquam in hac forma convocatur. Licet enim ad negotia resultantia ex curiis unaquaeque ex his universitatibus cui debetur interventus, eo quod electi officium pertinuit ad syndicum ejus, in urbe habet syndicum cum

sufficienti mandato ad negotia quæ de novo emergunt; neque sindicum habere solent
neque est alia dispositio cogens universitates
ad eum constituendum modo quo de ecclesiasticis diximus, atque adeo. hic status per
juratos urbis aliosque cives repræsentatur extra curiam ad instar concionis vocatæ per dominum Regem Jacobum tempore quo foros
condidit, nam tunc nondum erat data forma
Brachiis prædictis.

De la presentacion del Rey en Córtes.

Curia sic convocata, accedit Princeps ad
locum destinatum in convocatione, ubi fit propositio. Sed non abs re erit ut de modo sedendi in ea aliqua dicamus: nam licet Belluga id pertractavit Dict. Rubr. 6 per totum,
illud spectat ad curias generales totius coronæ
Aragonum; nos de curia speciali nostri regni
agimus. Aula amplissima, non mediocriter
ornata conficitur, soliumque augustissimum eri-
gitur in præcipuo angulo ipsius, ita ut in
sublimiori loco sub peristromate auro contex-
to excitetur regia sedes ubi dominus Rex resi-
det in suggestu, Xiphum (perpulchrum hispa-
norum Regum insigne) manu nudum tenens
indicantem supremam ipsius potestatem vitæ
necisque; sunt et exigui gradus sub pedibus regiis et in ipso tabulatu modica planities quo
sibi proximiorem vicecancelarium, ultroque pro-
tonotarium stantes constituit inter cubicula-
rios reliquosque domesticos proceres atque
magnates. Ad primum ex inferioribus gradibus

(qui plures atque majores sunt) adsunt Regii feciales sive caduceatores, apud nos *Reyes de armas*, fasces argenteas manibus tenentes suique muneris insignia gestantes, interimque fasces Brachiorum regni humiliter coram Regiis procubunt. A dexteris è medio ipsius planitiei versus infimam suggesti partem stat regius senatus, à sinistris gerentes vices Bajuli, magister rationalis, cum locatenentibus et assesoribus. In corpore aulæ ad dexterum angulum Brachium ecclesiasticum modo et forma superius descriptis: ad levam, militare sine ordine sedendi; in longinquo vero ad faciem Principis domaniale Brachium juxta ordinem superius traditum. Omnes à principio reverenter Principem colunt stantes capitibus discoopertis. Sed dominus Rex postquam sedit, media voce fecialis sederi Brachia capitaque cooperire imperat, sicque sedentibus Brachiis propositio curiarum fit, eamque regius protonotarius legit (de qua Belluga Rubr. 8), Princepsque servaturum se foros atque privilegia regni jurejurando profitetur. Hoc eodem modo conclusio curiæ celebratur, nam oblatio, acceptatio et absolutio delictorum leguntur ab eodem protonotario, forique promulgantur, et omnes curiales regiam manum flexis genibus deosculantur.

Del modo de proponer los gravámenes en las Cortes.

Facta curiæ propositione, eaque habilitata, ut tradit Belluga Rubr. 7.ª accusatisque contumaciis foralibus contra absentes convocatos, (de quibus idem Rubr. 10 et Rubr. 44), cuicumque licet gravamina proponere (de quibus per ipsum Belluga Rubr. 11.)

In primis gravamen proponendum in curia ejus generis esse debet ut alio modo succurri non valeat; unde si remedio ordinario via juridica uti potest proponens, in curia admittendus non est, sed ad eam viam remittendus, quia cui competit remedium ordinarium concedi non debet extraordinarium: (late explicat quid sit in curia gravamen reparabile Belluga Rubr. 42, et Fontanella decis. 517, n. 3, tom. II, et decis. 295, n. 9); ob quod plura gravamina in curia proposita ad judices ordinarios hac de causa remissa passim videntur.

Secundo, gravamen illud debet respicere bonum commune, et si aliquando particulare, id debet esse absque perjudicio tertii, nam non semel accidit ut per viam gravaminis quædam proponantur quæ prima facie illud continere videntur, sed bene inspecta sequitur præjudicium tertii, qua consequentia non inspecta aliqui ex consentientibus illaque manent.

Tertio debet continere expressam operationem contra foros vel justitiam indubiam; alias sequeretur ut ratione gravaminis, injustitia foveretur, vel per illud revocatio peteretur alicujus decreti justi, quod absurdum erit.

Quarto ita debet proponi gravamen ut per illud non inferatur dedecus alicui.

Quinto non est inspiciendum quis procedimenta fecit, sed substantia operationis aut facti, non manus sed jaculum, nam in curia non solum possunt deduci gravamina superiorum sed inferiorum. Quod maxime procedit in regno in quo pluribus concessa est jurisdictio privative in certis causis, rebus, aut territoriis.

Modus autem proponendi et expediendi gravamina duplex est, nam aut proponitur ad instar contrafori, quorum propositiones cum decretis reperiuntur in unaquaque curia ad initium, aut coram provisoribus gravaminum à Rege et curia nominatis, quos appellamus *Jutges de greuges.* Sed in utroque modo ea observanda sunt quæ diximus, nam ratio in utroque procedit. Cætera quoad gravamina, qui cupit adeat Bellugam à Rubr. 10 usque ad 44: solum est præmitendum quod cum declaratio facta per provisores gravaminum sit ad modum sententiæ, permissa est appellatio quamvis sententia exequi debeat præstita cautione. Ex For. 42 curiæ anni 1604.

Leges fiunt in his comitiis, quas Foros appellamus ex communi usu loquendi, etiamsi latæ sint nulla præcedente consuetudine, tradunt Belluga, Leon, Cerdan, Mieres, Fontanella, Cancer, et Ripoll ex Catalannis; Portoles, Bardaxi, Ramirez ex Aragonensibus.

Videamus igitur apud nos cui deferatur potestas leges condendi. Dominum Regem ab expugnatione regni supremam ac regalem jurisdictionem obtinuisse nemo dubitare potest; ex quo infertur potestatem legislativam non à populo in eum translatam fuisse, sed proprio sanguine adquisitam. Nec privilegia Aragonensium et Cataláunorum ad nos transierunt, cum diverso jure fruamur, sed solum ea quæ ex benignitate nostrorum Regum indulta sunt, et quæ suis

servitiis nostri majores acquisierunt: unde alle-
gare non possumus aliud quam hoc quod scrip-
tum habemus in foris et privilegiis. Diximus tamen Regem disponere non posse per modum
legis contra concessa in foris, sed simul cum curia. Explicare debemus amplius hanc propositionem.—Verum enim est quod Aragonenses et
Catalauni eam firmant simpliciter, quod explica-
ri debet cum Belluga, in his tantum quæ contra libertates et foros qui transierunt in contractum, constituuntur. In reliquis vero Rex solus est legislator, et sine curia potest constitue-
re quidquid in commune bonum expedire sibi
visum fuerit, cum ad eum pertineat ratione supremæ potestatis. De Valentinis et Catalaunis
tradidi num. 43 quo modo id fiat per pragmaticas sanctiones. (Apud nos quotidie fiunt leges
sine curia ut notum est per modum ordinationum et pragmaticarum, neque id incognitum
est in Catalonia, ut colligitur à Xammar parte 2.ᵃ
quest. 7, num. 45, et à Ripoll Reg. cap. .35,
num. 141: aut in Aragonia ut tradit ipse Ramirez §. 25 num. 12 lit. R.).

De Aragonensibus vero minime, nam doctores ibi laudati absolute potestatem legislativam
domino Regi limitant dicendo non posse sine
curia legibus aliquid jubere: quod et firmat Ramirez de Leg. Regia, §. 4, num. 9 et 13 sed
implicat cum traditis ab ipso, nisi cum Belluga
interpretemur de legibus derogatoriis fororum
et libertatum, nam cum ex contractu ad eorum
observationem Rex teneatur, inde sequitur quod
non à se ipso potest proprios contractus frangere,
sed requiritur alterius contrahentis consensus.

Dominum Regem ait Castellot majorem potestatem se ipso habere simul cum curia :
quod absit ; non enim Rex pendet à curia sed ipsa curia à Rege, cum regnum sit monarchicum
atque successivum in posteros. Regia enim potestas semper est eadem, nec populo ad curiam
congregato aliqua defertur potestas aut jurisdictio. Neque ex eo quod foros de consensu curiæ derogare possit, ad ipsam curiam aliqua potestas legislativa pertinet. Tunc curia vere regnum repræsentat, solumque est persona (ut ita
dicam) legitima, quæ tanquam privatus contrahens à contractu discedere potest, ob quod
regia dignitas non diminuitur, nam non posse
extra curiam sive absque ejus consensu, quæ à
rationis tramite deviant, non est imperfectio in
Rege, imo perfecta justitia, cum intelligatur ipsum nolle à contractu proprio sine consensu alterius contrahentis discedere. Quod intelligendum est dummodo non urgeat necessitas publica, nam ea urgente potest Rex contravenire con-
tractui. Unde provenit quod si à Brachiis aliqua
lex proponatur quæ non sit contraria foro antecedenter concesso, aut privilegiis regni, quamvis propositio in decreto moderetur id, quod decreto continetur, legis vigorem habebit, etsi curia dissentiat; nam ejus consensus non requiritur ad novam legem qua antiquiora non læ-
duntur. Imo si aliquid concedatur et aliqua
omittantur, id quod expressum est vigorem legis
obtinet tantum; ut probat bene dominus Leon
decis. 30, num. 51, vol. 3: si autem contra
foros sit id quod proponitur decretandum, tunc
jam curia defert supremæ Regis potestati le-

gislativæ novationem illius juris; et si forte decretum non conformetur propositioni, et curiæ
ei adquieverit, ex tacito consensu revocatio fori approbata est modo contento in decreto; nam
ipsum approbasse curiam dicendum est, sicut respectu actorum curiæ cæterorum Brachiorum dixi superius in differentia inter foros et actus
curiæ.

Tertia causa indicendarum curiarum est, ut
subditi Regem juvent donativis, atque indic-
tionibus, ad eorum defensionem et rectam
gubernationem. Sed quoniam periculosum est
(Belluga Rubr. 46) Regis consiliariis judicium ferre de imponendis tributis; ad hoc
vocari curiam docent Belluga, Mora, Esteve,
Salon, ex nostratibus: ex Catalaunis Cancer,
Fontanella, Calicius, Ripoll: ex Aragonensibus
Molinos, Bardaxi, Ramirez: ex Sardis Canales
de *Parlamentis*: ex Castellanis Parlador, Mar-
quez, Amaya: ex Lusitanis Fragoso: ex Siculis
Mastrillo: ex Neapolitanis Ponte: ex Anglis Po-
lidoro, Virgilio, Petrus Gregorius, et plures
alios laudant qui hanc materiam pertractarunt.

De las Córtes de Valencia por Villaroya.

Era propia regalía de la corona, é insepara-
ble de ella la facultad de juntar y celebrar Córtes. Y don Jayme II, en las de 1301, dispuso
que se tuviesen de tres en tres años en Valencia
ú otra ciudad del reino.

Esta asistencia personal del Rey se dispensaba
siempre que ocurria grave necesidad, substitu-
yéndole su primogénito, como lo dispuso don Pe-

dro IV en las de Monzon de 1363, como se verificó en las que tuvo en Valencia don Juan, primogénito de don Pedro en 1374; y en las del Príncipe don Felipe en las de Monzon de 1547 y 1552. Pero no teniendo el Rey primogénito, ó que este no tuviese la edad suficiente, se podia nombrar otro personage, como sucedió en las de Valencia de 1446 por don Juan Rey de Navarra, y hermano del Rey; y en las de 1528 por el duque de Calabria, lugar-teniente del emperador.

La traslacion de las Córtes, despues de empezadas, á otro lugar dependia precisamente de la voluntad del Rey, sin necesitarse el consentimiento de las Córtes, de que cuenta tres casos en Valencia.

En el Brazo militar las resoluciones se tomaban *nemine discrepante*, de que debian resultar muy graves y perjudiciales inconvenientes. Lo mismo se observaba en Aragon, hasta que en las Córtes de Tarazona de 1392 reusó fuero para que se estuviese á la mayoría de votos.

Estos tres Brazos que representaban el reino acudian á las Córtes, ofrecian un donativo al Rey, y suplicaban en recompensa la concesion de los fueros y actos de Córtes qué presentaban.

Actos de Córtes se entendian aquellas resoluciones en que no se conformaban los tres Brazos, sino que las tomaban los Reyes á instancias de uno ú dos de ellos, contradiciéndolo ó no conformándose el otro; y asi solo obligaban á los que los pedian ó consentian; pero si estos actos se publicaban en el solio, y el que no habia consentido callaba ó no protestaba, entonces adquirian fuerza y valor de fueros, y obligaban á todos indistintamente.

En las Córtes se concedian fueros temporalmente, se corregian unos y se revocaban otros por haber cesado sus causas.

Privilegios, pragmáticas, cédulas reales.

Los privilegios ciertamente eran leyes que debian observarse como insertos en el cuerpo del derecho patrio, y por estar confirmados y jurados en Córtes. Los privilegios son leyes perennes paccionadas y juradas, á las cuales en justicia no se puede contradecir ni perjudicar, dice el Rey don Alonso V en 1446 : y en 1514 encargó el Rey católico la observancia de los privilegios, igualando su valor y eficacia á la de los fueros.

Las pragmáticas, nadie duda que los Reyes podian hacer pragmáticas que obligasen en Valencia á todos sus moradores. Asi lo disponian el fuero 83 de las Córtes de Valencia de 1564, y el 176 de las de 1585, el 93 de las de 1604, y el 66 de las de 1626.—Esto podian ejecutarlo fuera de Córtes solo para el bien de sus súbditos, mas solo en defecto de fueros, actos y privilegios, y sin alterar ni derogar en todo ú en parte sus disposiciones.

Y no solo los Reyes, mas tambien los vireyes podian hacer pragmáticas; pero fenecido el oficio del virey, acababan tambien sus establecimientos, á menos de que los hubiesen hecho, precedida deliberacion del senado real. En

uno y otro caso no podian derogar las pragmáticas reales, ni los fueros y privilegios del reino.

*De la diputacion del reino llamada generali-
dad. Por el mismo Matheu y Sanz de regimine
regni Valentiæ. Tom. 1.º, cap. III.*

*Petitio regni in curiis generalibus Montisoni
an. 1547 contenta est his verbis vulgari lingua valentina qua utimur.*

Señor. = Per quant ab capitols é actes de Cort
sobre lo regiment é administració de la gene-
ralitat de la vostra ciutat é regne de Valencia à suplicacio dels tres Brazos atorgats per
lo inclit Rey don Alfonso de immortal memoria en les Corts per aquell celebrades als reg-
nicols de Valencia en lo any 1419 es dis-
post é ordenat que cascun trienni sien elets sis
diputats, es á saber, dos de cascun Bras é
sien elets tres clavaris so es, hun de cascun Bras,
é mes que sien elets administradors, co es,
Jutges y declaradors dels dubtes, questions é
contractes, tres persones una per cada Bras;
é mes sia statuhit é ordenat ab dits capitols
que cascun trienni sien elets sis persones, dues
per cada Bras en comptadors, ohidors, é desi-
sors dels comptes dels dits diputats é clavaris
segons se conte en los capitols 1, 2, 3, 4, 5
y 6. *Perca* &c.
1.º Vectigalia sibi regnum imponit ad sol-
venda donativa curiarum. Cum enim in co-
miciis donativa per Brachia Regi offerantur,
ob quod vectigalia sive superindictiones indi-

euntur, moribus receptum est ut non ipsi Regi
tribuantur absolute, sed per regnum ipsum quæ
sibi imponit ad solutionem concessionis admi-
nistrentur. Quare necessarium fuit ut officiales
crearentur per quos exactiones istæ colligeren-
tur, juraque ipsa administratione legitima regerentur, quod initium sumpsit anno 1376:
tuncque unus tantum creatus deputatus fuit qui
jura ipsa exigebat, unus administrator qui dubia declarabat, erantque pariter auditores computorum (sed numero incerti) coram quibus
rationes deputatus reddere tenebatur.

Postea vero tempore Regis Martini auctus
fuit numerus horum officialium anno 1403, sed
anno 1418 perfecta forma data fuit his officialibus, nam statutum fuit ut sex deputati
crearentur, sex auditores computorum, tres
clavarii sive receptores æqualitate servata inter
Brachia.

Deputati in suo principio quidam collectores
jurium impositorum in curiis ut donativa oblata
Regibus solverentur, fuisse videtur. Sed postea
cum officia publica crearentur duratura per
triennium cum jurisdictione atque potestate non
exigua, jam dignitatis excellentiam obtinuerunt,
suntque quasi regni ipsius temporales magistratus. Tractant materiam hanc: ex Valentinis Man-
dariaga, Cerdan, Leon, Esteve; ex Catalaunis
Fontanella, Ripoll; ex Aragonensibus Molinus,
Portoles, Bardaxi, Sesse, Ramirez.

A principio enim colectores fuisse diximus
nam pecunias debitas Principi seu tributa colli-
gebant. Sed quoniam tunc non adhuc jurisdictione condecorabantur, neque concedebantur.

prælatis, nobilibus, vel in officiis urbanis constitutis sed civibus (ut patet ex for. curiæ an 1383) naturam publicanorum sapere non erit improprium dicere; sed postea ut exactio melius fieret, et plura damna obviarentur, ad prælatos, nobiles, urbanosque rectores officia hæc delata fuere, Nec omnino improprium erit si dicamus deputatos ad instar quæstorum ærarii populi Romani institutos fuisse.

Dicuntur autem jura hæc generalitatis Regni, tum quia à toto regno imponuntur in generalibus comitiis; tum etiam quia generaliter ab omnibus impenduntur, ita ut neque Rex, Regina, aut Princeps primogenitus neque aliquis stirpis aut familiæ regiæ ab eorum solutione excusetur, nec status ecclesiasticus, qui repræsentatus per prælatos, capitula et præcipuas dignitates ad curias vocatur, consensu eorum tributa hæc concedant. Nihilominus sunt aliqui exempti, scillicet romanus pontifex, ejus cubicularius, cardinales et nuntius summi pontificis et ecclesiæ ipsius regni, quamvis ratio non militat in bonis immobilibus quæ vocantur de realengo, nam nunquam à jurisdictione regia exempta fuerunt, immo acquisita ea lege ut ei semper subjiciantur, quia transeunt in ecclesiam cum suo genere. Excipiuntur inquisitores, in rebus ad proprium usum necessariis. Sed hi non sunt in veritate exempti à regno, sed dominus Rex facit eos exemptos solvendo de patrimonio, proprio jura.

Horum jurium jurisdictio privative est concessa deputatis, ita ut neque Rex neque ejus magistratus cognitionem habent in rebus per-

tinentibus ad jura generalitatis in hóc regno,
neque in Aragonia, neque in Cathalonia.

Hæc autem officia deputatorum auditorum
clavariorum et administratorum trienalia sunt.

Administratio pariter eis commissa est ipsorum jurium. Sed quamvis potestas eis generalis tribuatur, non tamen cum libera et generali administratione, immo limitata ad effectus ibi contentos (Mora Rubr. 11 num. 2 in
nbt. littera A. Ramirez et Sessè) licet dicab
majorem potestatem concessam esse Catalaunis:
Apud nos probatur limitatio ex foris cap. 38
et 39 et 40 curiarum an. 1564., 1585., et
1604.

Pertinet etiam ad deputatos jus nominandi officiales ad prædictam exactionem et inter
eos syndicum, assessorem, et scribam antiquitus perpetua, nunc autem quadriennio com-
plentur.

Differentia est inter deputatos valentinos et
exteros aliorum regnorum. Nam aragonenses
habent octo deputatos, eosque ad unum tantum annum: Catalauni tres tantum deputatos
eligunt ex quolibet Brachio unum, eosque trien-
nales.

Deputati in functionibus publicis nunquam
interveniunt extra propriam domum, præterquam
quod in agitatione taurorum, quo primum locum
tabulatum eorum obtinet in foro publico. Sed in
die juramenti ad præstandum obsequium domino proregi accedunt sicuti in casu mor-
tis alicujus de domo regia tuncque in forma
progrediuntur cum omnibus officialibus domus,
et pariter tempore adventus domini proregis;

et quando Rex ad regnum properat deputat exeunt usque ad limita regni.

De electione deputatorum.

Ex vocibus sive personis constituentium statum ecclesiasticum, sicut dictum est superius, sorte extrahuntur in quolibet triennio duo deputati, duo computorum auditores, unus administrator, aliusque clavarius die natalis domini. Et cum tantum XIX sint, magni momenti est commodum resultans his prælatis; nam frequenter eis officiis funguntur.

Totidem officiales et nobilibus et generosis ad hoc matriculatis sorte pariter extrahuntur die sequenti festi divi Stephani Protomartiris, nempe unus deputatus, unusque computorum auditor ex nobilibus, cæteri vero ex militibus et generosis.

Domanialis sive regalis Brachii electiones fiunt antecedenter, nam officia eadem spectant ipso jure ad juratos civitatum et villarum quibus eo anno debentur.

Per nostrum textum tradita est forma matriculandi nobiles, et generosos, vel milites, ut ad concursum horum officiorum admittantur.

Ex militibus approbatis per examinatores Rex tenetur eligere.

Officia generalitatis debent conferri naturalibus regni.

Ecclesiastici Brachii voces non comprehenduntur sub hac regula, quia admittuntur ratione dignitatis.

Militaris qui obtinet aliquod officium per triennium, non potest ut substitutus illud ipsum obtinere quin duo triennia sint dimissa.

De modo exigendi debita generalitatis.

Deputati cognoscunt de omnibus quæstionibus spectantibus ad jura generalitatis, ita ut in his habeant jurisdictionem privative concessam in omnibus pertinentibus vel quomodolibet spectantibus ad hæc jura. Unde non solum cognoscunt de debitore ratione eorum jurium, sed etiam de debitore ipsius debitoris quem trahunt ad suum tribunal.

Fontanella *Decis.* 254, n. 1.° præsupositive loquendo, asserit generale Cataloniæ habere fisci prerrogativam, sed id intelligendum est ex speciali principis concessione, ut tradit Ripoll cap. 51 num. 35, et affirmat quod pro exactione donativorum quæ deputatis competit, uti procuratoribus Cæsaris, habentur jura fiscalia. Sed statim concludit quod nullam habent jurisdictionem nisi quatenus à Principe conceditur.

Distinguitur ærarium à fisco: nam fiscus est proprium patrimonium Principis, ærarium vero populi Romani; et licet (n. 14) dicat hæc conjuncta olim fuisse, sicut hodie in Castella, apud nos cum distincta reperiantur ita ut de patrimonio Principis cognoscant Bajulus, et de ærario regni deputati; inde est quod pecunia generalitatis non sit proprie fiscus, sed verius ærarium populi regni Valentiæ.

Habent deputati specialiter concessum quod in exigendis debitis procedere possint sicut in juribus regalibus et fiscalibus.

CORTES

DÉ LA

CORONA DE CASTILLA.

DE LAS CORTES

EN LA CORONA DE CASTILLA.

———◆◆◆———

Alonso Nuñez de Castro, cronista de S. M., en su obra intitulada solo Madrid es corte, *lib. 1.° cap. VIII, habla del reinado de Felipe IV.*

El reino junto en Córtes se compone de veinte ciudades y la villa de *Madrid*, con la añadida de Palencia, que hasta ahora no ha concurrido en los reinos por ser merced nueva. Los reinos son Búrgos, Leon, Granada, Sevilla, Córdoba, Murcia, Jaen: estos prefieren en los lugares y asientos á Madrid, Cuenca, Zamora, Galicia, Guadalaxara, Valladolid, Salamanca, Avila, Soria, Segovia, Toro, Extremadura, Palencia y Toledo. Para juntarse el reino en Córtes necesita de ser llamado por S. M. por convocatoria, que para ello se hace por el consejo de la Real Cámara en junta de los asistentes de las Córtes, la cual se compone del presidente de dicho consejo y de los ministros de la cámara, con asistencia del de estado y guerra. De cada ciudad vienen dos regidores, excepto de Sevilla y Toledo, de donde viene regidor y jurado: y de las ciudades de Soria, Valladolid y la villa de Madrid, concurre un caballero ciudadano y un regidor. Desde el año

28

de 1632 está introducido, que estos traigan poderes decisivos de sus ciudades. Tiene el reino dos secretarios mayores de merced de S. M. Luego que llegan á la corte las ciudades; aunque falten algunas al dia señalado de la convocatoria, despues de haberse visto los poderes y cartas que traen de sus ciudades en la dicha junta de asistentes de Córtes, se les remite por la secretaría de ella al secretario mas antiguo de las Córtes, á quien el presidente del consejo, despues de haber señalado S. M. dia para el examen de poderes, y juramento que han de hacer con pleito homenage en mano de los secretarios de las Córtes, ellos avisan por los porteros de la cámara que asistan al Reino: cuando está junto, se hallan á la hora y dia que se les señala en casa del presidente: allí juntos se sortean despues de los reinos, que como se tienen lugares señalados entre las demas ciudades en la forma que han de entrar á jurar y examinar los poderes, y esta diligencia se hace siempre que el reino tiene funciones de besar la mano á S. M., por no perjudicarse en ceder la antigüedad unos á otros, dándoles para hacerlo recado de parte del presidente; y hecho esto, se avisa por los secretarios al presidente de que estan aguardando para entrar á jurar en virtud de los poderes presentados; y luego mandan entrar los secretarios, quienes entran con espada y sombrero con los procuradores de Córtes, á los cuales tienen puesto, á la mano derecha del tribunal de la junta, que se compone de los referidos consejeros, y del secretario de Estado

y cámara de Gracia de Castilla, un bufete con
sobremesa y recado de escribir con dos sillas
de respaldo, y junto á la mesa referida se ponen dos sillas de la misma forma, que hacen
frontera á la junta, para que conforme fueren
llamando á las ciudades los secretarios de las
Córtes, vayan entrando y sentándose de dos en
dos, lo que se hace por las antigüedades y suertes que han salido; y para los juramentos y
exámenes referidos, cada uno de los secretarios
tiene los poderes de las ciudades de las dos Cas-
tillas, que se dividen entre los dos; los cuales
despues de haber entrado y sentádose los procuradores de Córtes, hacen relacion los secretarios de los poderes, y habiéndolos dado la junta por bastantes, manda el presidente que ju-
ren, y para hacerlo llegan al bufete en pie y
descubiertos, donde estan los secretarios de las
Córtes, los cuales reciben el juramento, que es
en esta forma.

"Que juran á Dios y á santa María, y á la
santa Cruz, y á las palabras de los cuatro santos Evangelios, y hacen pleito homenage de
que su ciudad no les ha dado instrumento, instruccion, ni otro despacho que restrinja ó limi-
te el poder que tienen presentado, ni órden
pública ni secreta que le contravenga; y que si
durante las Córtes les dieren alguna que se
oponga á la libertad del poder, lo revelarán y
harán notorio al presidente de Castilla que fuere
y asistentes de las Córtes, para que provean lo
que mas sea del servicio de S. M. Asimismo juran
que no traen hecho pleito homenage en contrario de lo que suena y dispone el poder."

Se avisa por el presidente hagan el mismo
llamamiento para la hora y dia que señala
S. M. para la proposicion que tiene que hacer al
reino, lo cual se ejecuta juntándose en casa del
presidente del consejo, donde estan los alcaldes
de casa y corte aguardando para acompañar al
consejo y reino, que solian unos y otros ir á ca-
ballo á palacio, donde principió los alcaldes,
despues los secretarios de las Córtes, y procuradores de ellas con los referidos de la junta;
y en esta forma llegaban á palacio, todos en
sus coches, observando sus antigüedades hasta
llegar á la sala de palacio, señalada para estos actos, que está en esta forma: debajo de
un dosel la silla de S. M., y al rededor de
ella bancos rasos, cubiertos con bancales;
donde se han de sentar y cubrir los procuradores á su tiempo, y en frente de la silla de
S. M., separado de los demas del reino y ciudades, está un banco pequeño raso de dos asientos, tambien cubierto, para Toledo, que ha
entrado acompañado de un gran señor, que de
ordinario es el duque de Alva, el cual convi-
da para este acompañamiento, y con él va por
Toledo á su casa y le lleva á palacio, etran-
do por la ante-cámara hasta el aposento de
S. M.; adonde entra el presidente y los de la
junta y el secretario mas antiguo de las Córtes, quedándose el moderno con los demas procuradores de Córtes; y vienen acompañando á
S. M. hasta la sala referida, donde estan aguardando, puestos por su órden los procuradores de Córtes. En tomando el Rey su asiento,
se ponen á su mano derecha el presidente y

demas de la junta y secretarios de las Córtes, todos en pie y descubiertos, menos el presidénte cuando es grande ó prelado, que en este caso se cubre. Y luego Toledo llega, habiendo hecho las tres reverencias á S. M., á la parte donde está Burgos pidiéndole el lugar, y S. M. manda se guarde la costumbre, y Burgos y Toledo piden á S. M. mande á los secretarios de las Córtes, se les dé certificacion de ello, y S. M. lo manda asi, con que Toledo se vuelve á su lugar.

S. M. dice que las razones que ha tenido para juntar sus reinos las entenderán por lo que se les dirá; y al presidente le manda y al secretario de cámara lea la proposicion que les hace, y para que lo oigan les manda S. M. sentar y cubrir, quedándose todos los demas, como está referido, en pie y descubiertos, excepto los procuradores de Córtes, y los grandes que se hallaren presentes, por haber venido acompañando á S. M. desde su aposento, porque estos estan en pie y cubiertos. Acabada de leer la proposicion, Burgos y Toledo llegan á un tiempo adonde está S. M. á responder; y S. M. dice que hable Burgos, que Toledo hará lo que S. M. mandare; y ambos piden certificacion de lo que S. M. manda, y se les da; y vuelto cada uno á su lugar, responde por el reino el mas antiguo de los procuradores de Burgos con una breve oracion, estando en pie y descubierto el Reino desde que Burgos y Toledo llegan á responder á S. M. El Rey dice tiene bien creido lo que el Reino ha representado, y el amor y fidelidad con que siempre sirve: que el presidente les dirá cuándo se han de juntar, y lo demas que tocare á su real servicio. Con esto se vuelve S. M. á su cámara, acompañado de los mismos, en la forma que salió; y el Reino aguarda á que el presidente y la junta salga, y les va acompañando hasta la puerta del corredor, donde se dividen, no permitiendo el presidente vayan acompañando mas que hasta allí.

Para otro dia señala el presidente á los asistentes de Córtes hora de subir con el secretario de Estado y Gracia de la cámara para dar principio á que se junte el Reino, y para la que señala el presidente se les avisa á los procuradores por los secretarios, dando órden á los porteros para ello; y á la hora señalada se juntan en el real palacio en la sala destinada, que está en esta forma: con bancos rasos al rededor cubiertos, dejando en la testera un hueco que divide á Búrgos de Leon, para una silla (la cual no se pone sino es en los casos de subir el presidente), y delante de ella se pone un bufete con sobremesa carmesí, con recado de escribir, campanilla, un santo Cristo y los santos cuatro Evangelios; y desde la mano derecha de esta silla despues de los asistentes, que se dividen en ambos lados, y secretario de cámara de Gracia, empieza Búrgos, y á la izquierda Leon, siguiéndose en esta forma los reinos por sus antigüedades, y las ciudades conforme hubieren salido las suertes que para esto se echan. Y al lado de Búrgos, al fin del reino, está un bufete capaz para dos cajones, con recado de escribir, donde se sientan los secretarios de las

Córtes, los cuales, no estando en la sala el presidente por no haberle en el Reino junto en Córtes, tienen la campanilla, y enfrente de la silla referida está un banco de dos asientos, cubierto en la misma forma para Toledo. Esta sala se sirve por los porteros del Consejo y Cámara que señale el secretario de Estado de Cámara de Gracia. Avisan los porteros al Reino de la subida del presidente y junta, á quien sale el Reino á recibir hasta la puerta que está en el corredor, y vuelven acompañando al consejo hasta la sala del Reino, y se sientan por su órden. Y en estándolo, el presidente da la bienvenida al Reino, ofreciendo suplicar á S. M. en todas ocasiones que le favorezca en general, y en particular, á que corresponde por el Reino el procurador de Córtes mas antiguo de Búrgos; y llamando á los procuradores, los secretarios de las Córtes, desde su mesa, llegan de dos en dos á tocar el santo Cristo y Evangelios, y en acabando esta ceremonia se les lee por los secretarios de las Córtes este juramento, estando todos en pie y descubiertos, y despues los secretarios de las Córtes uno á otro se toman el mismo juramento, que es del tenor siguiente: "¿Juran vuestras Señorías á Dios y á la Cruz, y á las palabras de los Evangelios, que corporalmente con sus manos derechas han tocado, que tendrán y guardarán secreto en todo lo que se tratare y practicare en estas Córtes, tocante al servicio de Dios y de S. M., bien y pro comun de estos reinos, y que no lo dirán ni revelarán á las ciudades y villas de voto en Córtes, ni á persona alguna de pala-

bra ni por escrito, por sí, ni por interpósita persona directe ni indirecte, hasta ser acabadas y
despachadas las dichas Córtes, salvo sino fuere
con licencia de S. M. y del presidente del Consejo, ó tratador que fuere de las Córtes?" Y responden todos: *Sí juramos.*

En acabando de hacer el juramento dice el
presidente se junten á las horas que el Reino seña-
lare para tratar lo que contiene la proposicion hecha por S. M., y con esto se levanta el presidente, y el Reino le vuelve á acompañar hasta la
puerta dicha, y se vuelve á su sala á tratar de
poner horas de juntarse, que siempre es despues
de salir los consejos, por haber algunos ministros
de ellos, que son procuradores de las Córtes,
Echanse luego suertes para los que han de servir
la comision de millones que asisten al consejo real
de Hacienda, por haber cesado los que la ser-
vian con la nueva junta de los Reinos. De estos salen por suertes cinco, los cuatro propie-
tarios, y el uno para ausencias y enfermedades; y esta suerte se echa cada cuatro meses
mientras el Reino está junto, quedando fijo el
supernumerario para el sorteo siguiente, y los
que han disfrutado esta suerte no vuelven á
entrar en ella hasta que se haya acabado todo el número de procuradores con que se da
fin al acto de este dia. En los demas se juntan
á las horas señaladas para tratar y conferir las
materias de su obligacion. Cualquiera negocio
que sea del servicio de S. M. ha de salir negado ó concedido el dia señalado para votar-
lo, sin que el Reino pueda diferirlo para otro
dia por ninguna manera, sino fuere por ma-

yor servicio de S. M.; ni ninguno de los que se hallan dentro de dicha sala pueden salir de ella sino fuere dando cuenta al presidente del consejo ó al tratador, que de órden de S. M. lo fuere de Córtes, refiriendo el estado en que está la materia que se trata, y si no dispensare en que se difiera para otro dia, no podrá salir de la junta si no es negado ó concedido el servicio. Habiéndose hecho asi se regulan los votos por los secretarios de las Córtes, sin intervencion de otra persona.

El acuerdo que se ha hecho del servicio con una consulta breve señalada de cuatro procuradores de Córtes, y cuatro comisarios que se nombran ó sortean de los que hay dentro, la pone en manos del presidente, el cual la remite á S. M., que aceptado el servicio, vuelve respondida al Reino, y se trata de otorgar la escritura de él ante los secretarios de las Córtes. Para el dia del otorgamiento sube el presidente y los de la junta referida, teniendo el asiento y forma que en el dia que se abrieron los libros de las Córtes; y despues de haber dado el presidente gracias al Reino de parte de S. M. del servicio que le ha hecho, y aceptádole en su nombre, responde Búrgos al presidente en nombre del reino, y el presidente toca la campanilla para que entren á ser testigos de la escritura los porteros que asisten al reino, leyéndola los secretarios en voz alta. &c.

Cuando las materias que se tratan en las Córtes son de gracia, se votan secretamente, y es preciso se conformen todos, porque habiendo tres votos contrarios no corre la gracia,

29

ni se puede volver á tratar de ella en cuatro meses. Las de justicia se votan en público; y habiendo la mayor parte de votos, corre la resolucion, determinándose primero si toca á gracia ó justicia lo que se trata. Prestan las Córtes consentimientos para naturalizar extrangeros, asi á eclesiásticos como seglares, con rentas ó sin ellas, para hidalguías, pasos para varas de alguaciles de corte, facultades para nombrar tenientes en los regidoratos, para fundaciones de conventos y monasterios, y para gracias, que sin consentimiento del reino ó de las ciudades, no estando junto, no las dispensa S. M. Los ministros de nominacion del reino, y que tocan á provision suya, son dos contadores mayores, un procurador general, un contador para dar cuentas por el reino en la contaduría mayor, dos cronistas, cuatro abogados, dos médicos, dos cirujanos, y de todos estos la mayor parte tienen hechas mercedes por algunas vidas.

Cuando S. M. es servido disolver las Córtes, el reino hace sus instrucciones, asi para la diputacion que deja que lo represente, como para la comision de la administracion de *millones* que asiste en el consejo real de Hacienda, que sean ocho; los cuatro para ausencia y enfermedades, y los otros cuatro para ejercer hasta que el reino vuelva á juntarse, y los ministros de ambas con individualidad de lo que á cada uno le toca ejecutar en su ausencia. La diputacion de alcabalas se compone de tres procuradores de Córtes, los cuales han de ser precisamente de ciudades que es-

tén encabezadas para este impuesto conforme
las instrucciones del encabezamiento general, y
no de otra manera, y tambien de dos contadores mayores que, como está referido, sirven
de secretarios en ella. Esta diputacion queda
para las cosas tocantes á alcabalas, cumplimiento de los acuerdos y condiciones de millones,
y las demas con que el reino concede los servicios y ejecucion de lo que el reino por sus instrucciones les deja ordenado. Júntanse á hacer
diputacion dos dias en la semana, despues de haber salido el consejo de Castilla, en una de sus salas, poniéndoles abajo de los estrados del consejo su bufete, bancos rasos, recado de escribir y campanilla, como en los demas tribunales. En concluyendo los negocios para que S. M.
juntó Córtes, se sirve de avisar por el presidente del consejo real el dia de la disolucion
de ellas. Llegado éste se cierran los libros de
las Córtes, y concurren en su ausencia las dos
salas de diputacion y comision de millones.

Nota 1.ª

Las Córtes antiguas de Castilla se componian de tres clases ú órdenes, que juntas, representaban la Nacion, es á saber, de los prelados (obispos), de los ricos-hombres (grandes),
y de los diputados de muchas ciudades y villas, cuyo número varió en algunas épocas.
Con la entrada de Cárlos V dejaron de ser
convocados los prelados en las segundas Córtes
de Toledo de 1538, no fueron llamados los ricos-hombres, quedando con el voto solo algu-

nas ciudades de las que antes tenian este privilegio.

Desde aquella época quedaron cortados dos Brazos de los tres que componian la Nacion en Córtes; y desde entonces la autoridad de los Reyes halló menos obstáculos para subir á un poder absoluto. De consiguiente el número de representaciones se disminuyó con la exclusion de aquellas dos clases, añadiéndose para esto la reduccion del voto solo á 18 ciudades y ninguna villa, cuyos ayuntamientos compuestos de regidores, no populares, eran nombrados por el Rey vitalicios ó perpetuos. Por estas causas la Corte tenia grande influjo para las elecciones de procuradores á las Córtes: y para conseguirlo con mas seguridad el conde-duque de Olivares, favorito y privado de Felipe IV, se hizo conceder á su persona una plaza de regidor en cada una de las ciudades de voto.

Aun asi conservaba la Nacion algun resto de libertad constitucional, puesto que se buscaba su consentimiento para los impuestos y gavelas sobre el pueblo; y se oian sus quejas, súplicas y representaciones en cuerpo legalmente congregado.

Este cuerpo nacional, aun en su debil estado de vigor, hacía sombra á la Corte de Versalles cuando vino á reinar en España Felipe V., ó se temia que con el tiempo volviese á recobrar la antigua fuerza, á lo cual la excitaba el conflicto de la guerra de sucesion. Por estos recelos bien ó mal fundados entre otras de las instrucciones secretas que envió Luís XIV á su nieto, fue la de abolir las Córtes *per non usum*, habiendo sido las últimas en el año 1711. Desde entonces no se han vuelto á convocar sino para las juras de Príncipe heredero, con poderes limitados para esta sola ceremonia momentánea, siendo práctica, por no decir abuso, el recibir cada uno de los diputados al restituírse á sus provincias alguna condecoracion, gracia, ó título, ú empleo concedido por el Rey.

Tambien aconsejó Luis XIV á su nieto, que no juntase mas el consejo de Estado en su forma antigua, reduciéndolo solamente á un mero nombre sin ejercicio alguno.

Nota 2ª

Los nombres que se usan mas arriba de *Reino* y de *Reinos* se toman, no como suenan en la acepeion comun, sino como *Córtes* ya formadas, ó como provincias que se convocan para ellas.

Los nombres de *alcabalas* y de *millones* son dos impuestos generales con que se cargó la Nacion para subvenir á las necesidades de la corona. El 1.º fue concedido en 1339 á don Alonso XI para la guerra contra los moros; y el 2.º á Felipe II en 1580 para los ejércitos en Flandes y Lombardía. Las alcabalas que cargan sobre las ventas y compras de toda especie de bienes-muebles, ó inmuebles, de temporal se hizo despues perpetua; y los *millones* que fueron en su origen seis millones de ducados anuales por seis años, se

fiéron prorogando, y se prorogan cada seis
años con el título de concesion de Córtes, y
las gracias y derechos que el Rey otorga para la diputacion para exigirlos y administrar-
los, se llaman *condiciones de millones.*

Reparos sobre las antiguas Córtes de Castilla.

1. El hecho de pender absolutamente de
la voluntad del Monarca la convocatoria de
las Córtes, de no tener lugar fijo, ni época
señalada para la reunion, las deja á la merced del Rey, que puede diferirlas ú omitir-
las segun su capricho. Y la práctica abusiva
de sancionar leyes por sí con la expresion de
tener igual fuerza que si hubieran sido hechas
en Córtes, ha abierto una puerta franca á la
arbitrariedad.

2. Qué diremos del número de los vocales
ya mayor ya menor *segun le venia en mientes al Rey?* ¿Y diez ó doce capitulares bastaban para representar siete ú ocho millones de
individuos? ¿Y estos diputados elegidos de
entre los regidores de las ciudades y villas sin
noticia ni conocimiento de los que han de ser
representados, acaso componen una verdadera representacion nacional? En el año de 1600,
Salamanca votaba á nombre suyo y de Pla-
sentia, Coria, Cáceres, Badajoz, Ciudad-Rodrigo, Trujillo y Mérida, que componian 500
villas y 14_0 aldeas, segun Gil Gonzalez Dá-
vila.

La diversidad en el número de las ciudades y villas era tan enorme en las Córtes ce-

lebradas en el siglo 14, que en las de Madrid de 1391 asistieron diputados de 45 ciudades; á saber, Burgos, Toledo, Leon, Sevilla, Córdoba, Murcia, Jaen, Zamora, Salamanca, Avila, Segovia, Soria, Valladolid, Plasencia, Baza, Ubeda, Toro, Calahorra, Oviedo, Xerez, Astorga, Ciudad-Rodrigo, Badajoz, Coria, Coruña, Medina del Campo, Dueñas, Carmona, Ecija, Vitoria, Logroño, Trujillo, Cáceres, Huete, Alcaraz, Cadiz, Arjona, Castro-Xeriz, Madrid, Bejar, Villaroel, Sahagun, Cuellar, Tarifa, y Fuente-Rubia.

A las de Valladolid de 1447 solo fueron llamadas ciertas ciudades; mas á las generales de Toledo de 1480 asistieron Burgos, Leon, Avila, Segovia, Zamora, Toro, Salamanca, Murcia, Toledo, Cuenca, Sevilla, Córdoba, Madrid y Guadalajara, que eran las ciudades que acostumbraban asistir siempre. Pero en el año de 1538 asistieron solamente diez y ocho entre ciudades y villas; y en este estado han seguido hasta el dia.

3. Otro inconveniente se advierte en la libertad que tuvieron los Reyes para levantar actos solemnisimos; sin contar con las ciudades; en disminuir el número de Brazos; en hacer pendientes de su arbitrio los grandes, nobles, y empleados que debian acudir; en mezclarse en la eleccion de los procuradores, y en decidir los pleitos que se solian suscitar sobre los nombramientos de estos. Por este camino, los Reyes disponian de las Córtes; y sin mas que promover disputas en las

ciudades , quedaban árbitros para acomodarlas á sus proyectos.

El atropellamiento cometido con la persona' de Zumel , diputado de Burgos en las Córtes de Valladolid de 1528 , que estaban llenas de extrangeros , y la altanería de Mr. de Xebres , y las intrigas de los ministros para sobornarlos , acabaron con los respetos debidos á una clase tan sagrada.

4. La ley del secreto que se impuso á los procuradores de las Córtes , juramentándolos para que no revelasen lo que en ellas ocurriese , fue un artificio maquiavélico , inventado por la política alemana que atacaba los principios de la Constitucion , y la naturaleza misma del encargo que aquellos desempeñaban. ¿Qué cosa mas injusta ni que pueda producir mas graves inconvenientes , que el sellarles la boca para que el comitente jamás pueda entender si se ha cumplido ó no su intencion? Y si á esto se agregan las dádivas y mercedes dispensadas á los procuradores y recibidas por ellos con desprecio de la ley, veremos el plan que trazó con destreza la arbitrariedad para abrogarse un mando que la Constitucion resiste.

5. La falta de poder y autoridad de las Córtes , y la debilidad de sus votos y sanciones , se deducen con evidencia de pedir por gracia lo que debieron mandar y exigir como justicia. El modo con que los Reyes despachaban sus instancias, cual pudieran hacerlo con un simple particular , negándolas , concediéndolas , ó dejándolas sin respuesta segun les

parecia, ó se lo dictaba su pasion, ó el influjo de los cortesanos, fue otra de las brechas contra la Constitucion.

Sin facultad legislativa, sin fuerza para exigir lo que convenia al bien comun de la tierra, las Córtes se reducian á un cuerpo respetable de deseos que proponian lo que sus conocimientos y patriotismo les sugeria en bien del país; pero sin que sus votos formasen resolucion, la cual siempre quedaba al arbitrio del Monarca que las presidia. Y aunque en la imposicion de tributos y arbitrios extraordinarios, parece que las Córtes ejercian las mas altas facultades con su influjo, siempre se neutralizaba contra la voluntad de los Reyes, pues cuantas peticiones justas é interesantes al estado con toda la energía y viveza que pedian, quedaron sin ejecucion despues de resueltas. La exclusion de los extrangeros de las prebendas eclesiásticas, muchas veces solicitada y muchas acordada, nunca tuvo observancia, y á este tenor otras muchas peticiones de gran necesidad y trascendencia.

6. El establecimiento ó declaracion de las leyes generales, aunque se hiciese algunas veces en Córtes, mas era para darles publicidad que porque pendiesen del voto de ellas, siendo el soberano el único que las extendia y sancionaba, como se echa de ver en las Córtes de Valladolid de 1455, *nos fecimos algunas leyes,* dice don Juan II, *é parando mientes en como sean habidas por leyes é sean tenidos de las guardar en todos nuestros reinos, asi en la nuestra corte como en cada una de nuestras ciudades é villas é logares: mandamos ordenar, é ordenamos estas*

30

leyes que siguen. Es bien digno de notar que se publiquen sin previo acuerdo ni dictamen de las Córtes.

7. Pues que los procuradores de Córtes representaban las ciudades cuyo nombre llevaban, es indudable que su nombramiento debia ser libre en ellas. A pesar de esto, los Reyes se entrometieron tanto en su eleccion, como que en las Córtes de Búrgos y de Palencia de 1430 y 1431 se pidió al Rey don Juan II, y éste lo concedió, que no mandase nombrar otros procuradores salvo los que las ciudades ó villas entendiesen que cumplen á su servicio ó bien público de las dichas ciudades.

Este acuerdo tan justo no tuvo efecto, pues en las Córtes de Valladolid de 1442 se volvió á reclamar el cumplimiento con energía en la peticion que empieza asi: "por cuanto la experiencia ha mostrado los grandes daños é inconvenientes que vienen á las ciudades é villas que V. S. envia llamar procuradores sobre la eleccion de ellos, lo cual viene de que V. S. se entremete á rogar é mandar que envien personas señaladas, é asimismo la señora Reina vuestra muger, é el Príncipe vuestro fijo, é otros sennores, suplicamos á V. S. no se quiera entremeter á los tales ruegos é mandamientos é mandar &c." Respondió el Rey *que decian bien y que asi se mandase.*

Pero en las Córtes de Córdoba de 1455 se repitió la misma queja y la misma resolucion, ofreciendo el Rey no entrometerse en la eleccion de diputados, salvo en algun caso especial que él entendiese ser cumplidero á su servicio : con cuya excepcion se dejaba la puerta abierta para el abuso, como se ve en el llamamiento á Córtes de 1457, que en la convocacion á Sevilla le pide el mismo Rey para procuradores á Gonzalo Saavedra y Alvaro Gonzalez, que por ser de su confianza queria que lo fuesen.

Noticia de las Córtes de Madrid de 1789.

Las Córtes que se celebraron en el año de 1789 fueron convocadas para jurar por Príncipe de Asturias á nuestro amado Monarca el señor don Fernando VII, y para tratar, convenir y acordar otros puntos que en ellas se propondrian.

A su consecuencia se expidió por la cámara la cédula correspondiente, para el nombramiento de diputados, á las ciudades y villas que tienen voto en Córtes, y son:

Por los reinos de Castilla y Leon.=Búrgos, Leon, Valladolid, Salamanca, Madrid, Cuenca, Soria, Sevilla, Segovia, Avila, Palencia, Toro, Zamora, Guadalaxara, Granada, Jaen, Córdoba, Murcia, Galicia, Extremadura y Toledo.

Por Aragon.=Zaragoza, Calatayud, Teruel, Borja, Fraga, Jaca y Tarazona.

Por Valencia.=Valencia y Peñíscola.

Por Cataluña.=Barcelona, Cervera, Gerona, Tarragona, Tortosa y Lérida.

Por Mallorca.=Palma.

Los diputados de Galicia se nombran por las siete ciudades, capitales de aquel reino, en
:

junta que para ello celebran en la Coruña.

Y por Extremadura concurren diputados de dos de sus seis capitales, á saber: Badajoz, Truxillo, Mérida, Llerena, Alcántara y Cáceres, las cuales alternan por sexenios, y en las referidas Córtes del año de 1789 se declaró que debian componer dos votos.

Presentados en la corte los diputados nombrados, se procede al reconocimiento de poderes, cuyo acto se ejecuta en la posada del señor gobernador del Consejo á presencia de los señores ministros de la cámara y secretario de ella por lo tocante á Gracia y Justicia y Estado de Castilla; y al mismo tiempo juran los diputados de no tener órdenes, ni instrucciones contrarias á que coarten las facultades que se les confieren por los poderes.

Igualmente se sortea en el mismo dia el lugar que deben ocupar los diputados de las ciudades que no le tienen señalado por no ser cabezas de reino; pues las que lo son, se prefieren por el órden de la nominacion en los dictados del Rey, á saber, en el banco derecho ocupa el primer lugar por Castilla Búrgos, en el izquierdo Leon, y siguen alternativamente por Aragon Zaragoza, despues Granada, Valencia, Mallorca, Sevilla, Córdoba, Murcia y Jaen: Toledo por sus diputados con Búrgos sobre la presidencia de Castilla, ocupa un lugar separado enmedio de las dos filas, frente de la cámara, é interrumpe y protesta todos los actos de preferencia: Galicia entra en suerte con las demas ciudades que no son cabeza de reino, y siguen ocupando los lugares que les tocan en el sorteo.

Este acto, asi como el reconocimiento de poderes y recepcion de juramento, lo practican y autorizan los escribanos mayores del reino, cuyos oficios estan enagenados de la corona, y pertenecen, uno á don Agustin Bravo de Velasco y Aguilera, vecino del Moral de Calatrava, y otro á un conde residente en Italia: en lugar de este se nombró á don Pedro Escolano de Arrieta, escribano de cámara y de gobierno del Consejo, que fue quien ordenó y trabajó cuanto ocurrió entonces.

Habiendo sido convocadas aquellas Córtes, principalmente para la jura del Príncipe de Asturias, se eligieron cuatro prelados, que á nombre de los demas del Reino prestasen el juramento: tambien se nombraron grandes títulos, gentiles-hombres, y mayordomos de semana que lo ejecutasen por sus respectivas clases; pero como todos estos no intervinieron mas que en concurrir al acto del juramento en el monasterio de san Gerónimo, no se conserva memoria de los que fueron, y únicamente se tiene noticia de que entre los prelados concurrieron los obispos de Jaen, Astorga y Segovia.

Despues del dia del juramento del Príncipe se dió principio á las conferencias de las Córtes. La apertura de estas se hizo á presencia del Rey, pasando al real palacio desde la posada del señor gobernador del Consejo los diputados de las Córtes, y el tribunal de la cámara de gala y ceremonia. S. M. habló á las Córtes diciendo lo satisfecho que se hallaba de sus buenos servicios, y que el gobernador del Consejo las manifestaria su voluntad; á que contestaron los diputados de Búrgos asegurando á S. M. de la lealtad, fidelidad y obediencia del reino.

El salon de los Reinos del palacio del Buen-Retiro fue el señalado para las conferencias, y á él concurrian indistintamente, y con separacion los diputados, hasta que llegando formado en sus coches y carroza el tribunal de la Cámara, se formaban en filas á la puerta del salon para recibirle, y ocupaban todos los lugares que les correspondian.

El señor gobernador del Consejo, como presidente, hizo el primer dia á nombre del Rey la propuesta de los asuntos que debian tratarse y conferenciarse, y fueron sobre la derogacion de la ley sálica, reforma de la ordenanza de montes, señalamiento de cuota para la reunion de mayorazgos, y prohibicion de nuevas vinculaciones.

Todos estos puntos se discutieron y acordaron en diferentes dias á presencia del tribunal de la Cámara; y concluidas las sesiones se retiraba este, y quedaban las Córtes reunidas para tratar de varios puntos peculiares á sus preeminencias sobre el nombramiento de la diputacion de millones, sus empleados y otras regalías.

Las consultas ó peticiones que se hicieron sobre los puntos tratados, se dirigieron á S. M. por medio del señor gobernador del Consejo, y todas bajaron resueltas por el ministerio de Estado, diciendo que S. M. quedaba en tomar providencia conforme á los deseos del Reino.

Aunque entonces se buscaron ejemplares de

lo practicado en las anteriores Córtes, solo se
halló un libro de las celebradas en el año
de 1712 que sirvió de norma para éstas, sin
mas diferencia que la de que en aquellas no
asistió la Cámara á las conferencias del Reino,
pues hecha la proposicion por el señor gobernador, se retiró el tribunal dejando á las Córtes en libertad para conferir y proponer lo que
tuviese por conveniente.

Disueltas las Córtes del mismo modo, y con
el propio ceremonial que se hizo la apertura,
quedó en Madrid una junta presidida por el
señor conde de Altamira, y compuesta de seis
ú ocho diputados para formar, como efectivamente formaron, una instruccion para el gobierno de la diputacion de millones en Madrid,
y que esta fuese mas útil al Reino que lo es
en la actualidad; pero no se verificó su aprobacion.

Todos los papeles, libros, consultas originales, y cuanto se actuó en las Córtes, se remitió á la secretaría de Estado en el año de 1794
que murió don Pedro Escolano, en cuyo poder existian, y todo se halla cerrado y sella-
do en el archivo de dicha primera secretaría
con un rótulo que dice *Reservado á solo S. M.*,
y únicamente se sacó una copia de lo relativo al juramento del Príncipe para colocarla en
la secretaría de la Cámara.

La reunion de Córtes produce muchos gastos, porque cada camarista, el secretario de la
Cámara y los escribanos mayores de Córtes
gozan propinas de dos mil ducados; tambien
tienen sus adealas los oficiales, porteros y otros

dependientes, y ademas se dan varias ayudas
de costa y gratificaciones que son de tabla y
precisas. En el año de 1789 se consideraron
necesarios ochocientos mil reales que se exi-
gieron por repartimiento entre los propios de
los pueblos; se llevó la debida cuenta y razon
de su inversion; y fue aprobada por el Consejo, á cuya disposicion quedó un pequeño resto en poder del tesorero que se nombró.

---

*Apuntamiento sobre las Córtes celebradas en
Toledo año de 1538, sacado de la relacion que
escribió don Alonso Suarez de Mendoza, tercer
conde de la Coruña, que asistió á ellas, para advertir á su hijo mayor don Lorenzo Suarez
de Mendoza.*

En el prólogo dirigido á su hijo, dice el
conde que escribia de noche lo que pasaba en
las Córtes de dia, y que lo hace para que cuando se viese en semejantes cosas, pudiese obrar
lo que debia á cristiano y caballero.

El llamamiento fue general á prelados, grandes, caballeros y procuradores de ciudad. Cada Brazo de los dichos conferenció distinta-
mente sobre lo propuesto por S. M., qué asi
fue hecha la proposicion á cada Brazo sin
dar lugar á la union de ninguno de ellos
con el otro. Y por esto no se halla en esta
copilacion razon alguna del Brazo de procuradores, ni menos de prelados ni grandes, sino es la respuesta que dieron los prelados, que
para atraer á los señores á lo mismo se les
envió de parte de S. M.

El jueves 1.º de noviembre de 1538, mandó S. M. que se juntasen todos los llamados
en una sala de palacio, y les dijo haberlos
llamado para lo que luego oirian : y en seguida mandó á Juan Bazquez que leyese su
papel, en el cual expuso los grandes gastos
hechos por S. M. para mantener la paz en
sus reinos, por cuya causa estaba deteriora-
do el Real Patrimonio; que sus rentas no bastaban para la costa ordinaria de S. M. y mucho menos para pagar los intereses de las cre-
cidas sumas que S. M. había recibido á prés-
tamo de varias personas ; y que en atencion
á todo esto mandaba estuviesen presentes á
concurrir y ayudar en el remedio de lo propuesto con los procuradores del reino para remediar las necesidades presentes y venideras.

Acabado de leer este papel, se levanta-
ron algunos señores y dijeron, *besamos las manos á V. M.* Y el Rey encargó la brevedad
de la resolución, y que ninguno dijese palabras que alterasen al buen efecto. Al dia siguiente 2 de octubre, mandó S. M. á don
Luis de la Cerda, maestre solo de la Emperatriz, que hiciese jurar á todos los llamados en el capítulo de san Juan de los Reyes, que estaba asignado y bien aderezado para ello; y le dieron cuatro porteros para que
llamasen cuando hubieran de juntarse, y lo
hizo para el dia siguiente.

Juntáronse los señores cuyos nombres y títulos pone; y despues de haber deliberado sobre si convendria que se tratase el negocio
propuesto por todos, ó se remitiese á menor

número, como se habia practicado en el llamamiento general que los años pasados habia hecho S. M. en Valladolid; pasóse á votar, y se decidió que saliesen los mas votos en todas las cosas que se propusiesen, fuesen autos interlocutorios, y en solo el difinitivo *nemine discrepante.* Y en cuanto á tratar los negocios por menor número, se votó por la mayor parte, que fuesen doce, y que estos fuesen nombrados por memorial que cada uno de los congregantes trajese segun el juramento que se le habia de tomar. Y habiéndose discutido acerca del juramento, se decidió por votacion que se hiciese. Hiciéronle en manos del guardian de san Juan de los Reyes, segun la fórmula que copia, reducida á guardar secreto, á tratar el negocio como mejor conviniese al servicio de Dios y de S. M., y bien del reino, y que la nominacion de las doce personas seria segun les pareciese en Dios y en buena conciencia que convenia para buen efecto de ello.

Hicieron el juramento por el orden en que estaban sentados, pues no hubo presidencia alguna; y se trató que don Luis de la Cerda no estuviese presente, porque no tenia vasallos en Castilla, ni era hijo mayor de hombre que los tuviese. Al dia siguiente, el comendador mayor de Leon, dijo de parte de S. M., "que se tendria por servido de que entrase en las Córtes don Luis de la Cerda," y obedecióse por todos, no obstante de que nunca mas fue admitido, ni entró en las Córtes. Tambien encargó de parte de S. M.

la brevedad del negocio. En saliendo el comendador entró un secretario de Córtes llamado Gaspar Ramírez de Vorgas, al cual mandaron retirar, y luego se determinó que uno escribiese, y otro leyese para que no se descubriese el secreto de lo que allí pasaba.

Volvióse á votar sobre el número de personas para tratar el asunto, y volvióse á decidir que fuesen doce.

Llevó cada uno su cédula de la persona por quien votaba, y para que no se supiese se echaron en un cántaro las cédulas. Las 12 personas elegidas prestaron juramento en la forma que trae á la larga la relacion.

Juntáronse las personas nombradas quince dias consecutivos, durante los cuales no se juntó la congregacion, y al cabo de ellos la hicieron llamar, y estando junta la hicieron saber que á todos conformes les habia parecido ser necesario suplicar á S. M. les diese licencia para comunicar con los procuradores del Reino, y á estos para que lo hiciesen con los caballeros, sobre el estado de las cosas para mejor entender lo que conviene al servicio de S. M.: para lo cual comisionaron á cinco personas.

Habiéndose tratado sobre el número de votos que harian efecto en lo que se votase, propusieron algunos que no fuese válido de tres partes las dos; otros que hiciese efecto la mayor parte, en lo cual convenian los mas; y mandóse que se votase el duque de Alva, dijo que no se habia de votar; y habiendo ocurrido altercaciones, salióse aquel y le siguieron otros quince; y aunque hubo alguno que dijo que en ausencia de estos no se debia hacer la votacion, hízose por fin y salió acordado que en los autos interlocutorios valiese la pluralidad, y en los definitivos la unanimidad.

Las cinco personas que fueron diputadas á S. M. trajeron la respuesta, que no estaban las cosas en estado para poder comunicar, porque los medios que se habian tratado no bastaban para cumplir las necesidades de S. M.; que para otros no eran necesarias Córtes, y que por esto no era necesario tratar con los procuradores; y que el mejor medio era por via de sisa. Causó esta respuesta gran tristeza á todos.

Remitióse á la junta de doce que tratasen sobre la respuesta dada por S. M., y se remitió nueva embajada, sobre cuyo nombramiento hubo debates.

Húbolos igualmente sobre otros puntos, y algunas de las doce personas renunciaron su comision; otros se salian de la junta, y para poner término se acordó suplicar á S. M. que mandase á las doce personas nombradas que usasen de su comision, y que ninguno pudiese salir de la sala sino con necesidad de su salud. La respuesta de S. M. se redujo á que no habia necesidad de la comision dada á las doce personas, y que lo que convenia era decidir sobre la sisa, y concluyó diciendo que S. M. queria la conclusion del negocio dentro de tres dias.

Hablaron de nuevo á S. M. solicitando la comunicacion que habian pedido, y les señalaron seis personas; y estando comprehendidos en ellas los procuradores de Búrgos y Toledo, se les mandó que no hablasen como tales, y estos seis debian tratar con los doce nombrados por los señores nobles.

Tratóse largamente sobre si se deben llamar de nuevo mas caballeros, no siendo mas que setenta los congregados, y dijeron algunos que por lo que ellos hiciesen pasarían los demas, y que asi habia sucedido antiguamente.

El Rey envió un mensage diciendo: que gustaria que las notaciones se hiciesen en público: sobre lo cual hubo varios debates, y por último se resolvió enviar un mensage á S. M. para que tuviese á bien que las votaciones se hiciesen en secreto como ya estaba acordado. Pero el Rey insistió en que se daria por servido de que las votaciones se hiciesen en público para que cada uno pudiese fundar un voto, y añadió que no recibiria enojo de lo que cada uno votase; pues en las congregaciones puede decirse lo que se quiere sin pena, como se ve en los concilios, que aunque alguno diga heregía mientras se delibera, no le impondrán castigo.

S. M. envió á la junta de caballeros la respuesta dada por los prelados, acerca de la imposicion de la sisa, la cual se leyó.

Convinieron los caballeros con lo que habia pedido S. M. de proceder inmediatamente á la decision del negocio sobre la imposicion de sisa, y se declaró por votos que habia de ser *nemine discrepante*.

El condestable se opuso á la sisa, y fué de dictámen que se pidiese de nuevo licencia á S. M. para tratar con procuradores y prela-

dos. Votaron todos los caballeros, y solo hubo
cinco votos á favor de la sisa.

Una embajada llevó á S. M. la respuesta, y
por medio de otra dirigió un papel encargando
que mirasen otros arbitrios para acudir á las necesidades, y que decidiesen con brevedad.

Nombraron por votacion diez personas para
que acordasen los medios para servir á S. M.,
los cuales prestaron juramento.

Juntáronse las diez personas nombradas, y
el condestable de Castilla les tomó pleito homenage diciendo. ¿Haceis pleito homenage como
caballeros una, dos y tres veces, una, dos y
tres veces, una dos y tres veces, segun fuero de
España de guardar secreto de lo que entre nosotros se tratare hasta ser acabadas las Córtes,
y que miraredes al servicio de Dios y de S. M. y
bien de estos reinos, en lo que platicáredes é
votáredes? Y cada uno respondió, *si hago.*

Empezaron luego á tratar del asunto, y se
insistió en pedir licencia á S. M. para tratar con
los procuradores y prelados, porque estos eran
uno de los Brazos del Reino. Pero últimamente
se resolvió pedir por escrito la comunicacion
con procuradores.

S. M. respondió que aquello no era dar medios, *sino pedir Córtes,* y que se remitia á lo
que habia dicho, que no se podia hacer entónces otra cosa, y por eso que en procuradores
no se hablase.

En otra sesion acordáron las diez personas
llevar por escrito un dictámen, que se redu-
cia á pedir de nuevo la comunicacion con procuradores y prelados. Uno de los diez llevó su

voto particular, exponiendo en él lo que se habia
de pedir á S. M., sobre varios puntos de reglamento de consejos, tribunales, alcaldes y derechos, &c.

El parecer de las personas comisionadas
dió motivo á grandes discusiones y debates, y
por fin se llevó un escrito para presentar al
Rey que empezaba: Los grandes y caballeros que
por mandado de S. M. se han juntado en Córtes dicen; y en oyendo esto levantóse el duque del Infantado y dijo: que no lo decia él
ni los otros señores, y se marchó, y con él
fueron otros muchos. Continuose sin embargo la
lectura del papel, reducido á pedir á S. M.
ciertas cosas, y principalmente que era necesaria la comunicacion con los Brazos para convenir en los medios de servir á S. M. Llevado el
papel, respondió S. M. que no estaban en Córtes, ni menos habia Brazos, y que pedia ayuda y no consejos.

Oída esta respuesta se dijo, que pues S. M.
habia dicho que no eran Córtes ni habia Brazos,
no podian tratar cosa alguna, que ellos sin procuradores, y los procuradores sin ellos no seria
válido lo que hicieren.

Hubo algunos debates particulares sobre si
estaban ya libres del juramento, y sobre otras
proposiciones que se podian hacer á S. M., pero nada se resolvió.

El 2 de febrero se juntaron de orden de
S. M.; y el cardenal, con otros dos señores,
se presentaron con un mensaje de S. M. diciendo:
que habiéndolos mandado jantar para comuni-
carles sus necesidades, y que viendo lo que se

habia hecho, le parecia que no habia para qué
detenerse, sino que cada uno se fuese á su casa; y asi se salieron todos, y quedó por concluido el llamamiento.

JUAN GINES DE SEPULVEDA.

In vita Caroli V. Tom. III, pag. 14.

En el año de 1538 á 28 de noviembre,
de orden del emperador Carlos V, se juntaron Córtes en Toledo.

Brazo eclesiástico.

Asistieron por el Brazo eclesiástico: el arzobispo de Toledo, el obispo de Siguenza, el
de Burgos, el de Córdoba, todos cuatro car-
denales, y el arzobispo de Granada. = Pone los
nombres de los otros obispos que asistieron; y
dice las causas por qué no asistieron los demas.

Brazo militar.

Trae los nombres con separacion de los
duques, marqueses, condes, y nobles que
fueron convocados.

Ciudades.

De cada una de las ciudades asistieron dos
diputados, y fueron las siguientes: Burgos,
Toledo, Leon, Granada, Sevilla, Córdoba,
Murcia, Jaen, cuyos diputados dice se sien-

tan por el orden con que así se señalan, á
excepcion de Burgos y Toledo, que se dis-
putan la preferencia, cuya disputa se termi-
na, mandando el Rey á Burgos que hable la
primera, que él hablará por Toledo, y esta
ciudad se sienta en lugar separado. Las siguientes se sientan y hablan sin distincion:
Zámora, Salamanca, Toro, Avila, Segovia,
Soria, Cuenca, Valladolid, Guadalaxara, Madrid.

El secretario del Rey, Juan Vazquez, hallándose presente S. M., leyó á los diputados de las ciudades un papel exponiendo las
hazañas militares del emperador para sostener
el buen estado de sus reinos y de la cris-
tiandad, y concluyó pidiendo que tratasen de
proporcionar auxilios para pagar las deudas
del real erario, y para acudir á los gastos
diarios y á los de la guerra. Y para que
esto se hiciese con mayor autoridad y facilidad, habia convocado igualmente á los prelados y nobles. Y concluye diciendo que pro-
curasen con la mayor diligencia los medios
de acudir á dichos gastos, que S. M. con su
acostumbrada voluntad y benignidad accede-
ria gustoso á las peticiones que se hiciesen
relativas al bien público.

Concluida la lectura de este papel habló
el Rey sobre su contenido, y dijo que su-
plicaba por el bien público del reino que determinasen sobre el asunto.

Al dia siguiente hizose la misma diligencia con los obispos, y al inmediato con los
nobles, y se leyó igual papel con corta dife-
32

rencia. El arzobispo de Toledo respondió en
nombre del Brazo eclesiástico.

Los grandes aunque no había costumbre
antigua que estableciese preferencia se la dis-
putaron este dia, y asi luego que concluyó
de hablar el Rey, empezó el condestable que
fue interrumpido por los duques de Alba, Infantado, y Escalona: Y por el conde de Be-
navente. Lo cual, visto por el Rey, mandó
que callasen hasta que se hubiese examinado
el asunto.

Celebráronse las Córtes en el templo de
san Juan de los Reyes, *lotis ad consultandum
in fano formiis quod Regum cognominatur, separatim destinatis.*

De las Córtes del reino de Navarra.

Escarmentados los españoles con los males
que sufrieron en las crueles y sangrientas in-
vasiones que hicieron los bárbaros en su sue-
lo, despues de la desgraciada época de los
Witizas y Rodrigos, y purificadas sus costumbres, resolvieron firmemente restablecer la monarquía española, y perpetuar su felicidad por
medio de una Constitucion dulce, benigna y
generosa, que uniendo los intereses del Rey
y de los vasallos, declarase odio eterno á los
desórdenes del despotismo y á los horrores de
la anarquía.

Navarra, asi por su situacion, como por ser
una parte de los generosos españoles que juraron
defender con su sangre la religion y las leyes
de sus antepasados, formó su Constitucion

tomándola, en gran parte de la antigua de España, y añadiéndola alguna modificacion que pudieran evitar el riesgo de incurrir nuevamente en los desórdenes de un poder arbitrario.

El gobierno de Navarra puede calificarse de monárquico modificado. En el Monarca residen las prerogativas y derechos de la Soberanía para los efectos absolutos de ella: se han precavido con las prudentes modificaciones establecidas en la Constitucion, la cual hace una juiciosa combinacion de los poderes, de su influjo y separacion para fijarse en el centro de la felicidad del pais, y constituir al Soberano sin desaire de su dignidad, en la feliz impotencia de extraviarse de él, y usurpar á la nacion los derechos, que son el baluarte de su libertad.

Las Córtes generales forman el cuerpo político de la nacion, del cual es cabeza y gefe el Monarca, y miembros los tres Brazos ó estados del reino, eclesiástico, militar y de universidades: este establecimiento, tan antiguo como la Constitucion, se compuso en los primeros tiempos de los doce *Seniores* del pais. Por el estado eclesiástico asisten los obispos de Pamplona y de Tudela, el gran prior de Navarra, el prior de la real colegiata de Roncesvalles, y los abades de varios monasterios de benedictinos y bernardos, el abad de premostratenses de Urdax, y el provisor del obispado de Pamplona, siendo natural ó naturalizado en el reino. El militar le forma el condestable de Navarra, el mariscal y otros títulos ó caba-

lleros que tenian el derecho por gracia de los
Soberanos. El de universidades se compone de
los representantes de las ciudades de Pamplona, y otras que tienen asiento en Córtes por
gracia especial.

Cada uno de estos tres Brazos forma un
cuerpo con su presidente y asiento separado.
El eclesiástico presidido por el obispo de Pamplona, ó en su defecto el de Tudela ú otro,
se sienta á la derecha del dosel: el militar presidido por el condestable, ó el mariscal á la
izquierda: el de universidades á quien preside
Pamplona al frente. Los individuos de este deben ser naturales del reino, y tener continua
residencia y habitacion en él: regularmente los
eligen los ayuntamientos. Los poderes deben
ser absolutos (1) y presentados ante la diputacion del reino, con cuya aprobacion no pueden ser revocados. Cada presidente tiene en su
estado el régimen político y económico con independencia de los otros; y cada individuo
puede proponer con licencia de su presidente
el proyecto que le parezca útil, y á su vista
se señala dia y hora para su resolucion. Los
vocales de cada estado votan dentro del suyo,
y la pluralidad decide teniendo los presidentes
voto de calidad, pero todos los del Congreso
quedan reducidos á tres, uno de cada estado.
No hay resolucion sino convienen los tres votos, y la separacion de uno de ellos causa discordia.

<hr>

(1) Leyes 20 y 21, lib. 1 tit. 2 de la Novísima
Recopilacion de Navarra.

Todo proyecto de ley se trata y reflexiona con la mayor seriedad, se forman comisiones consultivas para ilustrar á las Córtes sobre el asunto que se trata, y los síndicos consultores de ellas informan á viva voz, con cuyos antecedentes se hace la votacion; y cuando el presidente del Brazo eclesiástico, que lo es de todo el Congreso, juzga haberse ventilado bastante, empieza el mismo Brazo eclesiástico; sigue el militar, y despues el de universidades. Puede hacerse en público; pero cualquiera de los representantes tiene derecho á pedir votacion secreta, y se accede á su instancia con sola la expresion de pedir urnas. Si alguno de los tres Brazos causa discordia, se vuelve á votar en la segunda sesion sin nuevo exámen, y si en esta no se convienen hay tercera votacion en los mismos términos que la segunda; y discordando tambien queda egecutoriado el proyecto negado, no se vuelve á tratar de él á no ser que la urgente necesidad ó evidente utilidad obligue á convenir los estados en que se examine de nuevo.

Las Córtes pueden tratar de todo lo que tenga relacion con los intereses del reino, pero su atencion debe fijarse primeramente sobre las ofensas hechas á la Constitucion, representándolas al Soberano por un pedimento de ley que se llama contrafuero, hasta que se declaren nulas y de ningun efecto las providencias que las han acusado, haciendo primera, segunda, tercera y mas réplicas, y no tratando de servicio alguno sin dejarlas todas reparadas. Las Córtes, que primero se juntaban to-

dos los años, y despues de dos en dos, últimamente lo hacen de tres en tres, aunque se
ha pedido algunas veces la suspension por cierto número de años para evitar gastos (1). La
convocacion de los estados á Córtes es una de
las mayores regalías de la Soberanía, y se ha
considerado como personalísima del Monarca.
No obstante, Navarra reunida con Castilla ac-
cedió á que fuese aquel derecho delegable en
los vireyes á quienes se habilita para el efecto con reales poderes especiales, amplios y com-
prehensivos de toda la plenitud de potestad de
la Soberanía sin restricciones ni excepcion de
caso alguno, y con cláusula determinada de
poder hacer en su virtud cuanto pudieran ejecutar los Monarcas, hallándose presentes en las
Córtes, y sirven de modelo los que se dieron
en el año de 1552 al virey duque de Albur-
querque (2). Estos poderes vienen firmados de
la real mano, y en real cédula expedida por la
real cámara de Castilla se presentan á la diputacion del reino para su exámen, y hallándose limitados se devuelven al virey insinuando
la informalidad de ellos para que solicite otros
nuevos. Tambien remite el Rey con sus reales poderes cartas firmadas de S. M. para las
ciudades que tienen asiento en Córtes, para los
obispos, abades y títulos, encargándoles la asistencia, pero á los simples caballeros se les con-

(1) Leyes 2, 3, 4 y 5, lib. 1, tit. 2, Novís. Recop. de
Navarra.
(1) Ley 1 y 17, lib. 1, tit. 2, Novís. Recop.

voca por cartas del virey á nombre del Soberano.

El virey está autorizado privativamente para señalar el dia en que han de congregarse das Córtes, lo que se llama *apertura del Solio*, y la ciudad ó pueblo donde han de celebrar sus sesiones: toda limitacion en este punto es una infraccion de la ley.

El mismo abre y cierra las Córtes con un discurso análogo en nombre del Rey, jurando el dia de la disolucion en el propio y en el de S. M. la observancia de los contrafueros y leyes de aquellas Córtes, y toda la Constitucion. Tambien tiene el derecho de nombrar consultores de las Córtes para el despacho de los gravísimos negocios que ocurren, debiendo ser ministros del consejo de Navarra, la mitad navarros y su voto meramente consultivo; regularmente son dos, siguen las Córtes, y á pocos dias de empezarse las sesiones envia el virey uno de ellos al Congreso con una real carta de creencia firmada por S. M., y con el encargo de proponer á viva voz y por escrito los objetos que el Soberano le manda.

En las primeras Córtes que se celebran despues de la exaltacion al trono de cada uno de los Reyes, debe cumplirse precisamente con el deber recíproco del juramento que la Constitucion exige, tanto al Monarca, como de los estados, quienes han accedido á que le hagan los vireyes en virtud de poder especial, con la cláusula formal de que S. M. se sirva renovarle personalmente ante los estados, luego que se lo permitan las gravísimas ocupaciones de la monarquía (1).

Los diputados de Córtes, sus síndicos consultores y secretario gozan del derecho y privilegios de inviolabilidad en sus personas, no pudiendo ser arrojados del Congreso, inhibidos de entrar en él, arrestados ni encarcelados por cosa alguna hasta disolverse (2).

Diputacion de las Córtes.

Los Estados, á la disolucion de las Córtes, dejan elegido un cuerpo compuesto de siete personas con cinco votos para promover la observancia de las leyes y el bien general de la nacion. El estado eclesiástico nombra un diputado con voto, dos el militar, y el de universidades cuatro con solos dos votos, de los cuales tiene uno Pamplona en sus dos diputados que nombra el ayuntamiento, y los dos restantes los elige el Brazo de sus respectivos vocales. Los síndicos consultores son parte de esta diputacion: tienen voto cosultivo aun en los negocios meramente políticos con asiento, entrada, y contínua asistencia á todas las funciones y actos públicos, y privados á que concurre igualmente el secretario. Este cuerpo tiene por las leyes el sagrado encargo de promover su observancia, y vengar los agravios que puedan re-

_____

(1) Varios reyes, y entre ellos el señor don Felipe II, ratificáron el juramento personalmente.

(2) Ley 11, tit. 14, lib. 1º Novís. Recop.

cibir de cualesquiera personas ó cuerpos. Es el asilo á que recurren todos contra los insultos del poder arbitrario, y el que se halla al frente de los negocios públicos, y en continuo celo para que se dirijan conforme á la ley y á la razon, procurando evitar cualquiera extravio de consideracion, á cuyo fin pasan los oficios correspondientes, y hacen al Rey reverentes representaciones. Ademas tiene otras muchas obligaciones señaladas por las leyes, tales son, las de hacer oposicion judicial en el consejo de Navarra á toda real cédula, pragmática sancion, órden &c., que sean contra la Constitucion, y la de pedir el contrafuero de cualquiera ofensa que reciba la misma: la de exigir, é intervenir en el juramento que hacen los vireyes el dia inmediato al de la posesion de sus empleos, y otras muchas que es inútil referir, pues no hay ramo alguno que tenga relacion con la policía universal de los pueblos, fomento de la agricultura, industria y artes, ó con algun punto interesante en que no tome parte activa.

Con el fin de mantener existénte la diputacion en caso de faltar alguno de los diputados en el intervalo de las Córtes, se eligen siempre en las últimas á pluralidad de votos algunos que puedan substituir á los que falten, guardando los nombres de los elegidos en una cajita, de la cual deberán los diputados actuales sacar por suerte cuantos necesiten para completar su número; y aun en el caso de que falten todos los elegidos, los mismos diputados tienen facultad para elegir otros de los llamados á Córtes, ó en su defecto á todo navarro domiciliado en el pais.

REGLAMENTO

PARA

EL CONSEJO REPRESENTATIVO

DE LA CIUDAD

Y REPUBLICA DE GINEBRA.

ADVERTENCIA DEL EDITOR.

El reglamento que insertamos aqui, lo trae Jeremías Bentham al fin de lo que intitula *Táctica de los Congresos legislativos*. Precede á él un prefacio que tambien nos ha parecido conveniente insertar.

Prefacio de Jeremías Bentham.

Despues de haber leido esta teoría, no dejará de verse con interes la manera y el éxito con que se ha puesto en práctica en el Consejo representativo de la república de Ginebra.

Esta ciudad, recobrada su libertad á consecuencia de los sucesos de 1813 y por la proteccion de los soberanos aliados, no volvió á adoptar el régimen democrático que antes tenia, sino que trasladaron el poder soberano á un Congreso de doscientos y cincuenta diputados, los cuales son amovibles succesivamente.

Este consejo representativo sanciona las leyes, estatuye sobre los impuestos, elige los individuos del consejo de Estado, los síndicos, los jueces, los diputados á la dieta, etc.

El consejo de Estado se compone de veinte y ocho individuos, y es inamovible: está encargado de la administracion; tiene la iniciativa de las leyes, y ademas preside, delibera y vota en el Congreso representativo.

Luego que fue instituido el Consejo representativo, su primera atencion fue nombrar una comision para que extendiese un proyecto de reglamento. Sabiendo que yo me habia dedicado largo tiempo á esta materia, me nombraron de esta comision y me encargaron la formacion de este trabajo. Yo tuve por una gran fortuna el poderme aprovechar de la rara circunstancia de un Congreso nuevo que estaba todavia sin ninguna organizacion, para presentarle la que fuese conforme, en lo posible, á los excelentes principios de que habia visto tan buenos efectos en Inglaterra. Mi plan, despues de sufrir largas discusiones, primero en la comision y luego en el Congreso, tuvo algunas modificaciones en varios puntos particulares; pero en las disposiciones principales no tuvo alteracion; de manera que se conserváron todas las reglas relativas á los debates, y todas las precauciones que se dirigen á mantener la libertad del cuerpo deliberante.

Al extender este proyecto, fue preciso consultar nuestra Constitucion, para que nuestro reglamento estuviese en armonía con ella.

No podíamos, por ejemplo, seguir puntualmente los principios que quedan expuestos en el capítulo de la *presidencia*, porque nuestra Constitucion previene que el presidente ha de serlo el síndico, y este magistrado se muda todos los años.

Tampoco podíamos acomodarnos á las reglas que se han dado en el capítulo de la promulgacion de las *mociones* (ó proposiciones) *y de los proyectos de ley*, porque en esta parte nada tenia que hacer nuestro Consejo representativo, puesto que la Constitucion atribuye exclusivamente la *iniciativa de las leyes* al consejo de Estado.

Era menester tomar precauciones particulares para asegurar la libertad de la palabra y de los votos, por cuanto el consejo de Estado se halla siempre presente á nuestras deliberaciones. Esta circunstancia parece, á primera vista, nada favorable á la libertad ó á la armonía, pues parece que pone en contacto dos cuerpos rivales, y que segun la ocasion, podrá dar lugar á una condescendencia pasiva ó á una lucha mas ó menos hostil.

A excepcion de esto, un individuo del parlamento británico que estuviese presente á nuestras sesiones, reconocería las mismas formas á que estaba habituado, como por ejemplo, las proposiciones conocidas de antemano consignadas por escrito, ninguna lectura de discursos, ninguna lista de oradores, tres debates distintos sobre las leyes, la conversion del Congreso en comision general, y las mismas reglas de policia.

Si se atiende á la suma disparidad de estos dos Estados, dirá tal vez alguno que no es facil de entender cómo puede convenir un mismo modo de obrar á dos Congresos tan diferentes, que el uno representa una poblacion de treinta á cuarenta mil almas, y el otro de quince á diez y seis millones.

Esta objecion vaga tiene poquísima fuerza. Las reglas que han de producir la buena discusion estan sacadas de la naturaleza de un Congreso deliberante, y no dependen del número de los gobernados; al modo que no se usa de distintas reglas de aritmética para los números grandes, que para los pequeños.

Lo que ademas se necesita en un Estado grande es un cuerpo legislativo dividido en dos Cámaras; una discusion lenta que dé tiempo para reunir informes, lo que es mas dificil en razon de la extension del imperio; y finalmente mayores medios de publicidad. En un canton suizo, estan á la mano todas las noticias; todos los interesados pueden saber á un mismo tiempo cuál es el proyecto de ley de que se está tratando, y enviar sus reclamaciones, á no ser que el Gobierno usase de secreto, lo cual sería muy contrario á los principios de una Constitucion representativa.

Hay en nuestro reglamento algunas disposiciones que no se entenderian bien, sino expusiese los motivos en que se fundan.

He dicho antes que el consejo de Estado es quien solo tiene la facultad de proponer; que siempre está presente á las deliberaciones; y que el primer síndico, el cual es el gefe del consejo de Estado, es tambien el presidente del consejo representativo. Pero nada he dicho todavia de las atribuciones de este último consejo, ni de los medios que le da su reglamento para mantener su independencia.

Si la Constitucion no hubiese dado la iniciativa exclusivamente al consejo de Estado, hubiera sido preciso que le diese la facultad de negar su sancion, sin lo cual el consejo representativo no hubiera tenido ningun freno legal. ¿Pero era posible semejante veto? ¿No fuera demasiado débil el consejo de Estado para egercerlo? ¿Si hubiese intentado sostenerlo contra una mayoría numerosa, no habria sufrido choques peligrosos? ¿Y no hubiera sido esto realizar la fábula de la olla de barro y la olla de hierro?

El consejo representativo no tiene ni debe tener la iniciativa; pero tampoco está reducido al mero acto de aprobar ó desaprobar, sino, que tiene el derecho de emendar; del cual usa sobre todos los artículos de una ley, y aun de una manera muy conveniente sobre la totalidad de un proyecto de ley. Puede verse esto en el capítulo VIII; *de las comisiones.*

Luego que el consejo de Estado ha propuesto alguna ley, se pide que se nombre una comision para examinarla; y el congreso procede á lo que llaman la *preconsultacion*, en cuyo caso cada individuo puede presentar sus observaciones para que las tenga presentes la comision que ha de nombrarse. Tras esto se procede á nombrar la comision, siendo muy útil la preconsultacion para conocer quienes serán los mas apropósito para aquella. La comision trabaja en particular, y á ella asisten siempre dos individuos del consejo de Estado para cuidar de que se mantenga el derecho de iniciativa del mismo: la comision presenta su trabajo con las enmiendas que han obtenido la pluralidad de votos, y nombra á uno de sus individuos para exponer los motivos.

Este plan así enmendado es el que se pre-

34

senta á la discusion del Congreso, con la ventaja esencial de que no aparece como obra ex-
clusiva del consejo de Estado, y así se le cri-
tica con la mayor libertad sin que esto sea criticar al consejo mismo, de manera que los mismos consejeros de Estado, que acaso por delica-
deza no se hubieran atrevido á censurar una
obra del cuerpo á que pertenecen, dirigen con
libertad sus tiros contra la obra de la comision.
De esta manera todo queda atendido, á saber,
la iniciativa por una parte, y el derecho de
emendar por la otra; y de esta manera dos
consejos que se reunen con prerogativas diferentes y rivales, conservan entre sí cierto espíritu de armonía, que me parece que tiene
todos los caractéres de la duracion.

El artículo 50 del reglamento manda que
cada cláusula de una ley haya de sujetarse
separadamente á los votos. Nos ha parecido
que sin esto no seria el voto enteramente libre; pues aunque es verdad que dejaria la facultad de aprobar ó desaprobar, no daria la de
escoger. En este punto, nuestro consejo representativo es muy superior á nuestro antiguo
consejo general, el cual estaba reducido á admitir ó desechar una ley entera, por complicada que fuese; de suerte que hasta sus actos de
soberanía tenian visos de debilidad y sujecion.

El artículo 52 sobre las *representaciones*,
necesita de explicacion. Cada individuo tiene
el derecho de hacer al Congreso toda especie
de reclamacion sobre infracciones de la ley.
Si el consejo de Estado no da respuesta sa-
tisfactoria, y se renueva la misma represen-

tacion en la sesion (legislatura) siguiente, apoyada con cien votos, entonces en el término
de tres dias ha de presentarse al Consejo representativo, quien debe pronunciar difinitiva-
mente. Véase en esto otra ventaja eminente
que nuestra nueva Constitucion lleva á la antigua. Cuando antes los ciudadanos llevaban
al Consejo menor una representacion con gran
pompa, quejándose de que el gobierno hubiese violado alguna ley, el mismo gobierno,
juez y parte, respondia que no habia violado
la ley. El acusado declaraba su propia inocen-
cia, se reiteraban las representaciones, se aca-
loraban los ánimos sin que hubiese medio de
salir de tal laberinto, á no ser el recurso fatal de la insurreccion, ó de la apelacion á
mediadores extrangeros.

El artículo 54 habla del derecho de hacer
proposiciones. Cada individuo puede presentar
las proposiciones que crea convenientes, en
ciertos dias determinados, y extendiéndolas antes por escrito. Despues expone los motivos,
y cada uno puede defenderla ó contradecirla.
Estas proposiciones son solo individuales, y no
tiene el Congreso que votar sobre ellas; pero
el consejo de Estado está obligado á exami-
narlas y responder á ellas en la legislatura siguiente.

Este derecho de proponer, aunque subor-
dinado y restringido con gran cordura, es
sin embargo muy importante, no solamente porque inspira á muchos el deseo de producir alguna idea ó proyecto saludable, sino tambien
y mas particularmente porque suministra el me-

dio de sujetar á público examen todos los actos del consejo de Estado; puesto que no hay uno que no pueda ser objeto de una proposicion individual, y el modo como se recibe dicha proposicion en el Consejo representativo, es una declaracion de su opinion, la cual, sin tener la formalidad ni el riesgo de un juicio, puede producir el mismo efecto.

El artículo 74 previene que el reglamento haya de reverse en todas sus partes, si asi parecia dentro de un año. Pasado este término, se propuso la revision, mas no hubo lugar á ello, y quedó confirmado el reglamento por otro año mas; porque se ha creido conveniente que pasase por una prueba mas completa antes de hacer en él ninguna mudanza, y es mas que probable que no se hará mudanza esencial. Los mismos que adoptaron con cierta desconfianza ó repugnancia unas formas tan nuevas para nosotros, no querrian volver á nuestro antiguo modo de deliberacion. Posible es que este reglamento tenga algunos antagonistas ocultos que quieran disminuir la libertad del Consejo representativo, y aumentar el poder del consejo de Estado. Por mi parte estoy muy distante de atribuir miras tan mezquinas á este Consejo, quien constantemente se ha mostrado fiel en observarlo y mantenerlo; fuera de que su mucha prudencia y grandes luces le harán ver que los representantes de la Nacion no podrian perder nada de su independencia, sin que perdiesen proporcionalmente su influjo en el espíritu público; y que si llegase el caso de no respetarse las decisiones del Consejo representativo, no le quedaria al Gobierno ningun medio de suplir tal falta. Estos dos poderes se mantienen, conteniéndose reciprocamente en sus límites; y aquel á quien toca particularmente intervenir las operaciones del otro, aunque alguna vez se le presente con el caracter molesto de una oposicion, es el verdadero conservador de su autoridad. Todo lo que se podria decir acerca de esto, me parece que se encierra en el dicho agudo que tuvo un oficial frances á Bonaparte, quien engreido con su poder se alababa de haber reducido el senado y el cuerpo legislativo á no ser mas que unos ejecutores obedientes de su voluntad. *Si, Señor,* respondió el militar, *pero lo que resiste apoya.*

REGLAMENTO

PARA

EL CONSEJO REPRESENTATIVO

DE LA CIUDAD

Y REPUBLICA DE GINEBRA,

DECRETADO DEFINITIVAMENTE EN EL MISMO CONSEJO EL 16 DE NOVIEMBRE DE 1814.

ARTÍCULO PRIMERO.

El juramento prescrito por la Constitucion á los individuos del consejo Representativo estará concebido en estos términos:

"Juramos delante de Dios, usar como fieles depositarios de los poderes constitucionales que nos han confiado nuestros conciudadanos, consultar en todo y antes de todo en el ejercicio de nuestras funciones, sus verdaderos intereses, segun las luces de nuestra conciencia."

"Juramos guardar religiosamente el secreto en todos los casos en que nos sea encargado por deliberacion del Cuerpo Representativo."

"Juramos emplear todas nuestras fuerzas para procurar mas y mas el honor y la prosperidad de la república, para mantener su independencia, del mismo modo que la seguridad y libertad de todos los individuos que la componen."

"Juramos mantener la religion cristiana y las buenas costumbres, dar ejemplo de obediencia á las leyes, y cumplir todas las obligaciones que nos impone nuestra union con el cuerpo Helvetico."

"Que Dios, testigo de estas promesas, nos castigue si contraviniésemos á ellas."

ART. 2. Este juramento se leerá por el presidente, estando de pie todos los individuos del Consejo, con la mano levantada, y pronunciando en voz alta y todos á un tiempo al fin de cada artículo: *Sí juro.*

Oracion para antes de abrirse la sesion.

ART. 3. "Dios omnipotente, protector de esta república, imploramos para ella y para nosotros tu benevolencia paternal: bendice nuestras deliberaciones, aparta de ellas las pasiones perjudiciales, haz que nuestros trabajos sirvan para aumentar tu reino, así como el bien de esta patria que nos ha confiado su suerte. Haz, Señor, que su felicidad sea siempre nuestro fin y nuestra recompensa."

Oracion para despues de la sesion.

"Al Rey de los siglos, invisible, inmortal, á Dios solo sabio y Todopoderoso, honra, alabanza y gloria." *Amen.*

CAPÍTULO PRIMERO.

De la presidencia y de la secretaría.

ART. 4. La presidencia será desempeñada por
el primer síndico, y en caso de impedimento
por uno de los otros síndicos, á su eleccion,
ó en su defecto por uno de los consejeros de
Estado nombrado por el presidente; y si no
hubiese nombramiento, por el primer miembro
del consejo de Estado, quien tendrá tambien
el derecho de elegir para que lo remplace otro
individuo del consejo de Estado.

ART. 5. Al abrirse la sesion hará leer el presidente el acta de la sesion precedente, y la fir-
mará despues de haberse aprobado: luego hará
leer *la órden del dia*, ó sea los asuntos señalados para aquel dia, y empezará á trabajar el
Congreso. En él no hará las proposiciones á nombre del consejo de Estado: no deliberará: no
obrará ni hablará sino como órgano del Congreso, y conforme á su voluntad, para mantener el órden y hacer que se guarde la Constitucion y el reglamento.

ART. 6. Si para deliberar quisiese el presidente usar de su derecho como individuo del
Congreso, dejará su silla, y se hará rem-
plazar entretanto con arreglo á la forma pres-
crita en el artículo 4.º

ART. 7. El presidente no votará sino en el
caso en que los votos esten empatados.

ART. 8. El Consejo Representativo tendrá
dos secretarios, que llevarán un registro, en

el cual escribirán las materias segun el órden con que deben presentarse á discusion. Tendrán ademas los registros que se mencionarán en los capítulos siguientes.

El acta de las sesiones contendrá todos los incidentes que merezcan anotarse, el enunciado de las proposiciones, su resultado, el número de los votantes de una y otra parte cuando hayan sido contados.

Estas funciones serán desempeñadas por los secretarios de Estado.

CAPITULO II.

Del modo de proponer.

ART. 9. El Consejo Representativo, con arreglo al edicto constitucional no podrá deliberar sino sobre las proposiciones que le haya presentado el Consejo de Estado.

ART. 10. El edicto constitucional admite tres excepciones á esta regla fundamental; 1.º en los asuntos de policía interior del Congreso: 2.º en las representaciones: 3.º en los casos de enmiendas á las proposiciones del consejo de Estado.

ART. 11. Todos los asuntos que deben ponerse á la deliberacion del Congreso, se inscribirán por el órden de sus fechas, en un registro abierto en la cancillería, tres dias por lo menos antes de la abertura de la sesion.

ART. 12. En caso que el consejo de Estado juzgue conveniente invertir este órden, ó introducir materias nuevas, deberá avisarlo al consejo Representativo tres dias á lo menos antes de la deliberacion.

ART. 13. Toda proposicion del consejo de Estado será redactada por escrito y al pie de la letra, comunicada al consejo Representativo, y copiada tres dias por lo menos de antemano en un registro abierto, titulado: *Registro de las proposiciones del consejo de Estado al consejo Representativo.*

ART. 14. El consejo de Estado podrá dispensarse de esta regla: 1.º en casos de poca importancia: 2.º en casos de urgencia; pero tocará al consejo Representativo el juzgar si se debe conceder tal dispensa.

ART. 15. El consejo Representativo, luego que se le haya comunicado un proyecto de ley, podrá mandar que se imprima.

CAPITULO III.

Del modo de deliberar.

ART. 16. Puesta para deliberarse una proposicion, no se hará ninguna otra hasta que no se haya decidido la primera, excepto en los casos siguientes:

Primero. En caso de presentarse una enmienda.

Segundo. En el de proponerse un plazo.

Tercero. En el de reclamar una ley de órden en el acto de faltarse á ella.

ART. 17. Discutir y votar son dos operaciones distintas; y la última no debe empezarse hasta que esté concluida la primera.

ART. 18. Toda proposicion que haga el consejo de Estado al consejo Representativo estará motivada en un informe hecho por uno de los miembros del consejo de Estado.

ART. 19. El primero que pida la palabra despues del consejero informante, será el primero á quien se le oiga. No habrá lista de opinantes. Entre varios competidores el presidente dará la preferencia, ó en caso de dificultad la dará la suerte.

ART. 20. Si no se presenta nadie para hablar, el presidente deberá proceder á poner la cuestion y á hacerla votar.

ART. 21. Llegado el caso de que nadie pida la palabra, el consejero de Estado que haya abierto la discusion, tendrá el derecho de hablar otra vez para cerrar el debate.

ART. 22. No se podrá decretar ningun proyecto de ley, sino despues de haber sufrido tres debates.

ART. 23. El primer debate será sobre la conveniencia ó no conveniencia del proyecto en general; y será terminado por esta pregunta: ¿quiere el Congreso que el proyecto se someta al segundo debate?

ART. 24. Para el segundo debate se constituirá el Congreso en *comision géneral*. Su objeto particular será el exámen del proyecto, artículo por artículo, y la discusion de las enmiendas. Cada artículo y cada enmienda serán puestos á votacion por separado; pero no habrá nada de difinitivo en este debate, que se terminará por estas dos preguntas: ¿quiere el Congreso que se concluya la *comision general*?

¿quiere el Congreso que se señale dia para el tercer debate?

ART. 25. En el tercer debate se podrán volver á tratar las cuestiones de los dos primeros. Se abrirá la discusion sobre cada artículo por separado. Se votará en seguida cada artículo y cada enmienda. El debate se concluirá con esta pregunta: ¿adopta el Congreso la ley en su totalidad?

ART. 26. En el primer y tercer debate se permitirá replicar; pero ninguno tendrá derecho para hablar dos veces. En el segundo debate se concederá la palabra hasta tres veces.

ART. 27. Esta regla no quita á ningun individuo el derecho de volver á tomar la palabra, sea para hacer enmiendas, para presentar un hecho al Congreso, ó para dar una explicacion si se ha padecido alguna equivocacion sobre el sentido de sus palabras.

ART. 28. Los tres debates serán distintos: los dos primeros podrán tenerse en el mismo dia; mas para el tercero se debe señalar otro dia, salvo el caso de urgencia.

ART. 29. La urgencia no podrá ser propuesta sino por el consejo de Estado; y jamas se pondrá á votacion antes de haberse discutido.

ART. 30. Cualquiera que sea el objeto de la deliberacion, con tal que no sea un proyecto de ley, si se pide que sufra los tres debates y es apoyada la peticion, se consultará la voluntad del Congreso.

ART. 31. Nadie dirijirá el discurso sino al presidente ó al Congreso.

ART. 32. No se permitirán leerse discursos.

escritos, á excepcion de los informes oficiales. Esta regla no excluye los apuntes hechos para ayudar la memoria.

ART. 33. Cuando se responda á los opinantes anteriores no se les designará por sus nombres.

ART. 34. Todo opinante hablará de pie, salvo el permiso especial del presidente.

ART. 35. Se reputará por alteracion del órden toda imputacion de mala intencion.

CAPÍTULO IV.

De las enmiendas.

ART. 36. Toda enmienda deberá ponerse por escrito, y se entregará al presidente antes de deliberarse sobre ella.

ART. 37. Desde luego que se haya pasado una proposicion al consejo representativo, cualquiera de sus miembros que quiera proponer alguna enmienda la extenderá antes de la discusion, y la hará inscribir en un registro abierto titulado: *registro de enmiendas.*

ART. 38. Se sujetarán á esta misma regla las enmiendas de las comisiones siempre que sus proyectos no estén impresos.

ART. 39. Esta regla no excluye las enmiendas que pueden presentarse durante el debate.

ART. 40. No se permitirá hacer ninguna enmienda agena de la cuestion ó contraria á alguna cláusula constitucional.

ART. 41. No se deliberará sobre ninguna enmienda que no esté apoyada por cinco personas á lo menos.

ART. 42. Las enmiendas de enmiendas se pondrán á votacion antes que las enmiendas, y estas antes que la proposicion principal.

ART. 43. El presidente propondrá el órden en que deben presentarse las enmiendas; y si hubiese reclamacion, decidirá el Congreso á cuál de ellas debe darse la preferencia.

CAPÍTULO V.

De las proposiciones de suspension.

ART. 44. Cualquiera individuo durante el debate podrá proponer una suspension con tal que lo haga sin interrumpir ningun discurso; y si la proposicion fuese apoyada por cinco personas tomará el lugar de la que estaba en discusion.

ART. 45. La proposicion de suspension puede hacerse hasta en el intervalo entre el último discurso y el acto de ponerse la cuestion á votacion.

La suspension puede ser indefinida ó con término.

CAPÍTULO VI.

De la votacion.

ART. 46. Las votaciones serán de dos maneras, la una sumaria y la otra distinta.

ART. 47. Concluido el debate, el presidente procederá en seguida á recoger los votos sumariamente por sentados y levantados en pro y en contra.

ART. 48. Despues de haberse tomado sumariamente los votos , todo individuo tendrá derecho para pedir la votacion distinta.

ART. 49. La votacion distinta se hará repitiendo la operacion por sentados y levantados, y contando los individuos de una y otra parte.

ART. 50. Si un proyecto se compusiese de muchos artículos, se votarán todos por separado.

ART. 51. Cuando se haya de deliberar sobre una coleccion de leyes, como por ejemplo sobre el *código civil*, el Congreso decidirá en cada título si se ha de votar por título ó por artículos.

CAPÍTULO VII.

De las representaciones y proposiciones.

ART. 52. Todo individuo que en una sesion periódica (ó legislatura) quiera hacer una representacion sobre una infraccion de ley, estará obligado á ponerla por escrito, y dar una copia al presidente antes de presentarla al Congreso.

ART. 53. Esta representacion, en caso que su autor insista en ella, despues de haber oido las observaciones que se hayan hecho en el Congreso, se inscribirá en un registro titulado: *registro de las representaciones individuales que tienen por objeto las infraciones de leyes;* y se entregará por el presidente al consejo de Estado.

ART. 54. Cualquiera individuo que en una

sesion periódica (*ó legislatura*) quiera hacer
una proposicion, deberá ponerla por escrito, y
leerla literalmente al congreso: si fuese apoyada por cinco individuos podrá motivarlas: si
insiste en ella despues de haber oido las observaciones que se hagan en el congreso, se inscribirá en un registro titulado: *registro de las
proposiciones individuales de los individuos del
consejo representativo*; y se entregará por el presidente al consejo de Estado.

CAPITULO VIII.

De las comisiones.

ART. 55. El consejo representativo podrá
nombrar de entre sus mismos individuos comisiones particulares, á quienes encargará el
examen de algun proyecto ó la preparacion
de algun trabajo.

ART. 56. En todo caso, siempre que se
pida y se apoye por cinco individuos que pase
algun asunto á una comision, se pondrá antes á
votacion.

ART. 57. Desde luego que se haya resuelto el nombramiento de una comision, podrá
cada individuo pedir la palabra para indicar
los puntos que desea tenga presentes la comision, y esta *preconsultacion* se hará siempre antes de procederse á nombrar las personas.

ART. 58. Las comisiones se nombrarán de
dos maneras: 1.º por indicacion hecha del número de personas por el presidente, el cual pre-
sentará la lista de ellas á la aprobacion del

36

congreso por sentados y levantados: 2.º por escrutinio y á pluralidad absóluta en el primer
turno, y en el segundo á pluralidad relativa entre la lista de los candidatos, que será triple
en número de los individuos que la han de componer. Se consultará siempre al congreso para
que manifieste su voluntad sobre cuál de las
dos maneras quiere que se prefiera.

ART. 59. En toda comision del consejo representativo habrá dos individuos del consejo
de Estado, elegidos por este mismo consejo, cuyo número no podrá nunca ser mayor, es-
ceptuados los casos especificados en la Constitucion.

ART. 60. La comision nombrará su informante que no podrá ser nunca ninguno de los
dos consejeros de estado.

ART. 61. El informante de una comision
tendrá derecho de hablar de nuevo, cuando ya
no haya ninguno que pida la palabra.

ART. 62. Las comisiones, durante la discusion de su informe, tendrán asiento determinado
al lado del secretario.

ART. 63. Si algun individuo de la comision
pidiese la palabra despues del informante, tendrá sobre cualquiera otro la preferencia.

CAPITULO IX.

De la policía.

ART. 64. Se conservará el órden actual con
arreglo á la edad. Si el presidente reclama
contra algunos que muden de asiento, vol-

verán estos á tomarlo en el banco que les
está señalado.

ART. 65. Se señalará la hora en que deben
empezar las sesiones; y el presidente las le-
vantará, consultando la voluntad del Congreso.

ART. 66. El presidente tendrá siempre la
facultad de suspender la deliberacion hasta dos
veces veinte y cuatro horas.

ART. 67. Para tratarse de un asunto que
se haya señalado, todo miembro podrá reclamar una convocacion general de todo el Congreso. Si esta peticion fuese apoyada por cinco personas, se pondrá á votacion.

ART. 68. Esta convocacion se hará por es-
quelas á cada uno de los individuos, en estos
términos: *N. N. se le cita á V. bajo la fé
del juramento que tiene prestado, para que asis-
ta á la sesion de.....y para que vote en ella.*

ART. 69. Siempre que se vaya á votar, cinco individuos tendrán derecho para hacer suspender la votacion, en caso que el número de
los presentes sea menor de 101.

ART. 70. Si algun individuo del Congreso
hablase, sin habérsele concedido la palabra, ó
turba de cualquiera manera la deliberacion, podrá el presidente llamarlo nominalmente al orden.

ART. 71. Si durante la sesion, alguno de
los individuos hubiese hablado ó hecho alguna cosa que el Congreso juzgue reprehensible,
podrá dar un decreto de censura contra él,
y decidir si ha de insertarse ó no en el acta.
Pero ninguno podrá ser citado ante los tribunales por las opiniones que haya manifes-
tado en el Congreso, dejando salvo sus recur-

sos jurídicos á los individuos que se crean insultados ó calumniados.

ART. 72. Los asuntos señalados se escribirán en una tablilla que estará colgada en la sala de las sesiones.

ART. 73. El Consejo representativo se convocará al toque de campana, dos horas antes de abrirse la sesion.

ART. 74. En la sesion de diciembre de 1815, se consultará al Consejo representativo para saber si aprueba una revision del reglamento.

ART. 75. La presente comision encargada de formar el reglamento continuará hasta el fin de la sesion de diciembre de 1814.

FIN.

Traslado de los registros del Consejo representativo.

Sesion de 16 de noviembre de 1814. = Despues de haberse cerrado los debates sobre los artículos del proyecto de reglamento, se sometió en su totalidad á la votacion definitiva del Consejo representativo, y quedó aprobado. = *Firmado* = Turretini, *consejero y secretario de Estado.*

REGLAMENTO

QUE SE OBSERVA

EN LA CAMARA DE LOS COMUNES

PARA DISCUTIR LAS MATERIAS Y VOTAR.

ADVERTENCIA.

En 1789 publicó el conde de Mirabeau este escrito, que en el dia es dificil encontrar. La advertencia que puso al frente de él es la siguiente:

"En la presente situacion de los negocios nacionales, me ha parecido que podria ser util conocer los reglamentos que observa la cámara de los comunes de Inglaterra para *debatir* las cuestiones políticas y *votar.*"

Un pueblo que por tanto tiempo trata los negocios públicos en Congresos numerosos, deberá sin duda de haberse aproximado á lo mejor que pueda hacerse, á lo menos en cuanto á las formas que son indispensables para que en los debates no haya confusion, ni en el resultado de las opiniones incertidumbre.

"No hay ninguna obra inglesa que haya dado á conocer puntualmente las formas mencionadas. La noticia que aqui va á darse de ellas no es completa, pero todo lo que se dirá es auténtico.

Este trabajo, emprendido únicamente para la Francia, lo debo á un inglés, que aunque todavía joven, se ha grangeado alta reputacion, y está mirado por los que le conocen particularmente, como una de las esperanzas de su pais. Este joven es uno de aquellos filósofos respetables, cuyo civismo no se limita solo á la Gran-Bretaña. Como ciudadanos del mundo desean sinceramente que los franceses sean tan libres y no menos generosos que ellos mismos. "Su número es muy considerable, dice el autor de este escrito en una de sus cartas, y aunque aprecian el honor que resulta á su patria, de que la libertad inglesa haya llegado casi á servir de proverbio, sin embargo nada desean con mas ardor que ver confundirse esta distincion en la libertad general de la Europa."

No será inutil añadir que despues de haber acabado el autor su trabajo, lo comunicó á varios individuos de la legislatura inglesa, quienes habiendo hecho muchas campañas parlamentarias, conocen toda la táctica de ellas; por lo que puede decirse con verdad que este escrito es clásico en su género."

Nota. El manuscrito inglés pasó casualmente por varias manos, y al ir á traducirlo se advirtió que faltaba una hoja, la cual contenia todas las reglas acerca de las tres lecturas de un bill, ó los tres debates.

REGLAMENTO

EN LA CAMARA DE LOS COMUNES

PARA DISCUTIR LAS MATERIAS Y VOTAR.

Del que habla.

Todo diputado que habla en la cámara debe hacerlo en su lugar (1) de pie, y descubierto, y dirigir la palabra al orador (2); ó si la cámara está en comision al que ocupa la silla (3). No se dispensa de esto á nadie sino á los que están indispuestos, en cuyo caso se les permite hablar sentados, como sucedió á

---

(1) En rigor los diputados deben sentarse por el orden alfabético de los condados que representan, á excepcion de los lugares particulares señalados al registrador y á los diputados de la ciudad de Londres; pero en la práctica, los diputados se sientan indiferentemente sin otro orden que el uso que hay de sentarse el ministerio y sus partidarios á la derecha del orador, y los cabezas de la oposicion á la izquierda.

(2) El presidente. El nombre inglés es *Speaker*, ú orador, que es quien habla al Rey de parte de los comunes.

(3) En la cámara alta no se dirigen los discursos al orador sino á toda la cámara.

Mr. Pitt cuando en 1763 pronunció su famoso discurso contra la paz.

Condicion precisa para hablar.

Por los reglamentos de la cámara, ningun diputado debe hablar jamas á menos que no tenga por objeto terminar su discurso con una mocion (1), ó que quiera debatir alguna mocion hecha ya de antemano. Por consiguiente, cuando no hay cuestion que discutir, y se levanta para hablar un diputado, puede imponerle silencio el orador, á no ser que se proponga hacer una mocion.

Caso en que varios se levantan para hablar.

Cuando varios diputados se levantan casi al mismo tiempo para hablar, el que se ha levantado primero es al que toca la palabra (2).

Si se suscita alguna duda sobre este particular, el orador la decide; y si su decision no se admite, la cámara es la que debe juzgar sobre esta diferencia.

---

(4) Una mocion es una proposicion hecha á la cámara por un diputado para obtener su consentimiento: llega á ser cuestion cuando el orador pregunta á la cámara si adopta ó no la mocion. En el lenguage ordinario, la mocion se llama cuestion, y en lo sucesivo le daremos este mismo nombre.

(5) Ninguno tiene derecho para ser oido primero; y ni su edad, ni su empleo, ni el pais que representa, le dan título alguno para ser preferido.

Casos en que el que habla puede ser interrumpido. Modo de restablecer el orden.

Cada diputado tiene derecho de hablar sobre una cuestion todo el tiempo que tiene por conveniente, y nadie debe interrumpirle á menos que no se distraiga con alguna digresion, ó trate de un asunto diferente del que está puesto al examen de la cámara (1); ó se propase á usar de algunas personalidades contra algun diputado, ó que haga entrar el nombre del Rey en su discurso con el fin de influir en los votos. En todos estos casos, es obligacion del orador interrumpir al que habla, y si no la desempeña, todo diputado tiene derecho de gritar, *al orden*, es decir de denunciar la conducta del diputado que se ha separado de la regla, y pedir que el orador haga respetar las leyes de la cámara. Si algunos otros diputados quieren hablar sobre la cuestion del *orden* violado, deben ser oidos todos, y entonces hay que decidir si el que ha sido llamado *al orden*, tendrá permiso para continuar su discurso, ó si se le quitará la palabra, ó tambien si sufrirá una censura (2) por la conducta que haya tenido, antes de que se vuelva á tratar de la cuestion que se estaba discutiendo.

---

(1) Esta regla no se ha observado nunca con rigor.
(2) En general la censura no es otra cosa que una reprension; y puede ser una prision y hasta la expulsion de la cámara, bien que esto no impide que el diputado pueda ser reelegido por sus comitentes.

Señales de desaprobacion para los que hablan mal
y mucho tiempo.

Aunque por las leyes de la cámara todo
diputado puede hablar sobre una cuestion todo el tiempo que le parezca, sin embargo la
práctica es, que cuando un mal orador abu-
sa de la paciencia de la cámara, no se le presta atencion, se hablan unos á otros, muchos
se salen de la cámara, cuyas señales de desaprobacion producen siempre el efecto que se
desea.

Tres casos en que es permitido hablar mas de una
- vez en un mismo debate: 1.º para explicarse.

No es permitido á nadie hablar mas de una
vez sobre la misma cuestion en el mismo debate,
de cuya regla solamente está exceptuado el que
ha hecho la mocion; y aun se hace mas por
urbanidad que por derecho el concederle el replicar al fin de la discusion á los argumentos
que se han hecho á su mocion. No obstante,
debe oirse segunda vez á un diputado siempre
que se trate de presentar un hecho á la cámara, ó cuando los que le han respondido se han
equivocado sobre el sentido de sus palabras: en
este último caso tiene derecho de explicar su
discurso, pero entonces debe ceñirse rigurosa-
mente á una explicacion.

2.º *En las comisiones.*

Esta regla no tiene lugar cuando la cámara está formada en comision. Entonces cada diputado puede hablar cuantas veces quiera sobre la misma cuestion, y en esto consiste la principal ventaja de tratarse un asunto en comision general de toda la cámara.

3.º *Cuando se hacen mudanzas á la mocion.*

Aunque un diputado no puede hablar mas de una vez sobre la misma cuestion en el mismo debate, puede sin embargo hablar muchas veces sobre un mismo asunto, cuando la mocion ha sufrido alguna mudanza, como sucede cuando un bill pasa por los trámites que debe pasar, porque entonces cada trámite es una mocion diferente. Así, cuando se hace una mocion nueva, como por egemplo esta: *La cámara se suspende; la cuestion preliminar &c.,* aunque entonces el objeto del debate sea en general el mismo, la cuestion sin embargo que se somete á la cámara es nueva, y es una circunstancia muy diferente, si la cámara se decide á tomar una decision afirmativa ó negativa, de si procede ó no procede á una resolucion sobre el asunto.

Dos condiciones necesarias para que se discuta una mocion.

Cada diputado tiene derecho para proponer una mocion sobre un asunto cualquiera (1); pero es preciso: 1.º que su mocion esté escrita. 2.º que sea apoyada, es decir, que antes que se proponga á la cámara, otro diputado pida que se proponga (2).

Entonces es cuando la mocion se propone á la cámara por el orador, ó si está formada en comision por el que ocupa la silla. Hecho esto, los diputados tienen plena libertad de hablar sobre el asunto indicado.

Modo de retirar uná mocion.

Cuando se ha propuesto una mocion á la cámara por el orador, el que la ha hecho no es dueño de retirarla sin el permiso de la cámara; bien que rara vez se le niega.

Recurso á la mocion durante el debate.

Mientras dura el debate la mocion permanece sobre la mesa delante del orador. Cada uno de los diputados tiene derecho de consultarla, ó si le parece conveniente puede pedir al orador que se lea. Esto no se hace sin embargo con otro designio que llamar la atencion de la cámara sobre la forma ó los términos de la mocion que dan lugar á las observaciones que el diputado se propone hacer.

---

(1) Cuando varios diputados se levantan á un tiempo para hacer una mocion, el primero que se levanta, es el que tiene derecho de hablar primero.

(2) El autor de una mocion importante advierte por lo comun á la cámara, que tal dia hará una mocion.

En qué tiempo se pueden recoger los votos.

No se pueden recoger los votos de los diputados mientras que haya alguno que quiera hablar sobre la cuestion; y aun cuando el orador expone dicha cuestion para recoger los votos, puede interrumpirlo el diputado que desea seguir discutiéndola; pero cuando la mocion está completamente presentada (1) á la cámara, no se permite á nadie hablar sobre la materia, ni proponer una enmienda, suspension, &c.

Casos en que antes de decidir una mocion se puede proponer otra.

Cuando se ha hecho una mocion y se ha apoyado, no se puede hacer otra hasta que no se haya decidido la primera, á no ser que se trate de una mocion relativa á una violacion del órden en el discurso del debate, ó á alguna mocion relativa á la cuestion primitiva, como:

Para que la mocion se divida.

1.º Cuando una mocion es complicada se puede pedir que se divida, y que cada parte se presente separadamente á la camara.

_____

(1) Una mocion no se juzga completamente presentada á la cámara, sino cuando se ha pedido á los que estan en pro, como tambien á los que estan en contra, que la discutan libremente. Véase lo que se dirá despues sobre la manera de presentar una mocion á votacion.

Para proponer una enmienda.

2.º Cuando se ha hecho una mocion en las comisiones se puede proponer otra para enmendarla (1), sea quitándole, sea añadiéndole algunas palabras; y la cuestion de enmienda debe decidirse antes que se presente á la cámara la mocion primitiva.

Caso particular en que la enmienda versa sobre un impuesto.

Hay sin embargo una excepcion á esta regla de empezar por votar la enmienda; y es cuando la diferencia entre la mocion primitiva y la enmienda, versa sobre un impuesto mas ó menos crecido. Porque entonces, por la repugnancia natural que tiene la cámara á agravar las cargas del pueblo, la mocion, cuyo objeto es aliviar el impuesto, debe siempre ser la primera, ora sea una enmienda, ora sea la mocion primitiva.

Enmienda de enmienda.

3.º Propuesta una enmienda, puede hacerse una mocion para enmendar la enmienda, y esta última mocion es la primera que debe ponerse á votacion.

---

(1) Cuando la enmienda propuesta tiene por objeto quitar palabras, el modo de presentar la mocion es que las palabras que se proponen quitar *hacen parte de la mocion*; de manera que los que estan por la enmienda votan contra la mocion.

Ejemplo de un mensaje al Rey.

Asi, habiéndose propuesto un mensaje en contestacion al discurso del Rey, se ha visto presentar una enmienda para quitar algunas palabras del mensaje: á lo cual se siguió la proposicion de enmendar la enmienda, quitando de la mocion de enmienda algunas palabras del tenor de la que queria que se quitasen algunas del mensaje, y las mociones puestas á votacion fueron: que *tales palabras no se incluyesen en la enmienda propuesta*, lo que habiéndose declarado por la negativa, la mocion siguiente fue que *estas palabras se incluyesen en la mocion*; la cual habiéndose declarado por la afirmativa, la mocion primitiva fue puesta á votacion y aprobada.

Ejemplo relativo al tiempo de una mocion.

Otro ejemplo. El miércoles 11 de febrero de 1778 se propuso: "que la cámara se formase en comision general de toda la cámara el lúnes siguiente por la mañana, para considerar ulteriormente el estado de la nacion:" se propuso por enmienda que se quitasen estas palabras: *el lúnes siguiente por la mañana*, y que se sostituyesen estas: *desde mañana en ocho dias el 19 del presente mes de febrero*: despues de lo cual se propuso enmendar la enmienda, quitándole estas palabras: *en ocho dias el 19 del presente mes de febrero*; de manera que si se hubiera aprobado esta última mocion, la co-

mision hubiera tenido que reunirse al dia siguiente, y la enmienda en lugar de retardar-
la hubiera apresurado su reunion.

Cinco medios de eludir una mocion sin sujetarla á votacion

4.º Hay varios medios de eludir una mocion sin que sea reprobada por los votos; tales son: 1.º la mocion preliminar: 2.º la suspension del debate, es decir, dejarlo para un
dia fijo: 3.º reclamando el asunto señalado para aquel dia: 4.º la suspension de la cámara:
5.º una enmienda que destruya totalmente, ó
que cambie la primera proposicion.

Uno de estos cuatro primeros medios se
adopta por lo comun cuando se hace una proposicion, de cuya verdad no se puede dudar,
pero sobre la cual la cámara cree que no debe tomar resolucion, ó sobre la cual no quiere votar, porque los diputados no estan conformes en las consecuencias que se intentarán
sacar de ella (1): ó tambien cuando se hace
una proposicion susceptible de alguna diferencia de opinion, pero sobre la cual piensa la
cámara que no seria ni político ni necesario
dar alguna decision.

_____

(1) Las mociones consisten por lo comun en una proposicion general ó abstracta, de la cual se propone el autor inferir en una resolucion posterior alguna consecuencia aplicable á
la medida de que se trata; pero en este caso antes de proponer su primera mocion, el autor debe exponer todas las consecuencias que intenta inferir de ella.

Términos en que está concebida una mocion preliminar, y su efecto.

1.º Los términos en que se propone la mocion preliminar son estos: *que se trate ahora mismó esta cuestion*; y siendo la intencion del que la propone el que sea desechada, vota siempre contra su propia mocion. Si se desestima, tiene por efecto que no se tome en aquel momento ninguna resolucion sobre la materia; y puede proponerse de nuevo la mocion en la misma legislatura.

En cuanto á la mocion de una cuestion preliminar, no se trata nunca en el debate de otra cosa que del mérito de la cuestion primitiva ; porque si para eludir la cuestion propuesta no hay mas razon que la de ser demasiado tarde para entrar en ella, la mocion natural es la de suspender la cámara, ó si se quiere dar la preferencia á otro objeto mas importante, parece que este es el método mejor para salirse de la mocion presentada á la cámara.

De la suspension de la mocion.

2.º Hacer una mocion para suspender el debate, dejándola hasta el dia siguiente. Este método se practica algunas veces para eludir enteramente una mocion proponiendo suspender el debate hasta una época en que se sabe que la cámara no tendrá sesiones; como por ejemplo hasta seis meses, cuando estos deben espirar en medio del verano, tiempo en que el parlamento por lo comun está separado por una próroga.

La mocion primitiva, aunque no se resuelva, se inserta en el diario de la cámara.

Si por alguno de estos dos métodos, á saber, la cuestion preliminar ó la suspension del debate, se evita el tratar de una resolucion, la cuestion primitiva debe insertarse en el diario de la cámara (1), porque en el primer ejemplo, siendo la resolucion acordada por la cámara (de que por consiguiente debe hacerse mencion en los diarios), de que la mocion se pusiese entonces á votacion, esta fórmula no seria inteligible, sino se estableciese cual era esta cuestion primitiva; y en el segundo ejemplo, la resolucion de que se suspenda el debate no se podria entender sin establecer la

_____

(1) El diario de la cámara no es otra cosa que el Acta de cuanto se ha hecho en la cámara, es decir, de los *bills* que se han leido, de las peticiones que se han recibido, de las resoluciones que se han acordado, de las mociones que se han hecho y desestimado. Este diario empezó cerca del reinado de Eduardo VI. En él hace tambien imprimir la cámara todos los dias sus operaciones en lo que se llaman los *votos*; y no se imprime sino al fin de cada sesion; mas como solo se inserta en él la relacion auténtica de lo que se ha hecho en la cámara, no se hace mencion alguna de lo que se ha dicho en los debates, lo cual queda á cargo de los periódicos que lo desempeñan completamente: entre estos hay dos muy estimados, el *Registro parlamentario*, y el otro *Debates parlamentarios*, en que se pueden leer los discursos de los diputados; y aunque su publicacion es contraria al reglamento de la cámara, sin embargo jámas se ha impedido el hacerlo.

cuestion, sobre la cual se ha formado el debate.
No obstante, á veces se proponen cuestiones
que tienen algun inconveniente en publicarlas
en el diario, lo cual se evita ó reclamando los
asuntos señalados, ó proponiendo la suspension
de la cámara.

Recurso á los asuntos señalados.

3.º Cuando se hace una mocion para que se
tome en consideracion el asunto para cuyo debate se habia señalado este dia (1), si esta mocion pasa, la cuestion presentada á la cámara
queda de suyo sin efecto. Mas no siempre se
puede recurrir á este medio que es de invencion
moderna, porque puede suceder que la cues-

_____

(1) Todos los asuntos cuyo exámen debe tratarse en
dias fijos, se anotan en un libro con el dia de la fecha: el
libro queda sobre la mesa para consultarse siempre que lo
quiera algun diputado: todos estos asuntos señalados para un
dia se llama la *órden del dia*, bien que esto no impide que
cada uno de los representantes al abrirse la cámara pueda proponer cualquiera otro asunto á su exámen, y por lo comun se
despachan un gran número de negocios antes que se haya leido
el primer asunto señalado. Sin embargo, todo diputado tiene derecho para reclamarlo, y cuando su reclamacion es atendida
se lee inmendiatamente, estando obligada la cámara á discutir
uno de los negocios inscritos en el libro. No obstante, esta resolucion puede reducirse á que se deje para otro dia la cuestion
señalada, ó tambien á que se suprima enteramente el órden del
dia. Así, siendo por ejemplo el asunto señalado de que se forme la cámara en comision general para examinar el estado
del comercio de Irlanda, se puede hacer una mocion para
evadirse de este órden, ó para que la cámara se forme actualmente en comision general para examinar &c. Sobre esta
mocion puede proponerse la enmienda que se quite la palabra *actualmente*, y que se le sustituyan estas: el *lunes pró-
ximo*, ó cualquiera otro dia mas distante.

tion puesta á la deliberacion de la cámara y que
se quiere eludir, sea uno de los asuntos del dia,
ó porque todas las cuestiones que son del órden del dia pueden haber sido discutidos antes
que se haya promovido la mocion primitiva. En
tales casos es imposible conseguir el fin á que
se aspiraba pidiendo el órden del dia.

De la suspension de la cámara.

4.° Proponiendo que se suspenda la cámara.
Si hay *suspension de la cámara*, la mocion propuesta queda de suyo sin efecto, y no se vuelve
á tratar de ella en la próxima reunion de la cámara. Sin embargo, esto no siempre puede tener lugar, como por ejemplo, cuando se ve que
va á proponerse otro asunto importante.

Medio para eludir que se decida una cuestion
cuando la cámara está reunida en comision.

Ninguno de los cuatro medios mencionados
para eludir la decision de una cuestion puede
emplearse cuando la cámara está reunida en comision; pero en tal caso hay uno que equivale á
los dos últimos, y es el de proponer que el presidente deje su silla; porque si pasa esta mocion,
la comision se disuelve. Tambien se puede proponer que el presidente deje su silla, informe
á la cámara de las operaciones, y pida despues
el permiso para volver á ocupar su silla,
lo cual es lo mismo que una suspension de la
comision.

En qué caso una mocion se puede ó no proponer de nuevo en la misma legislatura.

Eludida una cuestion por cualquiera de los medios precedentes, se puede volver á proponerla en la misma legislatura; pero si ha sido desestimada, no puede proponerse de nuevo hasta la legislatura siguiente. A pesar de esto, la regla de que una mocion desestimada por los votos no se vuelva á proponer, no es una ley muy útil, porque se elude con frecuencia y gran facilidad, haciendo cualquiera alteracion por ligera que sea en los términos ó en la forma de la mocion.

Con los medios de que acabamos de hablar se hace menos contra una mocion que haciéndola desestimar por la negativa. Pero se puede esperar mas del que nos queda que exponer.

De la enmienda que destruye la mocion.

5.º Puede suceder que por medio de una enmienda se proponga precisamente lo contrario de la mocion primitiva, y que se adopte la enmienda. Con el designio por ejemplo de criticar la conducta de los ministros, se puede proponer elogiarlos, como sucedió en 1744 cuando se propuso por mocion: "que el pago de las 400 libras esterlinas hecho al duque de Aremberg para poner en movimiento en 1742 las tropas austriacas, era una dilapidacion perjudicial del tesoro público, y destructiva de los derechos del parlamento." Se propuso una enmienda, por la cual en lugar de las palabras *dilapidacion peligrosa*, &c., se insertaban estas: "era necesario para poner las tropas en movimiento, y necesario para la causa comun."

Modo de inutilizar una mocion por una enmienda que la hace demasiado violenta

El antagonista de una mocion propone á veces una enmienda que la hace tan violenta que la cámara no puede admitirla; pero este expediente no tiene siempre el efecto que se desea. Habiendo hecho en 1780 Mr. Downing esta famosa mocion: "es opinion de la cámara, que la influencia de la corona se ha aumentado, que va siempre en aumento, y que debería disminuirse." Mr. Dundas, entonces lord, abogado de Escocia, con ánimo de hacer desestimar la mocion, propuso por enmienda, que despues de las palabras *es opinion de la cámara*, &c., se insertasen estas: *que es actualmente necesario declarar que la influencia de la corona*, &c. Pero esta enmienda, lejos de desalentar á los partidarios de la mocion primitiva, la adoptaron con ardor; de manera que reforzada asi la mocion, pasó como resolucion de la cámara.

Otro modo de destruir una mocion por una enmienda que hace palpables los daños que causaria.

Hay veces en que se promueven enmiendas para manifestar los inconvenientes ó daños de una proposicion, pero con tal evidencia que

le es imposible á la cámara dar su consentimiento. Habiéndose hecho una mocion para
que se tuviesen copias de todas las cartas escritas por los lores del Almirantazgo á un oficial de marina, se propuso la enmienda de
que se le añadiesen estas palabras: "las cuales cartas pueden contener órdenes y ser relativas á otras no ejecutadas y aun subsisten-
tes." Admitida esta enmienda, la mocion primitiva se desechó naturalmente por unanimidad.

Dos modos de recoger los votos.

Los votos de los diputados sobre cada mo-
ción se recogen del modo siguiente: el orador
expone la cuestion en toda su extension, y
despues añade: *los que son de esta opinion di-
gan sí*, y todos los diputados que estan por
ella dicen al instante, *sí*. El orador dice entonces: *los que son de opinion contraria, deben
decir no* (1); y los diputados dicen, *no*.

Entonces el orador juzga por el ruido el
lado que le parece tiene la mayoría y decide
en seguida; pero si alguno de los diputados
no queda satisfecho con su decision é insiste
en que la cámara se divida, la cámara no se
opone casi nunca.

La division de la cámara se hace del modo siguiente:

Los que son de una opinion salen de la

_____

(1) En la cámara alta, los Pares no manifiestan su
opinion diciendo *sí ó no*, sino diciendo *contento ó no contento*.

cámara, y se quedan los que son de la contraria (1); luego se nombran dos diputados que se llaman *contadores* (Fellers) para que cuenten el número respectivo de los opinantes; hecho lo cual vienen á decir el número al orador, quien lo declara á la cámara.

Todos los diputados presèntes estan obligados á votar.

Todos los diputados que se hallan en la cámara, cuando se divide, estan obligados á votar, sin que sea permitido á nadie quedar neutral ó retirarse.

Del orador: caso en que su voto es preponderante: caso en que puede hablar en un debate. Razon por qué no está nunca obligado á votar.

El orador no tiene derecho á votar sino cuando hay igualdad de votos, en cuyo caso el suyo es preponderante y decisivo: no puede hablar nunca en un debate á no ser que se trate de explicar el órden ó modo de proceder en el asunto sobre que se delibera. En este caso se ciñe á exponer cuál es el órden de la cámara, y cuáles son los modos de pro-

_____

(1) Hay reglamentos que indican cuándo deben salir los que estan por la negativa ó los que estan por la afirmativa; pero no merecen que se copien aqui. Cuando la cámara está formada en comision, la division de los votos no se hace saliendo de la cámara, sino colocándose en dos lados opuestos.

ceder; pero no entra en ningun género de discusion. Sin embargo, cuando la cámara está formada en comision, el orador tiene derecho no solo para hablar en el debate, sino tambien para votar sobre la mocion; y aunque esto lo hace muy rara vez, cuando lo ejecuta, se retira á su lugar; cosa que él solo tiene derecho de hacer en caso de division. La razon de que el orador no puede votar en ciertos casos, y puede negarse á votar en todos, es probablemente porque no tenga motivo de agregarse á ningun partido, y pueda conservar la mas estricta imparcialidad.

Del orador de la cámara de los Pares: por qué puede hablar y votar, y por qué no es preponderante su voto.

En la cámara de los Pares, en que el orador es por lo comun uno de los ministros del Rey, pues que esta funcion es de las atribuciones del Lord-Canciller, ó del Lord Guarda del gran sello, cuando está provisto este empleo, y por consiguiente se sabe siempre á qué partido pertenece (el del ministerio), tiene derecho de hablar y votar sobre cada cuestion, con tal que sea del número de los Pares (lo cual sucede por lo comun aunque no necesariamente); y si en el conjunto de los votos hay igualdad de sufragios, no admitiéndose la mocion se juzga necesariamente desestimada.

Derecho de cada diputado sobre lo que se llama un orden permanente.

Cuando la cámara ha resuelto de un modo general sobre su modo de proceder, que es lo que se llama *órden permanente*, cada diputado tiene en cualquiera tiempo el derecho individual de hacer que se ejecute este órden sin hacer mocion ninguna, ni consultar la opinion de la cámara sobre el particular.

Orden permanente del mínimo de diputados que se requiere para formar la cámara.

Hay, por ejemplo, una ley en la cámara para que no se pueda proceder á ningun negocio si hay menos de cuarenta diputados presentes: la cámara debe suspenderse al instante; y segun esta regla, el orador, sin cuya presidencia no se puede empezar nada, no debe dejar que se empiece asi á tratar asunto alguno antes que de que haya en la cámara los cuarenta diputados. Sin embargo si la disminucion de los cuarenta acontece en el discurso de las operaciones, pueden continuar los negocios, y se continúan comunmente, al menos cuando no son de importancia; mas si algun diputado quiere que se cuente el número de los que hay en la cámara, es preciso proceder indispensablemente á ello, y si se halla que el número de los presentes no llega á cuarenta, la cámara debe suspenderse al instante.

Orden permanente para excluir los extrangeros: caso en que se practica.

Es tambien de orden permanente que durante los debates no haya ningun extrangero en la cámara; y aunque esta ley se observa muy rara vez, con todo cada diputado puede por sí solo y en cualquiera tiempo insistir en su rigurosa observancia, é inmediatamente todos los extrangeros deben ser despedidos de la cámara, sin que esta esté obligada á tomar una resolucion sobre este particular. Sin embargo, nunca se les manda salir, sino es cuando alguno de ellos se toma la libertad de palmotear, silvar, ó hacer cualquiera otro ruido que pueda interrumpir las operaciones de la cámara.

Varios medios que emplean los Comunes para influir en el poder ejecutivo: á saber.

Aunque la cámara de los comunes considerada teóricamente no sea mas que un cuerpo legislativo (ó mas bien una parte del cuerpo legislativo), tiene sin embargo varios medios que le dan influjo sobre el poder ejecutivo; por ejemplo:

El de no conceder dinero para objetos particulares.

El primero es el de no conceder dinero para un objeto que desaprueban los Comunes, como para fortificaciones, naves ó tropas.

Negativa de autorizar el ejército.

El segundo, la negativa de autorizar el ejército, porque es ilegal tener tropas en pie en tiempo de paz sin el consentimiento del parlamento, ó hacer un fondo anual para mantenerlas. Estas dos cosas forman por lo común parte de una misma acta, que se llama *acta contra el amotinamiento*, que jamás se aprueba por mas tiempo que el de un año; y por consiguiente si no se renovase esta acta, todo soldado podria desertar impunemente.

Negativa condicional de conceder subsidios.

El tercero es la negativa de conceder subsidios, ó en algun caso particular ó hasta que el Rey haya mudado de conducta sobre algun punto desagradable á la cámara: cosa que se da á conocer, pero que nunca se expresa en ningun voto.

Resolucion tomada por la cámara, y mensage del Rey.

El cuarto es resolver que se desaprueba lo que se haya hecho, ó declarar lo que debería haberse hecho; la cual resolucion comunica al Rey la cámara, ó por medio de un mensage, ó dando el encargo á aquellos diputados que son consejeros privados para que lo hagan presente á S. M.

Dos ejemplos en el caso en que la cámara no tiene confianza en los ministros.

La cámara ha votado algunas veces lisa y llanamente que no tenia ninguna confianza en los ministros del Rey.

En otras ocasiones ha ido mas adelante, pidiendo al Rey por un mensage que mudase sus ministros.

Caso en que el Rey se niega á condescender al mensage: responsabilidad de los ministros.

El Rey no está á la verdad obligado á condescender á ningun mensage de la cámara; pero si se negase á ello, la cámara probablemente haria una de estas dos cosas.

O acusaria á los ministros (1) á la cámara de los Pares, sea por haber aconsejado al Rey la denegacion, sea por cualquiera otra parte de su conducta; por ser una máxima de la Constitucion inglesa: *que el Rey no puede hacer mal.* Apenas hay un solo acto emanado del Rey de que no sea responsable alguno de sus ministros, porque se supone siempre, tanto de hecho como de derecho, que el Rey no puede tener culpa, y por consiguiente los autores del mal hecho en su nombre son responsables de ello con su libertad, sus bienes ó su vida.

_____

(1) Esto es lo que se llama *impeachment.* (acusacion ó denuncia).

Denegacion de subsidios. Cómo se debe mirar una disolucion del parlamento.

O la cámara pararia todo el curso del Gobierno, no decretando ningun subsidio. En este caso es menester que el Rey se allane á mudar los ministros ó disuelva el parlamento, lo que en realidad es *una apelacion al pueblo*; y en consecuencia, segun el pueblo aprobase ó desaprobase la conducta de sus anteriores representantes, ó de los ministros del Rey, la nueva cámara de los comunes seguiria la conducta de sus predecesores, ó tomaria la contraria.

Esta disolucion no impide la accion intentada contra el ministro.

No obstante la disolucion del parlamento, la acusacion intentada contra un ministro no se concluye, segun se decidió formalmente en el reinado de Cárlos II, con motivo de la famosa accion intentada contra su ministro el conde de Denbigh, posteriormente duque de Leeds.

El Rey no tiene ningun medio de oponerse á ello.

No puede el Rey impedir en manera alguna que la cámara continúe una acusacion hasta la sentencia definitiva; bien que despues tiene el derecho de perdonar.

*Privilegios de los diputados del parlamento : no
poder ser presos por causa civil.*

Los privilegios de los diputados del parlamento consisten en la seguridad de que no se les puede prender por causa civil durante las sesiones, ni cuarenta dias antes ó despues de la prorogacion: lo que de hecho se extiende á todo el tiempo que dura el parlamento, porque este no puede nunca prorogarse por mas de ochenta dias continuos.

*No ser responsables mas que al parlamento de lo
que hayan dicho ó hecho en el mismo.*

Consisten igualmente en la libertad de los debates: un individuo del parlamento no puede ser responsable en ningun tribunal del Reino, ni de cualquiera manera que sea, fuera del parlamento, por lo que haya dicho ó hecho en el mismo, aun cuando haya las razones mas justas para perseguirlo. Esta prerogativa se mira como de una importancia tal, que se ha hecho de ella un artículo expreso en el Bill de los derechos (1); y en la apertura de cada parlamento nuevo, el orador reclama expresamente estos privilegios en presencia del Rey.

Jurisdiccion de la cámara sobre sus individuos.

Sin embargo todo diputado puede ser casti-

_____

(1) Bill of Rights.

gado por la cámara en que haya dicho alguna
cosa reprehensible, y este castigo puede ser una
reprehension, la prision (1) y hasta la expulsion;
pero tampoco puede la cámara castigar á ninguno de sus individuos por lo que haya dicho,
á no ser que sus palabras hayan sido notadas y
reprehendidas en el acto mismo.

Celo de la cámara de los Comunes por su independencia.

La cámara de los Comunes es tan celosa de
su independencia, no solamente respecto del
Rey sino tambien respecto de la cámara de los
Pares, que jamás permite que ni el uno ni la
otra tome conocimiento de un bill ó de cualquiera otro asunto de que esté tratando, ni de los
votos que se hayan dado ó de los discursos que
se hayan pronunciado por alguno de sus individuos; mirando la accion de tomar conocimiento
de esto como una violacion de sus privilegios.

Cómo se manifiesta este celo al abrirse las sesiones.

Por el mismo celo por su independencia,
cuando en la apertura de las sesiones el Rey ha
hecho un discurso á las dos cámaras del parlamento, la de los Comunes entrando en su salon
se ocupa regular y constantemente en algun

---

(1) Una persona presa por órden de la cámara no puede ser retenida sino por el tiempo en que está reunida la
cámara. En el momento en que se proroga el parlamento, la tal persona puede hacer que la pongan en libertad por
medio de un pedimento.

asunto, como de leer un bill, antes de tomar en consideracion el discurso del Rey.

Furor de los Comunes contra Cárlos I, y por qué.

De todas las acciones imprudentes de Cárlos I, ninguna excitó mas el furor del partido popular, como la de entrar en persona en la cámara para hacer arrestar cinco individuos, cuya conducta le habia ofendido en el parlamento.

Definicion del Parlamento ó del cuerpo legislativo, actos hechos por los tres Brazos que no son actos del Parlamento.

Estando el Parlamento en parlamento pleno ó completo, es decir, compuesto de los tres Brazos de la legislatura, no puede hacer otra cosa que estatuir leyes; pero cada una de las cámaras puede hacer y hace muchas veces otras operaciones que les son particulares: el Rey, los Pares y los Comunes concurren frecuentemente á un mismo acto, que no teniendo sin embargo otro carácter que el de la operacion de un cuerpo particular, no puede ser un acto del parlamento.

En una accion por ejemplo intentada contra un delito público, accion conocida por el nombre de *Impeachment*, los Comunes son el acusador, los Pares los jueces, y el Rey como magistrado revestido del poder ejecutivo, ejecuta la sentencia ó indulta.

Así pues la respuesta que da el Rey á un

mensaje de las dos cámaras, ó á una de las dos, la da siempre por la cualidad de magistrado del poder ejecutivo, y no por la de uno de los miembros del cuerpo legislativo.

Acto particular de cada cámara.

Cada una de las cámaras obra frecuentemente en particular, sea interviniendo en los negocios que forman el resorte del poder ejecutivo, sea procediendo en ellos como tribunal judicial.

Cómo interviene una cámara en el poder ejecutivo.

Cuando interviene la cámara en algun negocio que es del resorte del poder ejecutivo, lo hace, ó tomando llanamente una resolucion (1), ó dirigiendo al Rey un mensaje, una representacion ó una queja.

De las resoluciones que sirven de base á resoluciones ulteriores.

Sin embargo, cada una de las cámaras vota á veces resoluciones que deben sencillamente servir de bases á operaciones ulteriores, como proponer un bill ó un mensaje al Rey, ó un *impeachment.*

---

(1) Cuando algun diputado hace una *proposicion* á la cámara, se le llama *mocion*; mas cuando ha sido adoptada, llega á ser *resolucion* de la cámara.

De la explicacion de la serie de las resoluciones.

A veces tambien se toman resoluciones con el solo fin de hacer de ellas la base de resoluciones subsiguientes; como cuando un diputado pide que la cámara decida sobre una proposicion general ó abstracta, de la cual proyecta deducir, en una resolucion subsiguiente, alguna consecuencia aplicable á la providencia á que se dirige. En todos estos casos, el uso es esperar que el autor antes de proponer la primera resolucion que quiere se tome, explique todas las resoluciones subsiguientes que intenta proponer; porque de otra manera podria suceder que la cámara tomase una resolucion que, ó fuese inútil, y de que no podria deducirse ninguna consecuencia; ó viniese á parar á una disposicion que no estaba en la intencion de la cámara.

Resoluciones declaratorias.

Pero tambien hay ocasiones en que cada cámara toma resoluciones que no estan destinadas á servir de base á operaciones ulteriores, como por ejemplo cuando la cámara toma la resolucion declaratoria de lo que juzga ser una ley en algun caso particular.

Su fin: no tienen efecto legislativo, y ¿por qué?

El unico fin de estas resoluciones parece que es censurar indirectamente alguna medida par-

ticular ó algunos individuos sin nombrarlos, ó
prevenir algunas medidas que la cámara creé
se han tomado para violar una ley expresa en
la resolucion; porque semejantes resoluciones no
se reconocen como suficientes para determinar
lo que es la ley, y los tribunales de justicia
no las respetan de ninguna manera. En efecto,
cada una de las cámaras tendria por sí misma
un poder legislativo, si lo que ella declara ser
ley, debiese mirarse como tal.

Casos en que tienen fuerza de ley estas resolucio-
nes declaratorias.

No obstante, todas las resoluciones relativas
á la ley de elecciones, privilegios de los diputados, modo de proceder en la cámara, cuando no son contrarias á la ley comun, se mi-
ran como obligatorias y se tienen por leyes
del reyno.

Gracias votadas por las cámaras.

Las cámaras del parlamento resuelven á veces que se den gracias á algunos particulares
por los servicios eminentes que han hecho á la
patria. Asi durante la última guerra, cada una
de las cámaras votó que se diesen las gracias
al general Elliot por el modo con que defendió
á Gibraltar; y en ocasiones extraordinarias han
decidido que se diesen no solamente á los co-
mandantes en gefe, sino tambien á todos los
capitanes de una escuadra y algunas veces á
todos los marineros y marinos; como ha suce-

dido efectivamente durante la última guerra.

Ha habido veces en que las cámaras han votado tambien gracias por servicios menos eminentes, aunque no menos importantes, como por ejemplo cuando los Comunes decretaron se diesen gracias á Mr. Howard por las investigaciones importantes que habia hecho sobre el estado de las cárceles.

Forma en que se trasmiten estas gracias.

Las gracias de esta naturaleza se trasmiten por medio del orador, que siempre es el órgano de la voluntad de la cámara. Si aquel á quien se dirigen estas gracias es individuo de la cámara y está presente, el orador le presenta el voto de aquella mientras que está en su asiento. Mas cuando no es diputado ó está fuera del pais, el orador le comunica las gracias por medio de una carta: si las gracias se dirigen á todos los marineros de una escuadra, se las comunica entonces á todos los capitanes de los buques para que las participen á sus tripulaciones.

Honores decretados por las cámaras á la memoria de algunos muertos ilustres.

Las cámaras del Parlamento han decretado algunas veces honores á la memoria de algunos muertos ilustres, como cuando votaron obsequios públicos por el Lord-Chatam. En la última guerra, resolvieron se erigiese un monumento á la memoria de los capitanes Bayne

Blair, y Lord-Roberto Manners, *por haber perecido gloriosamente peleando por su patria, en los últimos combates en las Indias occidentales.* Algunas veces los Comunes han dirigido mensages á la corona, pidiendo confiriese premios ú honores á particulares que eran beneméritos de la patria.

Censura resuelta por las cámaras.

Alguna vez las cámaras toman la resolucion de censurar la conducta de alguna persona, y otras veces acuerdan una censura contra personas que se atreviesen á cometer en lo sucesivo algun hecho formalmente articulado por ellas. Así, los Comunes en 4 de marzo de 1782 votaron: "que se mirasen como enemigos del Rey y de la Nacion á todos los que propusiesen ó tentasen continuar una guerra ofensiva en el continente de América."

Medio de destruir una resolucion.

El único medio de destruir una resolucion tomada en alguna de las cámaras, es que esta misma decida que se tilde y borre en sus registros.

Mensage de una cámara al Rey para informarle de las resoluciones que haya tomado anteriormente.

Una de las cámaras suele presentar al Rey un mensage para recomendarle algun acto par-

ticular, y algunas veces para informarle de la
opinion de la cámara sobre un punto cualquiera. Hácese esto por lo comun presentando al
Rey bajo la forma de un mensage la resolucion anterior que ha tomado la cámara. De
esta manera la cámara de los Comunes en 27
de febrero de 1782, acordó lo primero; que la
opinion de la cámara era que la prosecucion de
la guerra ofensiva en el continente de la América septentrional á fin de reducir por la fuerza las colonias rebeladas, no serviría mas que
para debilitar los esfuerzos de este pais contra
sus enemigos de Europa, y que propendia pe-
ligrosamente en las presentes circunstancias á
aumentar el odio mutuo tan fatal á los intereses de la Gran-Bretaña y de la América, y
á inutilizar, impidiendo una saludable recon-
ciliacion con el pais, el ardiente deseo mani-
festado por S. M. de restablecer los beneficios
de la tranquilidad pública. Despues de este
acuerdo, se propuso y resolvió inmediatamente que se llevase á S. M. un mensage para
representarle humildemente, *que la prosecucion de la guerra etc.* conforme queda dicho.

Forma para presentar estos mensages.

No son siempre las mismas las formas para presentar los mensages á S. M.; pero la
mas usada en la cámara de los Comunes, es que
se presenten por aquellos diputados que son
del consejo privado del Rey; y en la cámara
alta por los Pares que tienen empleos particulares en la casa real; mas cuando el mensa-

41

ge versa sobre algun objeto de grande importancia, se presenta por toda la cámara, como sucedió en el caso del mensage que se acaba de mencionar y que sirvió para poner fin á la guerra americana.

Cómo se reunen las dos cámaras para hacer estos mensages.

Algunas veces se reunen las dos cámaras para hacer un mensage al Rey; en cuyo caso se le presenta ó por una comision de ambas cámaras nombrada para este intento (en cuyo caso los Comunes nombran siempre el duplo de individuos que nombran los Pares); ó bien se le presenta por las dos cámaras en cuerpo: Ha sucedido que se haya presentado al Rey un mensage de las dos cámaras por medio de sus dos oradores; pero los ejemplos de esta especie son muy raros.

Cómo se da la respuesta del Rey, y caso en que se salva la necesidad de una respuesta.

Las personas encargadas de presentar el mensage al Rey, lo estan tambien de informar á la cámara sobre su respuesta; porque aunque el Rey no está obligado á responder á un mensage de una de las cámaras, ó de las dos juntas, y que hay el ejemplo del Rey Guillelmo, que no dió ninguna respuesta á la cámara de los Comunes, quien le pedia hiciese salir de su consejo á los lords Somers, Halifax y al conde de Portland; sin embargo, es costumbre que el

Rey conteste á los mensages; pero algunas veces hay asuntos delicados en los que el Rey
puede tener inconveniente de dar una respuesta, y entonces la cámara puede preferir no recibir ninguna, en cuyo caso no presenta ningun mensage, sino hace llevar sus resoluciones
al Rey, cómo sucedió en 1784. Habiendo acordado la cámara en 2 de febrero dos resoluciones concebidas en estos términos: "que la cámara es de dictámen que la presente situacion
apurada y crítica de los negocios, pide los esfuerzos de una administracion firme, extensa,
eficaz, unida, digna de la confianza pública,
y que pueda poner término á las divisiones
desgraciadas y á los desórdenes de este pais; y
que la cámara es de dictámen que la continuacion del poder de los ministros actuales, segun la resolucion de esta cámara, es un obs-
táculo á la administracion firme, eficaz, extensa y unida, la única capaz de salvar la nacion;" el dia siguiente la cámara votó: "que
dichas resoluciones se presentasen humildemente á S. M. por aquellos de sus diputados que fuesen del muy honorable consejo privado de S. M."

Representaciones.

Las cámaras del parlamento se han dirigido algunas veces al Rey por medio de representaciones, y tambien por vía de quejas. Estas formas no se diferencian de las de un mensage en otra cosa, sino en que son un poco
menos respetuosas.

Los demas actos con que interviene una cámara en los negocios que son del resorte del poder ejecutivo, son las acusaciones.

Cómo obra la cámara en los asuntos judiciales, ya como juez, ya como acusador.

En cuanto á los asuntos judiciales, la cámara obra ya como juez, ya como acusador: como juez en negocios civiles, pero solamente en los que tocan á elecciones de diputados, porque la cámara ha mirado siempre como un principio sagrado, que ella sola tiene derecho para decidir las disputas que se suscitan sobre elecciones.

A veces en lo criminal, como cuando castiga algun atentado hecho á sus privilegios, violando la libertad de las elecciones, arrestando á alguno de sus individuos por deudas, &c., ó cuando castiga á los diputados de la cámara por algun proceder irregular; mas aun en el caso en que el atentado consista en expresiones equivalentes al crímen de traicion, no puede pertenecer á otra jurisdiccion que á la suya.

La exclusion de un diputado por la cámara no impide que se le reelija.

Se ha dicho ya que las únicas penas que puede imponer la cámara á sus individuos, son la prision ó la expulsion; y este último acto no impide que el diputado excluido pueda volver á ser elegido, ó por sus constituyentes, ó por otros electores á quienes les parezca que la animadversion de la cámara no es suficiente para que ellos les nieguen su confianza.

Autoridad de la cámara sobre las personas que no son del número de sus individuos.

En cuanto á las personas que no son individuos de la cámara de los Comunes, esta no puede imponerles otra pena que la de prision; la cual no puede durar mas que lo que dura la legislatura del parlamento. Porque desde el instante en que se proroga este último, la persona detenida tiene derecho á que se le ponga en libertad, y si ha hecho valer en justicia su derecho de *habeas corpus*, los jueces deben librar el mandamiento de soltura.

Cómo obra la cámara de los Comunes en los *impeachments*.

La cámara de los Comunes hace la parte de acusador en los *impeachments* parlamentarios.

Cómo hace la pesquisa cuando no quiere declararse parte: mensaje al Rey,

En los casos en que la cámara de los Comunes cree que se debe entablar una pesquisa, pero que su importancia no es tal que deba declararse parte acusante, dirije por lo comun un mensaje al Rey, á fin de que mande al procurador general que la entable. En 15 de abril de 1779 la cámara resolvió: "que se presentase á S. M. un humilde mensaje rogándole tuviese á bien mandar á su procurador general formase causa á Jorge Stratton, Cárlos Floyer y Jorge Mackay, escuderos, por haber mandado que el lord Jorge Pigot, su gobernador y comandante en gefe, fuese arrestado y detenido por la fuerza militar.

Caso en que manda por sí al procurador general que forme causa.

Alguna vez la cámara, por su propia autoridad y sin ningun mensaje al Rey, ha mandado al procurador general que forme causa. Esto sucede cuando los Comunes creen que esta pesquisa es necesaria, pero al mismo tiempo presumen que la proposicion no será agradable al Rey.

Cuatro casos en que la cámara de los pares desempeña las funciones judiciales.

La cámara de los pares desempeña las funciones judiciales: 1.° como tribunal de apelacion de los tribunales de la cancillería, del banco del Rey, de la cámara del *echiquier*, y del tribunal del *echiquier* por la parte de equidad, asi como tambien de los tribunales supremos de justicia de Escocia.

2.° En caso de atentado contra los privilegios de los pares.

3.° En los juicios de los pares y de sus mugeres en los delitos capitales en que hay comparecencia personal.

4.° En el juicio de *impeachment* entablado por la cámara de los Comunes.

SOBRE LAS COMISIONES

DE LAS CÁMARAS DEL PARLAMENTO.

Necesidad de las comisiones.

Como hay muchos negocios en el parlamento que no podrian despacharse en una reunion compuesta de tanto número de individuos, ó que absorverian todo el tiempo á las cámaras si tratasen de ellos por sí mismas, como por ejemplo la redaccion de los mensajes, la determinacion de ciertos hechos por medio del exámen de testigos, ó por la inspeccion de papeles, muchas veces la cámara nombra una comision compuesta solamente de algunos de sus individuos para cierto objeto particular que se expresa en la resolucion que los nombra, como para preparar y redactar un mensaje en contestacion á un discurso del Rey, descubrir casos (*antecedentes.*), es decir, averiguar lo que ha hecho la cámara en otras circunstancias semejantes á aquellas en que hay que tomar una determinacion; para examinar el estado del comercio de Irlanda; para saber cuáles son las leyes que estan próximas á fenecer; para hacer informacion sobre la causa de la guerra del *Carnatic.* Por lo comun varias comisiones de estas trabajan á un mismo tiempo (1).

---

(1) La direccion de un *impeachment* se maneja siempre por una comision de la cámara de los comunes; y cada bill, despues de haberse leido dos veces, es decir, de haber sufrido dos discusiones, se somete á una comision de toda la cámara.

Tres clases de comisiones.

Las comisiones son de tres clases. *Las comisiones escogidas, las comisiones abiertas, y las comisiones secretas.*

Comisiones escogidas.

Las de la primera clase solo se componen de aquellos individuos que la cámara nombra expresamente para que sean sus miembros.

Comisiones abiertas.

Las comisiones abiertas no solamente se componen de los que la cámara nombra para formarla, sino tambien de todos los diputados de la cámara que quieran asistir á sus discusiones; y en el decreto en que se nombra esta clase de comisiones, se expresa siempre que todos los diputados que asistan á ellas tendrán voto.

Comisiones secretas.

... Las comisiones secretas tienen á veces facultad, y á veces órden de la cámara para no permitir que nadie, ni aun los demas individuos del parlamento, asistan á ellas en calidad de expectadores de sus operaciones.

Del número de individuos de las comisiones.

El número de personas que deben compones una comision no es determinado; pero en cada ocasion la cámara nombra tantas cuantas juzga convenientes, segun la naturaleza é importancia de las materias que tienen que examinar, y los asuntos que tienen que despachar; sin embargo, el número por lo comun es de doce hasta veinte y cuatro.

Diferentes modos de formar las comisiones.

El modo de formar estas comisiones tampoco es siempre el mismo; pues la cámara en cada ocasion adopta el método que le parece mas conveniente. Sin embargo, no hay mas que dos modos de nombrar estas comisiones: la primera por una mocion general, y la segunda por *bolas* ó escrutinio.

A veces acuerda la cámara que todos los individuos que han de formar las comisiones se nombren uno despues de otro; y otras veces no se designa ninguno en particular, sino que se resuelve llanamente "que la comision se compondrá de aquellos individuos que sean abogados, ó de los diputados que representan la Escocia, &c."

Facultades y funciones de estas comisiones.

Las facultades y funciones de estas comisiones dependen siempre de las instrucciones particulares y de la autoridad que les da la cámara. Cuando esta nombra una comision lo hace siempre por medio de un decreto, en que determina que tendrá tales facultades, ó que se

42

le comunicarán tales órdenes é instrucciones particulares. Así, hay veces que solo está encargada de extender el informe de ciertos hechos, es decir, el resultado de las declaraciones que haya tomado; y otras veces se le encarga que presente estas mismas declaraciones en toda su extension: ocasiones hay en que se le encarga que informe sobre los hechos con observaciones generales, ó bien con observaciones relativas á cierto objeto particular: en algunos casos, que informe de las opiniones de los individuos de la comision; y en algunos otros, que informe de cuando en cuando. Algunas veces se encarga á las comisiones que se reunan no obstante la suspension de la cámara; y otras de tener sus sesiones donde lo juzguen oportuno (1): en general la cámara autoriza á las comisiones para que hagan venir y examinen los papeles y las personas que puedan subministrarles algunas noticias.

Inseracciones ulteriores dadas á las comisiones, las cuales á veces varian sus funciones.

Aunque la cámara da siempre instrucciones á sus comisiones al tiempo de nombrarlas, pue-

---

(1) El lugar en que se reunen comunmente las comisiones es una sala del edificio de la cámara; pero puede acontecer que sea necesario que desempeñe sus funciones en otro lugar, por ejemplo, cuando tiene que examinar papeles voluminosos ó por otras razones. Así, los individuos de la comision se reunen en el edificio de la compañía de la India, cuando están encargados de inspeccionar y examinar los registros de esta compañía.

de sin embargo darles, y con frecuencia, les da otras instrucciones durante el tiempo que están trabajando; y sucede tambien que estas instrucciones adicionales cambian del todo la naturaleza de una comision, y se le encargan informaciones muy diferentes de aquellas para que fué nombrada primitivamente.

Ejemplo de una comision cuyo objeto ha sido variado.

Asi, habiéndose nombrado en 1782 una comision escogida de la cámara de los Comunes, para tomar en consideracion el estado de la administracion de justicia en las provincias de Bengala, de Bahar y de Orisa, y para informar sobre todo añadiendo sus propias observaciones; algun tiempo despues la comision recibió de la cámara una instruccion para examinar como las posesiones británicas de la India oriental podrian conservarse y gobernarse con la mayor seguridad y ventajas para este pais, y cuáles serian los mejores medios de lograr la prosperidad de los indigenas.

Comisiones de eleccion: en que se diferencian de las otras.

Fuera de las comisiones mencionadas, hay tambien comisiones de eleccion; las cuales se nombran para pronunciar sobre las reclamaciones de los que pretenden haber sido elegidos legitimamente, aunque no hayan sido declarados tales. Estas comisiones solo se nombran en la cámara de los Comunes, y se diferencian por varios respectos de las otras comisiones: el modo de nombrarlas, las facultades que se les confieren, y su modo de proceder son invariablemente los mismos, y no dependen de un decreto particular de la cámara. Todo esto está determinado por un acta del parlamento, dada el año 10 del reinado del Rey actual, y por otras dos actas posteriores.

Principios de su establecimiento.

Hasta esta época del año 1770, todas las elecciones dudosas se decidían por una comision general de toda la cámara; pero como se llegase á conocer que estas decisiones eran mas bien asunto de partido, que resultados verdaderos de justicia, se hizo un acta para nombrar comisiones de eleccion á ejemplo de los tribunales de judicatura, semejantes en cierto modo al de los jurados, por cuyo medio pudiera administrarse justicia con imparcialidad.

Modo de formarlas.

Para asegurar esta imparcialidad, las comisiones de eleccion se elijen de un modo diferente que las otras comisiones: se sacan por suerte, y las partes contrarias tienen el derecho de borrar los nombres de un cierto número de aquellos á quienes toca la suerte, cuando tienen sospecha de parcialidad. El modo de obrar en esta ocasion es el siguiente: se escriben en papeletas sueltas, y se echan despues en una urna los nombres de todos los diputados presentes, que deben ser ciento por lo menos, antes que la cámara pueda proceder á formar la comision. En seguida el escribano de la cámara saca de la urna uno por uno los nombres, y los entrega al orador, quien los lee en alta voz hasta que han salido cuarenta y nueve. Entonces se escriben estos cuarenta y nueve nombres, y se entregan las listas á la persona que reclama contra la eleccion, igualmente que al diputado contra quien se dirije la reclamacion. Uno y otro borran alternativamente los nombres de los que quieren excluir hasta que todo el número queda reducido á trece: despues cada una de las partes nombra otro individuo de la cámara para que entre en la comision; el nuevo individuo se llama el nombrado (*nominée*) de la persona que le ha elegido; y estas quince personas son las que componen la comision.

Reflexiones sobre los nombrados.

Tal vez se podria perfeccionar esta especie de comision, quitando de ella los nombrados, ó no dándoles el derecho de votar. Porque en efecto, personas elegidas de esta manera se creen por lo comun obligadas á desempeñar funciones que son incompatibles, á saber, las de juez y abogado: bien que por esto jamás podrá alterarse la imparcialidad en la decision, puesto que ademas de haber un *nombrado* de cada parte, la decision pertenece á la mayoría de la comision.

Formalidad particular de estas comisiones.

Cuando las comisiones de eleccion estan reunidas para juzgar , se guardan en sus operaciones ciertas formalidades que no se practican en las demas comisiones. Cada uno de sus individuos hace juramento de decidir segun equidad y con arreglo á las declaraciones de los testigos, las cuales deben presentárseles tambien bajo el sello del juramento. Esta ley se deriva del estatuto que se ha mencionado arriba; porque ni la cámara de los Comunes , ni por consiguiente ninguna de sus comisiones tiene de suyo la autoridad necesaria para hacer prestar un juramento. Es verdad que la cámara de los pares tiene esta facultad; y los testigos que se examinan en la barra de esta cámara ó ante sus comisiones, deben siempre haber prestado juramento.

Varias de estas comisiones pueden obrar al mismo tiempo.

Como se elige una nueva comision para cada eleccion, de cuya legitimidad se duda, sucede algunas veces que estan trabajando al mismo tiempo tres ó cuatro de estas comisiones de eleccion.

Comision de toda la cámara.

Fuera de las comisiones que se han mencionado, que no se componen sino de una parte de la cámara, hay frecuentemente en ambas cámaras comisiones compuestas de la cámara entera. Estas comisiones trabajan siempre en la misma cámara, mientras que las otras por lo comun tienen sus sesiones en salas contiguas á la cámara, ó en cualquiera otro lugar, siempre que hayan obtenido para ello su permiso.

Forma particular de la cámara, cuando se forma en comision.

En una comision de la cámara, todos sus individuos estan sentados y opinan de la misma manera que en las reuniones de la cámara; pero la comision no la preside el orador, quien al momento que la cámara se forma en comision, deja su silla, y entrega la presidencia á un individuo elegido por la comision, que no va á sentarse en la silla del orador, sino á la mesa. Sus funciones, semejantes á las del orador, son presentar las mociones, y mantener el orden; y á él es á quien debe dirigir la palabra el que habla. La *maza* que está siempre sobre la mesa, cuando se delibera en cámara, se coloca debajo cuando está formada en comision. (1)

_____

(1) La *maza* la llevan siempre delante del orador cuando entra ó sale de la cámara. Sin embargo no es distintivo de aquel sino de esta, de manera que cuando no está en la cámara no se puede hacer nada si no es suspenderse. Cuando los mensajeros de la cámara de los pares se introducen en la de los Comunes, ó cuando se examina un testigo en la barra, ó cuando se presenta á un

Varias ventajas de las comisiones de toda la cámara.

Las ventajas que resultan de discutir una materia en una comision de toda la cámara, mas bien que en la misma cámara, son las siguientes: 1.º que en una comision cada individuo puede hablar cuantas veces le parezca oportuno en el mismo debate; 2.º que la cuestion puede someterse á discusion á peticion de un solo diputado; porque toda mocion hecha en la comision no tiene necesidad de ser apoyada; 3.º que esta forma presta mas facilidad para discutir las materias antes que se adopten por la cámara: en efecto, la cuestion puede discutirse por la proposicion de que la cámara se formará en comision; por mociones propuestas en la comision; por la cuestion de si la cámara recibirá el informe de la comision; por la proposicion de si la cámara adoptará el informe de la comision; y si al presentarse esta última mocion, la cámara es de parecer que el asunto debe sufrir otra discusion, entonces remite en todo ó en parte el informe á la comision para que lo examine de nuevo (1). Las ventajas que hay en

---

acusado, el macero lleva la maza sobre el hombro; y mientras la lleva de esta manera, ningun individuo si no es el orador, debe proferir una sola palabra, ni aun hacer una mocion, ó indicar una pregunta para que el orador pueda hacerla al testigo.

(1) Si en el exámen del informe de la comision de subsidios, se juzga conveniente aumentar la cantidad acordada, ó los impuestos, el uso constante de la cámara es

examinar un asunto de esta manera son de tanta consideracion, que cuando se propone á alguna de las cámaras un negocio de grande importancia, el uso es que se forme en comision de toda la cámara, para tratarlo de este modo, antes de pasar á ninguna resolucion.

Ejemplo de una comision de toda la cámara para examinar un bill.

El 28 de febrero de 1782, por ejemplo, se hizo á la cámara de los comunes una proposicion, cuya mocion tenia por objeto "que se permitiese presentar un bill que autorizase al Monarca para ajustar la paz ó una tregua en las colonias rebeladas de la América septentrional;" y la cámara decretó que esta proposicion fuese remitida al examen de una comision de toda la cámara el dia 5 de marzo siguiente. En consecuencia, este dia se formó la cámara en comision, para tomar en consideracion la proposicion, y el mismo dia el presidente de la comision informó á la cámara que la comision le habia encargado de proponer *que se le permitiese presentar un bill.*

Otros ejemplos.

Así, en algunas ocasiones extraordinarias, las cámaras se forman en comision para tomar en consideracion el estado de la Nacion,

devolver el informe á la comision. Pero sin devolverlo puede la cámara disminuir la cantidad propuesta, y aliviar de este modo la carga impuesta al pueblo.

43

como sucedió en el mes de febrero de 1778 en la cámara de los Comunes, durante la última guerra, y como lo han hecho recientemente las cámaras en la enfermedad del Rey.

Caso en que no puede hacerse una moción sino en una comision de toda la cámara.

En virtud de una resolucion de la cámara de los Comunes, no se puede hacer ninguna mocion relativa á subsidios y contribuciones, sino en una comision de toda la cámara. Por otro decreto de la misma cámara, no se puede proponer ningun bill sobre religion ó comercio, sin que la cuestion haya sido antes considerada en una comision de toda la cámara.

Comisiones permanentes.

Ademas de las comisiones que van mencionadas, y que solo se nombran accidentalmente y para asuntos particulares, hay en la cámara de los Comunes comisiones generales que son permanentes, y se nombran al principio de las sesiones, como las grandes comisiones para la religion, el comercio y los tribunales de justicia; las comisiones de privilegios, de agravios, de subsidios, de medios y arbitrios (1). Algunas de estas son comisiones escogidas, y otras, particularmente las dos últimas, son comisiones de toda la cámara.

_____

(1) *Ways and means.* El equivalente en castellano es *medios y arbitrios.*

Uso de las comisiones de religion, de tribunales de justicia y de agravios.

Aunque por lo regular las comisiones de religion, de tribunales de justicia y de agravios se nombran al principio de cada legislatura, muy rara vez sucede que tengan que trabajar. Solamente en los reinados de Jacobo I y de Cárlos I, antes que se hubiese fijado la Constitucion, cuando la administracion de justicia era frecuentemente parcial y corrompida, cuando la menor innovacion en punto á religion se miraba como peligrosa al estado, cuando la corona ejercia facultades cuya legalidad disputaban los Comunes, solo entonces estas comisiones estaban continuamente ocupadas, y en ellas es en donde se discutieron y fijaron los principios mas importantes de la Constitucion británica.

Uso de la comision de subsidios, y de la de medios y arbitrios.

El uso de la comision de subsidios y de la de medios y arbitrios no ha cesado; y de tiempo en tiempo trabajan durante la mayor parte de las sesiones.

Las funciones de la comision de subsidios son examinar la cuota de subsidios que se ha de conceder á la corona. Las de la comision de *medios* y *arbitrios* son hallar medios para juntar los subsidios que ha acordado la cámara, y determinar sobre qué objetos particulares se han de cargar los impuestos.

De la primera de estas comisiones deben salir todas las concesiones de dinero, y de la segunda todas las imposiciones y derramas.

*La cámara de los pares no tiene comisiones para
subsidios, ni para medios y arbitrios*

Los pares no tienen comisiones de la misma especie, porque ningun bill relativo á subsidios ó impuestos puede tener su orígen en su
cámara.

*No puede entablar ni aun enmendar ningun bill en
razon de subsidios, ni directos ni indirectos.*

Hace mas de un siglo que los Comunes han
sostenido constantemente, y los pares recono-
cido por la práctica, que la cámara alta no solo no tiene derecho para entablar, pero ni aun
para enmendar ningun bill aprobado por los
Comunes; y que, bajo la forma de impuestos
positivos ó de enmienda pecuniaria, ó bajo
cualquiera otra forma que sea, podria considerarse como una imposicion directa ó indirec-
ta sobre el pueblo.

Solamente adoptar ó no adoptar.

Por tanto, los pares no tienen otra alter-
nativa que la de no adoptar enteramente el bill
ó adoptarlo sin enmienda.

Excepcion en caso de error verbal. Precaucion de los Comunes en este caso.

No obstante, este principio no se ha llevado hasta el punto de impedir que los pares corrijan un error verbal en el bill de medios ó de subsidios que les han remitido los Comunes. Mas .cuando los pares han hecho una enmienda de esta especie, los Comunes accediendo á ella, mandan que se estampe particularmente en los registros de la cámara, á fin de que se pueda conocer su naturaleza, y que no sirva de ejemplar en lo sucesivo.

Otra excepcion en los casos de reparacion de los caminos ó de multa pecuniaria.

En los bills que no tienen por objeto especial los subsidios, pero no por eso dejan de imponer cargas al pueblo, como son para la reparacion ó construccion de los caminos y empedrados, por medio de peazgos y tarifas; en los que imponen multas, los pares pueden hacer enmiendas con tal que estas no atenten en manera alguna á las tarifas de los peages y multas (1).

---

(1) Cuando los pares hacen alguna variacion en un bill, siempre desaprueban el bill los Comunes cuando se les presenta: sin embargo, si los Comunes creen que la enmienda está fundada en razon, proponen por lo comun un nuevo bill semejante al primero, conservando en él la variacion hecha por los pares. El bill pasa entonces por todos los trámites ordinarios, y se remite á la cámara alta como un nuevo bill.

Forma particular de los billes de contribuciones.

Cuando las comisiones de subsidios y de medios y arbitrios estan formadas, y las resoluciones de la última sobre el modo de percibir el dinero acordado en la comision de subsidios, han recibido la forma de un bill de impuestos, y han pasado como ley, la cámara de los comunes decreta un bill, y todas las concesiones hechas en la comision de medios y arbitrios, del impuesto territorial, del impuesto sobre la cerbeza, del impuesto para el fondo de amortizacion, &c., se recapitulan y clasifican de manera que se empleen en los objetos del servicio, cuyos fondos han sido acordados por la comision de subsidios. Se especifican las cantidades consentidas para cada especie de servicio; se designa la cantidad que hay que pagar al Echiquier para cubrirlos; y se estatuye que los subsidios no se emplearán en ningun otro objeto que en los mencionados en el acta.

Cuándo deben reunirse y separarse las comisiones parciales.

Las comisiones que no se componen sino de una parte de la cámara, deben reunirse y trabajar antes de la apertura de aquella. En efecto, es una ley general de los comunes, que el portero de estrados antes que la cámara empiece la oracion que se dice siempre antes que ocupe la silla el orador, y por consiguiente antes que se forme la cámara, debe avisar á todas las comisiones que la cámara va á empezar la oracion, de manera que se concluyen entonces todas las operaciones de las comisiones.

De cuándo pueden reunirse y disolverse las comisiones de toda la cámara.

Las comisiones de toda la cámara no pueden nunca empezar sus funciones antes que la cámara no se haya reunido regularmente y no haya tomado la resolucion de formarse en comision. Cualquiera que sea el trabajo de la comision, debe la cámara reunirse como siempre, y el orador ocupar su silla antes que los diputados se separen, aunque no fuese mas que para suspender la cámara.

Del presidente de las comisiones: quiénes lo eligen.

Las comisiones que solo se componen de una parte de la cámara eligen su presidente, segun lo hacen las comisiones de toda la cámara. Estan acompañados de uno de sus escribanos, y llevan la minuta de sus operaciones.

Modo de proceder en las comisiones.

En las comisiones para tratar los asuntos se procede del mismo modo que en la cámara por mociones y resoluciones.

No se registran sus operaciones en el diario de la cámara.

Pero no se estampan en los diarios sus operaciones ni aun las de la comision de toda la cámara, excepto su informe, el cual tambien se omitiria sino estaba reducido á la exposicion de los hechos ó de las declaraciones de los testigos; pero si el informe no contiene mas que resoluciones de la comision, y ha sido recibido por la cámara, entonces se imprime en sus diarios, aun cuando su resultado no haya sido adoptado por la cámara.

Los informes en materia de hechos, aunque no se registran se imprimen separadamente en ciertos casos.

Los informes que contienen hechos ó la exposicion de las deposiciones de testigos, aunque no se imprimen en los diarios, sin embargo cuando tocan objetos de importancia, no dejan de mandarse imprimir por órden de la cámara para el uso de los diputados, y de ordinario se imprimen antes que llegue el dia en que el informe se tome en consideracion en la cámara. Si las informaciones ó noticias que contiene el informe son de grande importancia, y tales que puedan ser útiles en lo sucesivo, la cámara ordena que se impriman en la misma forma que los diarios ó registros, á fin de que se conserven, como sucedió con todos los informes de. las comisiones sobre los asuntos de la India.

Suspension de las comisiones.

Las comisiones que no se componen mas que de una parte de la cámara se suspenden de tiempo en tiempo hasta que hayan preparado un informe. Pero la comision de toda la cámara no puede separarse sin que haya presentado su informe. Asi el modo de suspenderse esta comision es el siguiente: el presidente informa á la cámara que la comision ha hecho algunos progresos en su trabajo, y pide continuarlos. Si la comision de toda la cámara se separa sin dar algun informe, se le considera por concluida; y es tambien costumbre que los diputados que creen que la comision no debe continuar sus operaciones, hagan una mocion para que el presidente deje la silla.

Modo de presentar á la cámara el informe de una comision.

El informe de una comision se presenta siempre á la cámara por medio del presidente y por escrito: el modo de hacer esta presentacion es este: el presidente se coloca en la barra con el informe en la mano: el orador al verlo le pregunta qué es lo que tiene en la mano, y á su respuesta de que es un informe, el orador pregunta á la cámara, si quiere que se le presente el informe, y si esta mocion obtiene la afirmativa, el orador intima al presi-

44

dente que le entregue el informe; lo cual se hace así : entonces se pone el informe sobre la mesa y se señala dia para tomarlo en consideracion.

FIN.

ÍNDICE.

———◦○◦———

:

REGLAMENTO

Para el Consejo representativo de la ciudad y repú-
blica de Ginebra.

REGLAMENTO

Que se observa en la cámara de los Comunes de Inglaterra.

ERRATAS.

Pág.	lin.	dice.	léase.	Pág.	lin.	dice.	léase.
2	30	Extravagatorium.	Extragravatorium.	96	28	locorum præsentibus	loca tenentibus præsentibus.
37	15	licentiam	licet etiam.	97	24	signum Dei	signum N. Dei.
11	16	fuisse	fuisset.	id.	25	quæ hæc	qui hæc.
11	21	confirmatum. Nunc	confirmatum; nunc.	98	23	pergamineis, hoc, in quo	pergamineis.... in quo.
id.	23	qua	et quia.	99		Lo que se habia del parlamento debe estar á continuacion de la pág. 116.	
60	5	recensere, nes	recensere mos.				
11	18	quanto, poterimus	quanto poterimus.	102	28	singulares en seu	singulares seu.
61	11	jurarunt. Nos	jurarunt nas.	103	18	tractandi vel referendi	tractandi et referendi
70	4	Estravagatorium	Estragravatorium				

104	17	ab cis	ab eis.	162	8	oblatis	obla 16s)
id.	20	mojori	majori.	163	9y10	legibus ligantur privatis	legibus ac ligantur privati.
id.	22	licentiari si opus erit	licentiari, si opus erit,	164	12	Ripoll aut	Ripoll, aut.
id.	27	quæ vos	quæ nos.	166	6	allegat. Sicut	allegat.) Sicut
105	1y2	esse faciendum, per dos	esse per vos faciendum, procurandum	id.	8y9	adstringebat. Sic	adstringebat; sic
106	13	Tarraconæ	Terrachonæ.	id.	13	protestentur omnes	protestentur omnes.
id.	16	possemus	poterimus	170	25	possest	posset.
id.	17	sturcii	Sturtii	171	27	curia, ut	curia publicantur, ut
id.	20	comparandum	comparendum.	id.	30	quos pervenit statim ligant	quos antea pervenit, in quibus statim ligant.
id.	24	Brachiis tota	Brachii et tota.				
108	3	tum interlocutorias quoque	tam interlocutorias quam.	179	25	geruntur	gerunt.
id.	14	emineant	immineant	187	12	prohœmia	prœmia.
109	4	comparandum	comparendum	188	9	privilegiatum alias	privilegiatum; alias.
id.	24	deseret	deceret.	id.	12	conæses	præses.
110	12	possidemus	præsidemus.	id.	23	cognscant	cognoscant.
113	34	interet	intraret.	id.	25	sententianti quod	sententianti quod.
120	1	meliorem	facere meliorem.	189	1	pares curiis	pares qui curiis
id.	13	richiis	richis	id.	11	dexente	degente
id.	14	eorumdem et suis in	earundem in	190	15	leges	legis.
id.	15	usi fuerint, Pet.	usi fuerint, Pet.	id.	25	etiam	quam.
121	12	Tenore	Fit prout habet tenor	id.	26	curia non	curia si non.
id.	16	personas	personis.	191	10	littera	litteræ.
122	2	Archiepiscopi	Archiepiscopum.	id.	32	fit	fiat.
id.	16	treguæ	treguæ	192	5	officialia	officialium.
id.	18	Tarraconæ	Tarasconensis	id.	16	sinistrum sedet	sinistrum in quo sedet
id.	27	infirmis	in firmis	id.	20	fecit	fuit.
123	9	Cataloniæ (Dice	Cataloniæ. (Dice	194	4	nititur suis	nititur tam suis
132	26	appareret, gravamen	appareret gravamen.	196	7	cœsu	casu
138	18	videtur licet	videtur; licet	197	20y21	nomina propria hujus materiæ (aut per syndicum de consilio aliorum)	(nomina propria hujus materiæ), aut per syndicum de consilio aliorum)
id.	24	quia, videlicet, Rex	quia videlicet Rex.				
139	4	curias	curiis.				
id.	9	dicisset duci feriæ	dixisset duci Feriæ.	id.	25y26	præ se fert). nomina	præsefert) nomina
id.	25	presentata	præsentata.				
140	5	quo ad	quoad.	199	16	Dict.	dict.
id.	14	habeant in curiis	habeant interesse in curiis.	200	18	sederi	sedere.
				201	22	præjudicium	perjudicium
141	20	eorundem	eorundem?	210	31	patrimonio proprio	patrimonio proprio.
id.	22	verbis faciat	verbis faciat.	211	18	perpetua	perpetuo.
142	22	nedum et	nedum ex.	id.	29	obtinet	obtinent.
143	3	quod	dicimus quod.	212	1	deputat	deputati.
id.	21	immunitatis	immunitates	id.	2	limita	limites.
161	9	adduxit	adduxatam; indixit.	id.	12	et	es.

4088

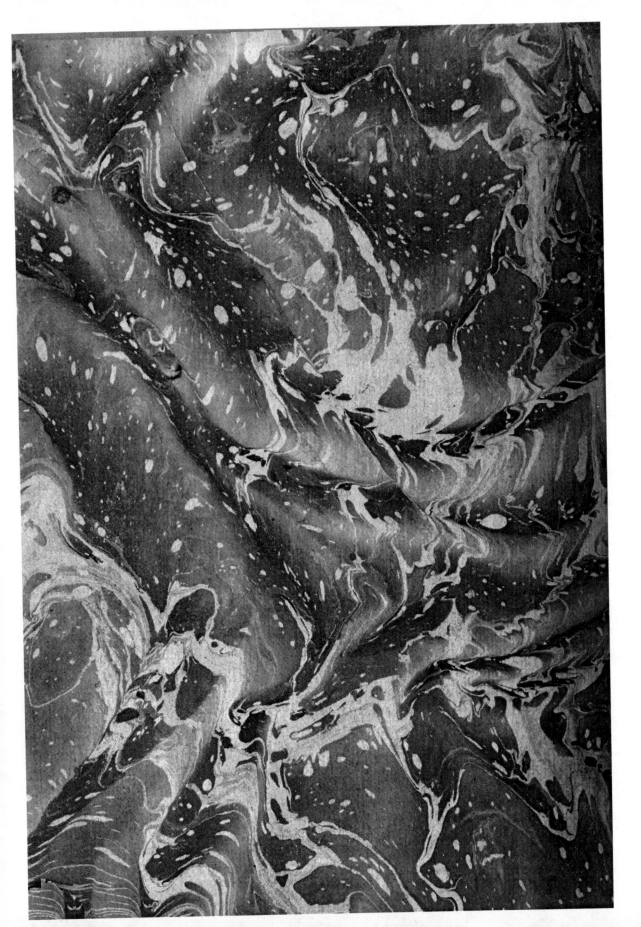

CPSIA information can be obtained at www.ICGtesting.com
Printed in the USA
BVOW04s1054040814

361595BV00004B/25/P